호산 박문호
『칠서주상설』 연구번역총서 20

대학장구상설 3

호산 박문호 원저

책임역주[주저자]: 신창호
전임역주: 김학목 · 윤원현 · 조기영
공동역주: 김언종 · 임헌규 · 허동현

박영story

이 저서는 2017년 대한민국 교육부와 한국연구재단의 지원을 받아 수행된 연구임
(NRF-2017S1A5B4056044)

연구번역자 서문

학문 연구의 토대를 다지는 작업은 지난하면서도 즐겁다. 동양학을 탐구하는 학자들이 상생상극(相生相剋)의 학문적 이치를 노정(路程)한다면, 학문 연구의 난제(難題)와 열락(悅樂)은 서로 스며들게 마련이기 때문이다. 공자가 유교를 집대성(集大成)한 이후, 주자의 주석(註釋)을 거치면서 전변(轉變)을 거쳐 온 유학은, 그 이론과 실천의 차원에서 엄청난 심사숙고를 요청한다. 우주자연과 인간 사회에 대한 근본, 그 알파와 오메가를 진지하고 투철하게 고려하도록 채찍질한다. 선현(先賢)들의 학문 활동을 돌아보건대, 상당수가 그러한 삶을 고민했음이 분명하다.

본 저술은 호산(壺山) 박문호(朴文鎬, 1846~1918)의 『칠서주상설(七書註詳說)』을 심도있게 연구하여 한글로 완역한 연구번역 성과이다. 『칠서주상설』은 말 그대로 '칠서(七書)'의 주석에 대해 자세하게 설명한 저술이다. <칠서주>는 회암(晦庵) 주희(朱熹, 1130~1200)의 『논어집주(論語集註)』, 『맹자집주(孟子集註)』, 『대학장구(大學章句)』, 『중용장구(中庸章句)』, 『시집전(詩集傳)』, 『서집전(書集傳)』, 『주역본의(周易本義)』를 가리키는 것으로, 유교의 핵심 경전인 사서삼경(四書三經)에 관한 주희(『서집전』의 경우는 채침(蔡沈, 1167~1230))의 주석을 말한다. 주지하다시피, 사서삼경과 그 주석은 조선 주자학의 뼈대를 이루는 중심 경전이다. 호산은 이 <칠서주>에 다시 상세하게 주석을 부가하여 조선 유교를 종합해내었다. 서구 근대 문명이 밀물처럼 밀려오던 19세기 중반에서 20세기 초반에 활동하면서도, 주자학의 정통 학문을 자신의 사명처럼 여기고, 유교의 핵심 경전을 집대성한 것이다.

호산은 『칠서주상설』을 편찬하면서, 자신이 연구한 나름의 소신을 저술의 편차(編次)에 반영하였다. 중국 송대의 사상가들을 비롯하여 주자학을 신봉하는 대부분의 학자들이 사서(四書)의 독서 순서를 『대학(大學)』으로 시작했던 것과 달리, 호산은 『칠서주상설』의 순서를 주석(註釋)의 명칭에 따라 『논어집주상설(論語集註詳說)』로부터 시작했다. 그것은 유학의 핵심 경전인 『논어』가 맨 앞에 자리해야 하는 당위성이기도 하다.

그렇게 하여 『칠서주상설』은 『논어집주상설』 20권, 『맹자집주상설』 14권, 『대학장구상설』 1권, 『중용장구상설』 1권, 『시집전상설』 18권, 『시서변설상설』 2권, 『주역본의상설』 12권, 『서집전상설』 14권, 『서서변설상설』 1권으로, 전체 83권에 이르는 방대한 저작이 되었다. 마치, 조선의 주자학을 마무리하듯이, 경전의 주석을 짜임새 있게 갖추었다. 사서삼경의 경문에 대한 중국 역대의 주석을 비롯하여, 조선시대 여러 학자들의 주석을 간단·명료하게 총망라하였다. 특히, 사서삼경에 대한 주자의 주해(註解)를 의리(義理)와 훈고(訓詁), 그리고 논리(論理)를 반영하는 등, 여러 측면에서 정밀하고 명확하게 분석하면서도, 사서삼경의 주요 텍스트인 <영락대전(永樂大全)>본의 오류를 바로잡은 엄밀한 주석서로 편찬해내었다.

주자 이후 중국의 주요 주석뿐 아니라, 퇴계(退溪), 율곡(栗谷), 사계(沙溪), 우암(尤庵), 남당(南塘), 농암(農巖) 등 조선 성리학을 대표하는 학자들의 학설과 호산 자신의 견해까지 담은 저술이기에, 주자학의 심오한 이해는 물론 조선 성리학의 맥락과 계보, 발전 양상을 포괄할 수 있는 학문성을 담보한다.

본 연구번역은 2017년도 한국연구재단의 토대연구 사업으로 시작되었다. 연구 기획을 할 무렵 연구진의 생각은 좀 단순했다. '『칠서주상설』이 조선 유교 경전 주석사의 대미를 장식하는 주요한 저작이므로 이를 번역하여 학계에 기여하면 좋겠다!'는 정도였다. 그러나 기획 단계에서 초역을 하고 연구계획서를 작성하면서, '토대'연구 사업에 어울리는 작업으로서 연구범위가 상당 부분 확장되었다. 분량도 그렇지만, 원문에는 없는 표점, 찾아보기 힘들게 되어 있는 원전의 구절과 문장의 정돈, 내용 가운데 보충 설명이 필요한 부분의 주석 등, 관련 전공자들의 수준 높은 연구를 곁들인 번역의 필요성이 요청되었다. 고민을 거듭한 결과, 연구 작업이 너무나 방대해졌다.

그러나 연구진들은 매월 2,000여 매(200자 원고지 기준)에 달하는 연구 번역에 온힘을 쏟아 부었다. 열정을 바친 만큼 원고는 계획대로 생산되었고 또한 다듬어졌다. 단행본 1권에 해당하는 분량이었다. 원본의 오탈자를 바로잡고, 표점을 찍고, 구절을 바르게 맞추고, 문장을 정렬하고, 관련 전거를 확인하는 등, 초역에서 교열·윤문, 그리고 출판에 이르기까지, 여러 과정을 반복했다. 정말이지, 연구번역이라는 학문의 토대 작업을 자임한, 고난의 행군이었다. 당초 계획대로 5년 동안의 연구기간에 『칠서주상설』을 마무리한다면, 매년 20,000여 매, 전체 100,000여 매의 원고가 성과물로 쌓일 것이다. 단행본으로는 약 50여 권이 될 것으로 예상된다.

어려우면서도 엄청난 작업이지만, 학문의 토대를 구축하는 데 기여할 수 있다는 자부심과 자긍심으로, 현재 2차년도 연구번역 작업이 마무리 단계에 와 있다. 분량이 많다 보니, 본 번역연구 성과물의 출간과 관련하여 고민하지 않을 수 없었다. 모든 작업이 끝나고 한꺼번에 출간하는 것은 다소 무리라는 판단이 들었다. 이에 매년 번역연구물이 산출되면, 다음년도 연구번역이 끝나기 전, 즉 1년 이내에 출간하는 것이 연구진이나 학계에 도움이 되겠다고 생각하였다.

이 책은 1차년도(2017년 9월~2018년 8월)의 결과물이다. 1차년도에는 『논어집주상설』과 『대학장구상설』을 연구번역하고 정본화 작업을 진행하였다. 책의 권수는 경전의 편제와 분량, 그리고 내용에 따라 나누어 조정하였는데, 17,000여 매에 달하는 『논어집주상설』은 10권으로, 3,000매 가량인 『대학장구상설』은 3권으로 출간하게 되었다.

무엇보다도 본 연구번역의 과정에 매진해준 연구진에게 큰 절을 올린다. '고맙다!'는 말 이외에 서로를 격려하고 용기를 북돋우며 동기부여할 수 있는 표현은 없는 것 같다. 전임연구교수로 연구번역에 힘써준 고려대학교 교육문제연구소의 김학목 박사님, 윤원현 박사님, 조기영 박사님의 초역은 본 연구의 밑거름이 되었다. 공동연구에 참여하신 고려대학교 김언종 명예교수님, 강남대학교 임헌규 교수님, 경희대학교 허동현 교수님은 각종 자문과 조언, 윤문과 교열 등을 맡아 고생해 주셨다. 이외에 연구보조원으로 참여한 한국외국어대의 서세영, 고려대의 우버들, 위민성, 장우재 등 대학원생들의 각종 보조가 도움이 컸다. 또한 자문에 응하여 충고를 아끼지 않으신 원로 한학자 중관(中觀) 최권흥 선생님을 비롯하여, 『칠서주상설』의 가치와 중요성을 일깨워주신 일우(一愚) 이충구 선생님, 여기에서 일일이 거론하지는 못했지만, 본 연구와 관련하여 도움을 주신 여러 선생님들께 감사의 말씀을 전한다.

본 연구는 연구책임자를 비롯하여 자문에 이르기까지 우리 모두의 땀과 정성이 배어 있는 합작의 결실이다. 다시 한번 수고해주신 모든 분들에게 고마움과 감사의 인사를 건넨다. 그리고 본 연구번역을 원활하게 수행할 수 있도록 각종 편의를 제공해준 고려대학교 교육문제연구소와 행·재정적으로 지원해 준 한국연구재단, 고려대학교 산학단에도 감사드린다. 그런 지원이 없다면 본 사업은 쉽게 할 수 없는 학술 작업이다. 남은 연구기간에도 지속적인 관심을 부탁한다.

호산 박문호의 『칠서주상설』은 1921년에 발간되었다. 1918년 그의 사후 3년만이었다. 그 후 100년이 지났다. 1세기가 지난 2018년, 호산 선생 사후 100여 년 만에, 후학에 의해 본 『칠서주상설』이 연구번역되었다는 점에서 상당한 의미를 부여할 수도 있겠다. 여러 차원을 고려하여, 본 연구번역이 조선 유학을 집대성한 경전 주석서로서, 본 연구사업의 취지에 맞게 관련 학계의 연구 토대로 작용할 수 있기를 간절히 소망한다. 어떤 연구번역이건 완벽하려고 하지만, 한 점의 실수나 오류도 없이 완벽을 기하기란 쉽지 않다. 그만큼 완전한 연구번역은 어렵다. 본 연구번역도 최선을 다하려고 했지만, 미비한 부분이 있을 것이다. 오류가 있다면 많은 질정을 바라며, 잘못된 부분이 발견되면, 추후에 수정 보완할 수 있도록 노력할 것이다.

마지막으로, 심심한 감사를 표해야 할 분이 있다. 상당한 어려움을 감수하면서도 가치있는 학술도서에 애정을 갖고 출판을 맡아준 박영스토리의 노현 대표님, 불철주야(不撤晝夜) 성심껏 원고를 꼼꼼하게 다듬어 편집해준 문선미 과장님을 비롯한 박영사 편집진에게 고마운 마음을 전한다.

2019. 6. 하지(夏至)절

연구책임자 신창호 씀

일러두기

1. 본서는 1921년 풍림정사(楓林精舍)에서 간행된 박문호의 『칠서주상설(七書註詳說)』(한국학중앙연구원 장서각 소장)을 저본으로 하였다. 아울러 아세아문화사(亞細亞文化社)에서 간행한 『호산전서(壺山全書)』 1~8(1987~1990)을 참고하였다.

2. 원전(原典)은 직역(直譯)을 원칙으로 하되, 필요한 경우에는 현대적 의미를 고려하여 의역(意譯)하며 풀이하였다. 원문은 번역문과 함께 제시하되, 원문을 앞에 번역문을 뒤에 배치하였다.

3. 역주(譯註)의 경우 각주로 처리하고 간단한 단어나 개념 설명의 경우 본문에서 그대로 병기하여 노출하였다(예 : 잡기(雜記 : 잡다하게 기록함)). 주석은 인용 출처 및 근거를 비롯한 관련 자료를 최대한 밝혀내어 제시하고, 관련 자료의 원문 내용과 번역문을 동시에 수록하는 것을 원칙으로 하였다. 자료의 성격과 독해상의 혼란을 고려하여 원문만을 그대로 노출하거나 내용이 중복되는 부분일지라도 편장이 달라질 경우 다시 수록하여 연구 토대 자료로서의 편리성을 도모하였다.

4. 원전의 원문은 칠서의 '경문(經文)', 주자의 주석인 '주주(朱註)', 박문호의 주석인 '상설(詳說)'로 구분하되, '경문－주주－상설'순으로 글자의 크기를 달리 하였다. 경문의 경우, 별도로 경문이라는 표시 없이 편장별로 번호를 붙였다(예 : 『논어』「선진」 1장 첫 구절은 「선진」이 『논어』의 11편이므로 [11－1－1]로 표시). 상설은 모든 구절에 ○를 붙여 의미를 분명하게 하였다.

5. 원문의 표점 및 정본화 작업은 연구번역 저본과 참고로 활용한 판본을 충분히 대조하여 정돈하였다. 『칠서주상설』 편제의 특성상, 혼란의 소지가 있는 부분은 글자를 추가하거나 삭제한 경우도 있으나 번역에서 원전 그대로 확인할 수 있도록 다시 전체 문장

을 제시하였다. 원문의 정본화 및 역주에서 경전(經傳; 『 』)이나 편명(篇名; 「 」), 구두(句讀; , ; .), 인용문(따옴표; “ ” ; ‘ ’), 강조점(따옴표; ‘ ’) 등을 구분하여 표시하였다.

6. 원전의 특성상, 경문의 바로 아래에 제시되어 있는 음운(音韻)이나 음가(音價)는 주자의 주석인 주주(朱註)로 처리하였다.

7. 원문이나 역주 가운데, 인명이나 개념어는 기본적으로 한글과 한문을 병기하되, 상황에 맞추어서 정돈하였다(예: ‘주자(朱子)’의 경우, 때로는 주희(朱熹)로 표기. 개념어는 원문을 그대로 노출하기도 하고 풀이하기도 하였는데, 도(道)의 경우, 도리(道理), 이치(理致), 방법(方法) 등으로 해석).

8. <참고문헌>과 인명 및 개념·용어 등은 최종 <별책 부록>으로 정돈한다.

차례

— 대학장구상설 총 목차 —

차례

— 대학장구상설 3 —

- **전(傳) 제10장**

대학장구상설

大學章句詳說

치인(治人)

전(傳) 8장 ~ 전(傳) 10장

전8장

「傳」之八章

[傳8-1]

所謂齊其家, 在修其身者, 人之其所親愛而辟焉, 之其所賤惡而辟焉, 之其所畏敬而辟焉, 之其所哀矜而辟焉, 之其所敖惰而辟焉. 故好而知其惡, 惡而知其美者, 天下鮮矣.

이른바 그 집안을 가지런히 함이 자신을 닦음에 있다는 것은 사람들이 친애하는 것에 편벽되고, 천하게 여기고 미워하는 것에 편벽되며, 두려워하고 존경하는 것에 편벽되고, 가엽고 불쌍히 여기는 것에 편벽되며, 거만하고 게으른 것에 편벽된다는 뜻이다. 그러므로 좋아하면서도 그의 나쁨을 알고, 미워하면서도 그의 아름다움을 아는 자는 천하에 드물다는 것이다.

朱註

辟, 讀爲僻. 惡而之惡敖好幷去聲. 鮮, 上聲. 人, 謂衆人. 之, 猶於也. 辟, 猶偏也.

'인지기소친애이벽언(人之其所親愛而辟焉)'에서 '벽(辟 : 편벽되다)'은 '벽(僻 : 치우치다)'으로 읽는다. '오이(惡而 : 미워하고)'에서 '오(惡 : 미워하다)'자와 '오(敖 : 거만하다)'자, '호(好 : 좋아한다)'자는 모두 거성이다. '천하선의(天下鮮矣)'에서 '선(鮮 : 드물다)'자는 상성이다. 사람은 백성을 말한다. '지(之)'는 '어(於 : ~것에)'자와 같다. '편벽되다[辟]'는 '치우치다[偏]'는 말과 같다.

詳說

○ 下節人字同.

아래의 절에서 '사람들[人]'이라는 말도 같다.

○ 此章之首人字, 與上章之首次心字同例, 其變身言人者, 所以廣其事也.

이 장에서 처음의 사람들이라는 말은 앞장에서 처음과 다음의 '마음[心]'이라는 말과 같은 사례로 자신을 사람들로 바꿔 말한 것은 그 일을 넓게 하기 위한 것이다.

○ 以文勢則猶於也, 以文意則猶往也, 故『語類』又云 : "之, 猶往也."[1)]

'지, 유어야(之, 猶於也)'의 경우, 문투로는 '어(於 : ~것에)'자와 같고, 문맥으로는

---

1) 『주자어류(朱子語類)』 권16, 「대학3(大學三) 171조목.

'왕(往 : 것에 대해서)'자와 같기 때문에 『주자어류(朱子語類)』에서 또 "'지(之)'자는 '왕(往 : 것에 대해서)'자와 같다."[2]라고 하였다.

○ 朱子曰 : "古註'辟, 音譬'. 窒礙不通, 只是辟字. 況此篇自有僻字. '辟則爲天下僇'是也."[3]

'벽, 유편야(辟, 猶偏也)'에 대해, 주자(朱子)가 말하였다. "옛날의 주석에서 '벽(辟 : 편벽되다)은 음이 비(譬 : 비유하다)이다.'라고 하였다. 그런데 막혀서 통하지 않으니, 벽(辟)자일 뿐이다. 하물며 이 편에는 본래 벽(僻 : 치우치다)자가 있음에야 말해 무엇하겠는가? '편벽되면 천하의 죽임이 된다.'라는 말이 여기에 해당한다."

朱註

五者, 在人, 本有當然之則.

이 다섯 가지[친애함, 천하게 여기고 미워함, 두려워하고 존경함, 가엽고 불쌍히 여김, 거만하고 게으름]는 사람들에게 본래 당연한 법칙으로 있는 것이다.

詳說

○ 此'人'字, 通衆人君子言.

여기에서 '사람들'이라는 글자는 백성들과 군자를 합쳐서 말한 것이다.

○ 朱子曰 : "敖惰只是闊略過去. 因人之可敖而敖之, 則是事理之當然也. 德未至於可敬, 惡未至於可賤, 則視之汎然如塗人而已. 又其下者, 則夫子之取瑟而歌, 孟子之隱几而臥, 因其自取而敖之, 安得謂之凶德哉."

주자(朱子)가 말하였다. "거만하고 게으른 것은 자세하게 강구한 것이 아니다. 사

2) 『주자어류(朱子語類)』에서 또 "'지(之)'자는 '왕(往 : 것에 대해서)'자와 같다." : 『주자어류(朱子語類)』 권16, 「대학3(大學三) 171조목에는 "'지기소친애(之其所親愛)'에서 '지(之)'자는 왕(往)과 같다('之其所親愛'之'之', 猶往也.)"라고 되어 있다.

3) 『주자어류(朱子語類)』 권16, 「대학3(大學三) 173조목. "問 : '古注, 辟作譬, 似窒礙不通.' 曰 : '公亦疑及此. 某正以他說'之其所敖惰而譬焉', 敖惰非美事, 如何譬得? 故今只作僻字說, 便通. 況此篇自有僻字, 如'辟則爲天下僇矣'之類是也.'(물었다. '고주(古注)에서 벽(辟)을 비(譬)로 쓴 것은 꽉 막혀서 통하지 않은 것 같습니다. 주희가 말하였다. '그대도 또한 의심이 여기에 미쳤구나. 나는 '오만하고 게으른 것에 비유한다.'고 말한 것을 바로잡았는데, 오만하고 게으른 것은 좋은 일이 아닌데, 어떻게 비유할 수 있겠는가? 그러므로 이제 벽(僻)자를 써서 말하는 것이 통한다. 하물며 이 편에는 저절로 벽(僻)자가 있으니, '치우치면 세상 사람들에게 죽임을 당한다.'고 한 부류가 이것이다.')" 『대학장구대전(大學章句大全)』에는 "朱子曰 : 古註辟, 音譬. 窒礙不通, 只是辟字便通. 況此篇自有僻字, 辟則爲天下僇, 是矣."으로 되어 있다.

람이 거만하게 굴어야 하기 때문에 거만한 것은 사리의 당연함이다. 덕이 공경해야 할 정도에 이르지 못했고, 악이 천시되어야 할 정도에 이르지 않았으면, 그를 범범하게 길가는 사람과 같이 볼 뿐이다. 그런데 또 그 아래라면 공자가 비파를 가져와 노래 부르고,[4] 맹자가 궤에 기대어 누워 있었던 사례[5]는 스스로 취하는 일에 따라 거만하게 구는 것이니, 흉한 덕이라고 할 수 있겠는가?"[6]

○ 退溪曰 : "雲峯說是也. 然其說衆人病處, 正所以曉君子, 使之知病矯偏也."[7]

퇴계(退溪 : 李滉)[8]가 말하였다. "운봉의 설명이 옳다. 그러나 그가 백성들의 병폐를 말한 것은 바로 군자를 깨우쳐 그들이 병폐를 알고 치우침을 바로잡도록 한 것이다."

○ 沙溪曰 : "胡氏說全不合傳文本義. 敖惰亦人之常情所有也, 乃心之用而本有當然之則, 與下文溺愛貪得之人, 大不同矣."[9]

사계(沙溪 : 金長生)[10]가 말하였다. "호씨의 설명은 경전의 본래 의미에 전혀 부합

---

4) 공자가 비파를 가져와 노래 부르고 : 『논어(論語)』「양화」에 "유비(孺悲)가 공자를 뵙고자 하였는데, 공자가 병이 있다고 거절하고 명령을 전달하는 자가 문밖으로 나가자, 비파를 가져다 노래를 불러 그가 듣게 하였다.(孺悲欲見孔子, 孔子辭以疾, 將命者, 出戶, 取瑟而歌, 使之聞之.)"라는 말이 있다.

5) 맹자가 궤에 기대어 누워 있었던 사례 : 『맹자(孟子)』「공손추하(公孫丑下)」에 "왕을 위해 맹자가 떠나가는 것을 만류하려는 자가 있어 앉아서 말했는데, 맹자가 응하지 않고 궤에 기대어 누웠다.(有欲爲王留行者, 坐而言, 不應, 隱几而臥.)"라는 말이 있다.

6) '흉한 덕[凶德]'과 관련하여 『주자어류(朱子語類)』 권16, 「대학3(大學三) 181조목에는 다음과 설명하고 있다. "어떤 이가 물었다. '오만하고 게으른 것은 흉한 덕[凶德]입니다. 그런데 '당연한 법칙이 있다.'고 말한 것은 무엇 때문입니까?' 주희가 말하였다. '옛날 사람들은 문자를 사용할 때 이렇게 하지 않았다. 오만하고 게으르다는 것은 천하다고 여길만하고 미워할만한 데는 이르지 못한 것이지만, 그가 첫 번째로 중요하지 않은 사람이라는 것을 알고 스스로 이렇게 한 것이다. 그러나 한결같이 그를 오만하고 게으르게 여겨 또한 이와 같이 해서는 안 된다.'(或問 : '敖惰是凶德, 而曰'有當然之則', 何也?' 曰 : '古人用字不如此. 敖惰, 未至可賤可惡, 但見那一等沒緊要底人, 自是恁地. 然一向去敖惰他, 也不可如此.')"

7) 이황(李滉), 『퇴계(退溪 : 李滉)선생문집(退溪先生文集)』 권14, 「서(書) · 답이숙헌(答李叔獻)」.

8) 이황(李滉, 1501~1570) : 조선 중기의 학자로 자가 경호(景浩)이고, 호가 퇴계(退溪) · 퇴도(退陶) · 도수(陶叟)이며, 본관이 진보(眞寶)이다. 영남을 중심으로 주리적(主理的)인 학파를 형성하여 정통 도학의 학맥을 계승하였다. 저서로는 『퇴계전서(退溪全書)』 외에 『성학십도(聖學十圖)』 · 『주자서절요』 · 『역학계몽전의(易學啓蒙傳疑)』 등이 있다.

9) 김간(金幹), 『후재선생집(厚齋先生集)』 권23, 「차기(箚記) · 대학(大學)」.

10) 김장생(金長生, 1548~1631) : 본관은 광산(光山)이고, 자는 희원(希元)이며, 호는 사계(沙溪)이고 시호는 문원(文元)이다. 한양 정릉동(貞陵洞 : 현 서울 중구 정동)에서 태어났다. 1560년 송익필(宋翼弼)로부터 사서(四書)와 『근사록(近思錄)』 등을 배웠고, 20세 무렵에 이이(李珥)의

하지 않는다. 거만하고 게으른 것도 사람들의 일상적인 심정에 있는 것으로 바로 마음의 작용이면서 본래 당연한 법칙으로 있는 것이니, 아래 글의 사랑에 빠지고 얻기를 탐하는 사람과는 크게 같지 않다."

○ 朱子曰 : "忿懥等, 是心與物接時事, 親愛等, 是身與物接時事,[11] 上下章立文命意, 大抵相似."

주자(朱子)가 말하였다. "화를 내는 것 등은 마음이 사물과 만날 때의 일이고, 친애하는 것 등은 몸이 사물과 만날 때의 일이니, 위아래의 장에서 글을 쓰고 뜻을 명명한 것이 크게는 서로 비슷하다."

○ 雲峯胡氏曰 : "心與物接, 惟怒最易發而難制, 故前章先忿懥. 身與事接, 惟愛最易偏, 故此章先親愛. 至引諺曰, 只是說愛之偏處, 身不修家不齊之深病, 皆在於此."[12]

운봉 호씨(雲峯胡氏 : 胡炳文)[13]가 말하였다. "마음이 사물과 만날 때 오직 노함이 가장 발하기 쉽지만 제어하기는 어렵기 때문에 앞장에서 화내는 일을 먼저 하였다. 몸이 사물과 만날 때 사랑이 가장 치우치기 쉽기 때문에 이 장에서 친애를 먼저 하였다. 속담에서 말한 것을 인용한 것은 사랑의 치우침을 설명한 것일 뿐이다.

문하에 들어갔다. 1578년 학행(學行)으로 천거되어 창릉참봉(昌陵參奉)이 되고, 성균관 사업(司業), 집의(執義), 공조참의, 형조참판 등을 역임하였다. 인조반정 이후로는 서인의 영수격으로 영향력이 매우 컸다. 학문적으로 송익필, 이이, 성혼(成渾) 등의 영향을 받았다. 이이와 성혼(成渾)을 제향하는 황산서원(黃山書院)을 세웠다. 특히 둘째 아들이 그와 함께 문묘에 종사된 신독재(愼獨齋) 김집(金集, 1574~1656)이다. 저서로는 1583년 첫 저술인 『상례비요(喪禮備要)』 4권을 포함하여, 『가례집람(家禮輯覽)』·『전례문답(典禮問答)』·『의례문해(疑禮問解)』 등 예에 관한 것으로, 조선 예학의 기반을 마련하였다. 스승 이이가 시작한 『소학집주(小學集註)』를 1601년에 완성하고 『근사록석의(近思錄釋疑)』, 『경서변의(經書辨疑)』, 시문집을 모은 『사계선생전서(沙溪先生全書)』가 있다.

11) 『주자어류(朱子語類)』 권16, 「대학3(大學三) 167조목. 호광 편(胡廣 編), 『대학장구대전(大學章句大全)』.

12) 호광 편(胡廣 編), 『대학장구대전(大學章句大全)』.

13) 호병문(胡炳文, 1250~1333) : 자는 중호(仲虎)이고, 호는 운봉(雲峯)이다. 원(元) 나라 때의 경학자로 휘주 무원(徽州 婺源 : 현 안휘성 소속) 사람이다. 주희(朱熹)의 종손(宗孫)에게 『주역(周易)』과 『서경(書經)』을 배워 주자학에 잠심했으며, 특히 『주역(周易)』에 뛰어났다. 신주(信州) 도일서원(道一書院) 산장(山長)을 지내고, 난계주학정(蘭溪州學正)이 되었는데 취임하지 않았다. 주자의 『주역본의(周易本義)』를 근거로 여러 설을 절충·시정하여 『주역본의통석(周易本義通釋)』 12권을 지었다. 처음 이름은 『주역본의정의(周易本義精義)』였고, 『통지당경해(通志堂經解)』에 들어있다. 이밖에 『서집해(書集解)』, 『춘추집해(春秋集解)』, 『예서찬술(禮書纂述)』, 『사서통(四書通)』, 『대학지장도(大學指掌圖)』, 『오경회의(五經會義)』, 『이아운어(爾雅韻語)』 등이 있다.

몸이 닦이지 않고 집안이 가지런히 되지 않는 깊은 병폐는 모두 여기에 있다."[14)]

朱註

然常人之情, 惟其所向, 而不加察焉,

그러나 보통 사람들의 정은 단지 그 향하는 대로 할 뿐이고 살피지 않으니,

詳說

◯ 卽上衆人.

'상인(常人)'은 곧 앞에서 언급한 백성이다.

◯ 按:『或問』云:"於此五者, 一有所向", 旣取於義, 又取往義. 而此註則旣以"於"訓之, 又以"向"釋之, 蓋亦兩取, 如『或問』云.

내가 생각하건대, 『대학혹문(大學或問)』에서 "여기 다섯 가지에서 하나라도 향하는 것이 있으면"[15)]이라고 한 구절은 '어(於 : ~것에)'자의 의미를 취한 다음에 또 '향한다[往]'는 의미를 취한 것이다. 그런데 여기의 주석에서 '어(於 : ~것에)'자를 풀이한 다음에 또 '향(向 : 향하다)'자로 해석했으니, 또한 두 가지를 취한 것으로 『대학혹문』에서 말한 것과 같다.

◯ 新安陳氏曰:"察字, 興國本作察. 他本作審者非也."[16)]

---

14) 마음이 사물과 만날 때 …… 깊은 병폐는 모두 여기에 있다 : 호광 편(胡廣 編), 『대학장구대전(大學章句大全)』에는 "마음이 사물과 만날 때 오직 노함이 가장 발하기 쉽지만 제어하기는 어렵기 때문에 앞장에서 화내는 일을 먼저 하였다. 몸이 사물과 만날 때 사랑이 가장 치우치기 쉽기 때문에 이 장에서 친애를 먼저 하였다. 속담에서 말한 것을 인용한 것은 사랑의 치우침을 설명한 것일 뿐이다. 인정에서 쉽게 치우치는 것은 사랑에서 더욱 심하다. 하물며 내실에서는 의리가 은혜를 억누르지 못함에야 말해 무엇하겠는가? 그러니 인정과 사랑의 사사롭게 친함이 더욱 극복하기 어려운 것이다. 몸이 닦이지 않고 집안이 가지런해지지 않는 것에는 그 깊은 병폐가 모두 여기에 있다.(心與物接, 唯怒最易發而難制, 所以前章以忿懥先之. 身與事接, 唯愛最易偏, 故此章以親愛先之. 至引諺曰, 只是說愛之偏處. 人情所易偏者, 愛爲尤甚. 況閨閫之內, 義不勝恩. 情愛比昵之私, 尤所難克. 身所以不脩家所以不齊者, 其深病皆在於此.)"라고 되어 있다.

15) 여기 다섯 가지에서 하나라도 향하는 것이 있으면 : 주희(朱熹), 『대학혹문(大學或問)』 권2, 「대학(大學)·전(傳)10장」에는 "사람들의 일반적인 정은 여기 다섯 가지에서 하나라도 향하는 것이 있으면, 좋아하고 미워하는 표준을 잃어 한쪽으로 편벽됨에 빠진다. 이 때문에 몸이 닦이지 않아 집안을 가지런히 할 수 없는 것이다.(人之常情, 於此五者, 一有所向, 則失其好惡之平, 而陷於一偏, 是以身有不脩, 不能齊其家耳.)"라고 되어 있다.

16) 호광 편(胡廣 編), 『대학장구대전(大學章句大全)』.

'불가찰(不加察)'에 대해, 신안 진씨(新安陳氏 : 陳櫟)[17]가 말하였다. "'찰(察 : 살피다)'자는 흥국본(興國本)에는 '찰(察)'자로 되어 있다. 다른 판본에 '심(審 : 살피다)'자로 되어 있는 것은 잘못이다."[18]

朱註

則必陷於一偏, 而身不修矣.

반드시 한쪽으로 빠져 몸이 닦이지 않을 것이다.

詳說

○ 補此句.

이 구절은 보충한 부분이다.

○ 玉溪盧氏曰 : "好而知惡, 是親愛之不偏, 惡而知美, 是賤惡之不偏."[19]

'필함어일편, 이신불수의(必陷於一偏, 而身不修矣)'에 대해, 옥계 노씨(玉溪盧氏 : 盧孝孫)[20]가 말하였다. "좋아하면서도 미워할 줄 아는 것이 친애에 편벽되지 않음이고, 미워하면서도 아름답게 여길 줄 아는 것이 천하게 여기고 미워함에 편벽되지 않은 것이다."[21]

---

17) 진력(陳櫟, 1252~1334) : 자는 수옹(壽翁)이고, 호는 정우(定宇) 또는 동부노인(東阜老人)이다. 송말원초 때 휘주(徽州) 휴녕(休寧) 사람이다. 송나라가 망하자 은거하여 학문과 제자 양성에 힘썼다. 학문 성향은 주희(朱熹)의 학문을 위주로 하면서 육구연(陸九淵)의 심학(心學)을 아울러 취하려 하였다. 인종(仁宗) 연우(延祐) 초에 향시(鄕試)에 급제했지만 예부시(禮部試)에 나가지 않고 집에서 학생들을 가르쳤다. 효성과 우애가 지극했고, 세력이나 이익에 휩쓸리지 않았다. 주희와 여러 학자의 학설을 채집하고 자신의 견해를 덧붙여 『상서집전찬소(尙書集傳纂疏)』를 저술하였다. 그 밖의 저서에 『사서발명(四書發明)』, 『예기집의(禮記集義)』, 『역조통략(歷朝通略)』, 『근유당수록(勤有堂隨錄)』, 『정우집(定宇集)』 등이 있다.

18) '찰(察 : 살피다)'자는 흥국본(興國本)에는 …… 잘못이다 : 호광 편(胡廣 編), 『대학장구대전(大學章句大全)』에는 "이 장은 주자(朱子)도 '찰(察 : 살피다)'자로 말하였다. 흥국본(興國本)에는 '찰(察)'자로 되어 있다. 다른 판본에 '심(審 : 살피다)'자로 되어 있는 것은 잘못이다.(此章朱子亦以察字言之, 興國本作察. 他本作審者非.)"라고 되어 있다.

19) 호광 편(胡廣 編), 『대학장구대전(大學章句大全)』.

20) 노효손(盧孝孫) : 자는 신지(新之)이고 호는 옥계(玉溪)이며, 귀계(貴溪) 사람이다. 진덕수(陳德秀)의 문하에서 학문을 배워, 가태(嘉泰 : 1201~1204) 연간에 진사에 급제하였다. 벼슬은 태학박사(太學博士)에 이르렀다. 벼슬을 그만둔 뒤 옥계서원(玉溪書院)에서 주로 강학하였다. 저서에는 송 이종(理宗)에게 진상한 『사서집의(四書集義)』 1백 권이 있다.

21) 좋아하면서도 미워할 줄 아는 것이 …… 미워하는 것에 편벽되지 않은 것이다 : 호광 편(胡廣

○ 勿軒熊氏曰："親愛畏敬哀矜, 指所愛之人有此三等, 賤惡敖惰, 指所惡之人有此二等, 上下文相照應如此."[22]

물헌 웅씨(勿軒熊氏 : 熊禾)[23]가 말하였다. "친애하는 것과 두려워하고 존경하는 것과 가엽게 여기고 불쌍하게 여기는 것은 사랑하는 사람들의 경우, 이 세 가지 등급이 있음을 가리킨 것이고, 천하게 여기고 미워하는 것과 거만하고 게으른 것은 미워하는 사람들의 경우, 이 두 가지 등급이 있음을 가리킨 것이니, 위아래로 문맥이 서로 비추어 호응하는 것이 이와 같다."[24]

○ 按 : 末三句只擧好惡結之者, 熊說得之. 且下三事偏而已, 更無可以對說反論者, 故不復言耳.

내가 생각하건대, 끝에서 세 구절은 단지 좋아하고 미워하는 것을 들어 매듭지은 말이니, 웅씨의 설명이 옳다. 또 아래의 세 가지 일은 치우친 것일 뿐이고 다시 맞서는 설명으로 반론할 수 없는 사안이기 때문에 거듭 말하지 않았다.

編), 『대학장구대전(大學章句大全)』에는 "좋아하면서도 미워할 줄 아는 것이 친애에 편벽되지 않은 것이고, 미워하면서도 아름답게 여길 줄 아는 것이 천하게 여기고 미워하는 것에 편벽되지 않은 것이다. 두 가지로 편벽되지 않은 것은 밝은 덕이 밝지 않음이 없는 자만이 할 수 있다. 좋아하면서도 또 그 악함을 아니, 한 집안에서 누가 감히 악한 짓을 하겠으며, 미워하면서도 그 아름다움을 아니, 한 집안에서 누가 선한 일을 하지 않겠는가? 이와 같이 하면 밝은 덕이 한 집안에서 밝은 것이다.(好而知其惡, 是親愛之不偏, 惡而知其美, 是賤惡之不偏. 二不偏, 惟明德無不明者, 能之. 所好且知其惡, 則一家孰敢爲惡, 所惡且知其美, 則一家孰不爲善. 如此, 則明德明於一家矣.)"라고 되어 있다.

22) 호광 편(胡廣 編), 『대학장구대전(大學章句大全)』.

23) 웅화(熊禾 : 1247~1312) : 송말 원초 때 학자로, 자가 위신(位辛) 또는 거비(去非)이고, 호가 물헌(勿軒) 또는 퇴재(退齋)이며, 건안(建安) 사람이다. 어려서부터 염(濂)·락(洛)·관(關)·민(閩)의 학문에 뜻을 두었으며, 주희(朱熹)의 문인 보광(輔廣)에게 배워 주자의 이학(理學)을 계승 발전시켰다. 저서로는 『역경강의(易經講義)』·『주역집소(周易集疏)』·『서설(書說)』·『대학상서구의(大學尙書口義)』·『삼례고략(三禮考略)』·『춘추통해(春秋通解)』·『사서표제(四書標題)』·『대학광의(大學廣義)』·『사서소학집소(四書小學集疏)』 등이 있다.

24) 친애하는 것과 두려워하고 존경하는 것과 …… 문맥이 서로 비추어 호응하는 것이 이와 같다 : 호광 편(胡廣 編), 『대학장구대전(大學章句大全)』에는 "친애하는 것과 두려워하고 존경하는 것과 가엽게 여기고 불쌍하게 여기는 것은 사랑하는 사람들을 가리켜 이 세 가지 등급이 있는 것을 말한 것이다. 천히 여기고 미워하는 것과 거만하고 게으른 것은 미워하는 사람들을 가리켜 이 두 가지 등급이 있는 것을 말한 것이다. 사랑에 치우치면 그 사람의 악함을 모르고, 미움에 치우치면 그 사람의 선함을 모르니, 위아래로 문맥이 서로 호응하는 것이 이와 같다.(親愛畏敬哀矜, 指所愛之人言有此三等. 賤惡敖惰, 指所惡之人, 言有此二等. 偏於愛, 則不知其人之惡, 偏於惡, 則不知其人之善, 上下文相照應如此.)"라고 되어 있다.

[傳8-2]

故諺有之曰 : 人莫知其子之惡, 莫知其苗之碩.

그러므로 속담에서 '사람들은 누구도 그 자식의 나쁨을 알지 못하고, 누구도 그 싹의 큼을 알지 못한다.'라고 하였다.

朱註

諺, 音彥. 碩, 叶韻, 時若反.

'고언유지왈(故諺有之曰)'에서 '언(諺 : 속담)'자는 음이 언(彦)이다. '막지기묘지석(莫知其苗之碩)'에서 '석(碩 : 큼)'자는 협운으로, '시(時)'와 '약(若)'의 반절이다.

詳說

○ 碩字必著叶音, 如淇澳節之猗音者, 蓋以古之俗語必有韻, 如『詩』之體故也.

'석(碩 : 큼)'자를 굳이 협운으로 한 것은 '기욱(淇澳 : 기수 벼랑)'절의 의(猗 : 무성하다)자의 음과 같은 것이다.[25] 옛날의 속담에 반드시 운이 있는 것은 『시경(詩經)』의 문체와 같기 때문이다.

朱註

諺, 俗語也. 溺愛者不明, 貪得者無厭,

속담은 통속적으로 사용하는 속어이다. 사랑에 빠진 자는 밝지 못하고, 얻기를 탐하는 자는 만족함이 없으니,

詳說

○ 上句.

'닉애자불명(溺愛者不明 : 사랑에 빠진 자는 밝지 못하고)'은 앞의 구절[必陷於一偏, 而身不修矣 : 반드시 한쪽으로 빠져 몸이 닦이지 않을 것이다]이다.

---

25) '석(碩 : 큼)'자를 굳이 협운으로 한 것은 …… 의(猗 : 무성하다)자의 음과 같은 것이다 : 『대학장구』「전」3장에 "『시경(詩經)』에 이르기를 '저 기수(淇水) 모퉁이를 보니, 푸른 대나무가 무성하구나! 문채 나는 군자여, 잘라놓은 듯하고, 간 듯하며, 쪼아놓은 듯하고, 간 듯하다. 엄밀하고 굳세며, 빛나고 점잖으니, 문채 나는 군자여, 끝내 잊을 수 없다.'(詩云 : '瞻彼淇澳, 菉竹猗猗. 有斐君子, 如切如磋, 如琢如磨. 瑟兮僩兮, 赫兮喧兮, 有斐君子, 終不可諠兮.')"라고 되어 있다.

○ 平聲.

'무염(無厭 : 만족함이 없음)'에서 '염(厭)'자는 평성이다.

○ 下句.

'탐득자무염(貪得者無厭 : 얻기를 탐하는 자는 만족함이 없으니)'는 뒤의 구절[偏之爲害 : 편벽된 것이 해로움이 되어]이다.

○ 上節末自五辟而約之爲愛惡. 此節又自愛惡而約之, 單說溺愛, 遂及貪得, 而貪得是亦愛之屬也, 偏愛之害甚矣哉.

앞 절 끝의 다섯 가지의 편벽됨에서 요약하면, 사랑하고 미워한다는 말이다. 그런데 이 절에서 또 사랑하고 미워하는 것에서 요약하여 단순하게 사랑에 빠지면 마침내 얻기를 탐하게 된다고 하였으니, 얻기를 탐하는 것도 사랑과 같은 뜻으로 편애의 해로움이 심한 것이다.

朱註

是則偏之爲害, 而家之所以不齊也.

이는 편벽된 것이 해로움이 되어 집안이 가지런해지지 못하게 되는 것이다.

詳說

○ 承上節.

앞의 절을 이어받았다.

○ 補此句.

'이가지소이부제야(而家之所以不齊也 : 집안이 가지런해지지 못하게 되는 것이다)', 이 구절을 보충하였다.

○ 此章二節, 上言身不修, 下言家不齊, 一如上章二節之上言心不正, 下言身不修也.

이 장은 두 절로 앞에서는 자신이 닦이지 않는 것에 대해 말하였고, 뒤에서는 집안이 가지런히 되지 않는 것에 대해 말하였으니, 앞 장의 두 구절로 보면, 앞에서는 마음이 바르지 않은 것에 대해 말하고 뒤에서 자신이 닦이지 않는 것에 대해 말한 것과 동일하게 같다.

○ 雙峰饒氏曰 : "惟其身不修, 故家不齊, 當看兩故字. 莫知子惡, 姑擧家之一端言."[26]

쌍봉 요씨(雙峰饒氏 : 饒魯)[27]가 말하였다. "오직 그 자신이 닦이지 않았기 때문에

26) 호광 편(胡廣 編), 『대학장구대전(大學章句大全)』.

집안이 가지런하게 되지 않았으니, 두 번의 '그러므로[故]'라는 말을 봐야 한다. '누구도 자식의 나쁨을 알지 못한다.'라는 말은 잠깐 집안에서 하나의 실마리를 들어서 말한 것이다."[28]

○ 玉溪盧氏曰: "子惡苗碩, 皆就家而言."[29]

옥계 노씨(玉溪盧氏: 盧孝孫)가 말하였다. "자식의 나쁨과 싹의 큼은 집안을 가지고 말한 것이다.

○ 錢氏曰: "上章四'有所', 此章'五辟', 皆心之病. 但上四者只是自身裏事, 此五者却施於人, 卽處家之道也."[30]

전씨(錢氏)가 말하였다. "앞의 장에서 네 번의 '~것이 있으면[有所]'이라는 구절[31]과 이 장에서 '다섯 번의 편벽됨[五辟]'[32]은 모두 마음의 병폐이다. 다만 앞

---

27) 요로(饒魯, 1194~1264): 송나라 때의 유학자로 요주의 여간 사람이며, 자는 중원(仲元)이며, 호는 쌍봉(雙峰)이다. 황간에게 학문을 배우고, 평생 동안 벼슬하지 않아 그의 사후 문인들이 그에게 사시(私諡)를 문원(文元)이라 올렸다. 저서로는 『오경강의』, 『논맹기문(論孟紀聞)』, 『춘추절전(春秋節傳)』, 『학용찬술(學庸纂述)』, 『근사록주(近思錄註)』, 『태극삼도(太極三圖)』, 『용학십이도(庸學十二圖), 『서명도(西銘圖)』 등이 있다.

28) 오직 그 자신이 닦이지 않았기 때문에 …… 잠깐 집안에서 하나의 실마리를 들어서 말한 것이다: 호광 편(胡廣 編), 『대학장구대전(大學章句大全)』에는 "'친애하는 것 등에 편벽된다'는 것은 자신이 닦이지 않았다는 말이다. 누구도 자식의 나쁨을 알지 못한다는 것은 집안이 가지런하지 않다는 말이다. 큰 의미는 오직 한쪽으로 치우쳐 빠졌기 때문에 좋아하는 것에서는 그 나쁨을 알지 못하고 미워하는 것에서는 그 좋음을 알지 못하며, 오직 그 자신이 닦이지 않았기 때문에 그 집안이 가지런하게 되지 않았다는 말이니, 두 번의 '그러므로[故]'라는 말을 봐야 한다. 사람들이 친애해서 치우치게 행하는 것은 일반적으로 사람이기 때문에 하는 것이니, 누구도 자식의 나쁨을 알지 못한다는 것은 잠깐 집안의 일단을 들어서 말한 것이다.(之其親愛等而辟者, 言身之不脩也. 莫知其子之惡, 言家之不齊也. 大意謂惟其溺於一偏, 故好不知其惡, 惡不知其美, 惟其身不脩, 故家不齊, 當看兩故字. 人之其所親愛而辟, 爲凡爲人者, 言莫知子之惡, 姑擧家之一端言之.)"라고 되어 있다.

29) 호광 편(胡廣 編), 『대학장구대전(大學章句大全)』. "子之惡苗之碩, 皆就家而言."

30) 호광 편(胡廣 編), 『대학장구대전(大學章句大全)』.

31) 앞의 장에서 네 번의 '~것이 있으면[有所]'이라는 구절: 『대학장구(大學章句)』「전」7장에 "이른바 몸을 닦음이 그 마음을 바르게 함에 있다는 것은 마음에 화내는 일이 있으면 그 바름을 얻지 못하며, 두려워하는 일이 있으면 그 바름을 얻지 못하며, 좋아하고 즐기는 일이 있으면 그 바름을 얻지 못하며, 근심하는 일이 있으면 그 바름을 얻지 못한다.(所謂脩身在正其心者, 身有所忿懥, 則不得其正; 有所恐懼, 則不得其正; 有所好樂, 則不得其正; 有所憂患, 則不得其正.)"라는 말이다.

32) 다섯 번의 편벽됨[五辟]: 『대학장구(大學章句)』「전」8장에 "이른바 그 집안을 가지런히 함이 자

에서 네 번인 것은 자신 안에서 일일 뿐이기 때문이고, 여기서 다섯 번인 것은 사람들에게 시행하는 뜻으로 곧 집안에서 처신하는 방법이기 때문이다."[33]

[傳8-3]

此謂身不修, 不可以齊其家.
이를 '자신이 닦이지 않으면 그 집안을 가지런히 하지 못한다.'라고 한다.

詳說

○『章句』無文.
『대학장구(大學章句)』에는 글[주석]이 없다.

○ 此與『孟子』首章結語同, 所謂逆收也. 且「經」文有逆推順推兩節, 而「傳」則皆用逆推之文. 惟於此用順推文, 以備其一例, 又與逆推節末'致知在格物'一句之變文者相近云.
이곳은 『맹자(孟子)』 첫 장에서 매듭짓는 말과 같으니,[34] 이른바 거꾸로 거두는 방식이다. 또 「경(經)」의 글에는 거꾸로 나아가고 차례로 나아가는 두 단락이 있

신을 닦음에 있다는 것은 사람들이 친애하는 것에 편벽되고, 천하게 여기고 미워하는 것에 편벽되며, 두려워하고 존경하는 것에 편벽되고, 가엽게 여기고 불쌍히 여기는 것에 편벽되며, 거만하고 게으른 것에 편벽된다는 것이다. 그러므로 좋아하면서도 그의 나쁨을 알고, 미워하면서도 그의 아름다움을 아는 자는 천하에 드물다는 것이다.(所謂齊其家, 在修其身者, 人之其所親愛而辟焉, 之其所賤惡而辟焉, 之其所畏敬而辟焉, 之其所哀矜而辟焉, 之其所敖惰而辟焉. 故好而知其惡, 惡而知其美者, 天下鮮矣.)"라는 말이다.

33) 앞의 장에서 네 번의 '~것이 있으면[有所]'이라는 것과 …… 집안에서 처신하는 방법이기 때문이다 : 호광 편(胡廣 編), 『대학장구대전(大學章句大全)』 전8장에는 "앞의 장에서 네 번의 '~것이 있으면[有所]'이라는 말과 이 장에서 '다섯 번의 치우침[五辟]'이라는 말에서 그 내용은 모두 마음의 병폐이다. 다만 앞에서 네 번인 것은 자신 안에서 일일 뿐이기 때문이고, 여기서 다섯 번인 것은 사람들에게 시행하는 것으로 곧 집안에서 처신하는 방법이기 때문이다.(上章四箇有所字, 此章六箇辟字, 其實皆心之病但. 上四者, 只是自身裏事, 此六者却施於人, 即處家之道也.)"라고 되어 있다.

34) 이곳은 『맹자(孟子)』 첫 장에서 매듭짓는 말과 같으니 : 『맹자(孟子)』「양혜왕상(梁惠王上)」에는 "여기에서는 백성의 생업을 제정해 주는 법을 말하였다.(此言制民之産之法也.)"라고 되어 있다.

지만 「전(傳)」에서는 모두 거꾸로 나아가는 말로 사용하였다.[35] 그런데 여기에서만 차례로 나아가는 글을 사용하여 그 하나의 사례를 갖추었으니, 또 거꾸로 나가는 구절의 끝에 '지식을 지극히 함은 사물의 이치를 궁구함에 있다.'라는 한 구절에서 말을 바꾼 것과 서로 비슷하다.

朱註

右「傳」之八章, 釋修身齊家.

위는 「전(傳)」 8장으로 자신을 닦는 일과 집안을 가지런히 하는 일에 대해 풀이하였다.

35) 「경(經)」의 글에는 …… 「전(傳)」에서는 모두 거꾸로 나아가는 말로 사용하였다 : 『대학장구(大學章句)』「경(經)」1장에 "古之欲明明德於天下者, 先治其國. 欲治其國者, 先齊其家. 欲齊其家者, 先修其身. 欲修其身者, 先正其心. 欲正其心者, 先誠其意. 欲誠其意者, 先致其知. 致知在格物. 物格而后知至. 知至而后意誠, 意誠而后心正, 心正而后身修, 身修而后家齊, 家齊而后國治, 國治而后天下平."로 되어 있는 데, 이 글의 구조를 보면 앞부분은 '天下'에서 '格物'로 나아가고, 뒷부분은 '物格'에서 '天下平'으로 나아간다. 그런데 「전(傳)」10장은 '格物－致知－誠意－正心－修身－齊家－治國－平天下'의 한 방향으로 전개되는데, 이를 가리킨다.

전9장

「傳」之九章

[傳9-1]

所謂治國, 必先齊其家者, 其家不可教, 而能教人者, 無之. 故君子不出家, 而成教於國. 孝者, 所以事君也, 弟者, 所以事長也, 慈者, 所以使衆也.

이른바 나라를 다스림에 반드시 먼저 그 집안을 가지런히 한다는 말은 그 집안을 가르칠 수 없으면서 남을 가르칠 수 있는 경우는 없다는 뜻이다. 그러므로 군자는 집안에서 나가지 않고 나라에 가르침을 이루는 것이다. 효도는 임금을 섬기는 근거이고 공손함은 장관을 섬기는 근거이며, 자애는 백성을 부리는 근거이다.

朱註

弟, 去聲. 長, 上聲.

'제자, 소이사장야(弟者, 所以事長也)'에서 '제(弟 : 공손함)'자는 거성이고, '장(長 : 장관)'자는 상성이다.

詳說

○ 此獨言必者, 蓋以結處, 再言在字. 故於此特變其文, 與誠意章結處, 獨言必字者, 同例云.

여기에서 유독 '반드시[必]'라고 한 것은 매듭짓는 곳에서 '있다[在]'는 글자를 거듭 설명한다. 때문에 여기에서 특별히 그 말을 바꾸었으니, '뜻을 정성스럽게 한다[誠意]'는 장의 매듭짓는 곳에서 '반드시[必]'라고 한 것과 같은 사례이다.[1)]

---

1) '뜻을 정성스럽게 한다[誠意]'는 장의 매듭짓는 곳에서 '반드시[必]'라고 한 것과 같은 사례이다 : 『대학장구(大學章句)』에 "이른바 그 뜻을 성실히 한다는 것은 스스로 속이지 마는 것이니, 악을 미워하기를 악취를 미워하는 것과 같이 하며, 선을 좋아하기를 여색을 좋아하는 것과 같이 하여야 하니, 이를 자겸(自慊)이라 이른다. 그러므로 군자는 반드시 그 홀로를 삼가는 것이다. 소인이 한가로이 있을 때에 불선한 짓을 하면서 하지 못하는 짓이 없다가, 군자를 본 뒤에 겸연쩍게 그 불선함을 가리고 선함을 드러낸다. 남들이 자기를 보기를 자신의 폐부(肺腑)를 보듯이 할 것이니, 그렇다면 무슨 유익함이 있겠는가. 이것을 '중심(中心)에 성실하면 외면(外面)에 나타난다.'라고 하는 것이다. 그러므로 군자는 반드시 그 홀로 있을 때를 삼가는 것이다. …… 부유함은 집을 윤택하게 하고, 덕은 몸을 윤택하게 하니, 덕(德)이 있으면 마음이 넓어지고 몸이 펴진다. 그러므로 군자는 반드시 그 뜻을 성실히 하는 것이다.(所謂誠其意者, 毋自欺也, 如惡惡臭, 如好好色, 此之謂自謙, 故君子必愼其獨也. 小人閒居爲不善, 無所不至, 見君子而后厭然, 揜其不善, 而著其善. 人之視己, 如見其肺肝然, 則何益矣. 此謂誠於中, 形於外, 故君子必

○ 人, 通國人言.

'남[人]'은 나라사람들을 모두 말한 것이다.

朱註

身修, 則家可敎矣.

몸이 닦이면 집안을 가르칠 수 있다.

詳說

○ 『大全』曰: "因家不可敎而推, 家所以可敎之由, 實自修身始."[2)]

『대학장구대전(大學章句大全)』에서 말하였다. "집안을 가르칠 수 없는 것으로 미루어 보면, 집안은 가르칠 수 있는 연유가 실제로 자신을 닦는 것에서 시작된다는 것이다."

○ 吳氏曰: "註幷修身言之, 推本之論也."[3)]

오씨(吳氏: 吳仲迂)[4)]가 말하였다. "주석에서 자신을 닦는 것과 아울러 말하였으니, 근본을 미루는 설명이다."[5)]

愼其獨也. ……. 富潤屋, 德潤身, 心廣體胖, 故君子必誠其意.)"라고 하였다.

2) 호광 편(胡廣 編), 『대학장구대전(大學章句大全)』.

3) 호광 편(胡廣 編), 『대학장구대전(大學章句大全)』.

4) 오중우(吳仲迂): 원나라 때 학자로 호가 가당(可堂)이고, 번양(番陽) 또는 부량(浮梁) 사람이라고 한다. 박학(博學)하여 경전에 밝았으며, 벼슬을 하지 않고 은거하였다. 저서로는 『사서어록(四書語錄)』·『경전발명(經傳發明)』·『춘추기문(春秋紀聞)』·『어류차(語類次)』 등이 있다.

5) 주석에서 자신을 닦는 것과 아울러 말하였으니, 근본을 미루는 설명이다: 호광 편(胡廣 編), 『대학장구대전(大學章句大全)』「전」9장에는 "「전」에서는 '나라를 다스리려면 먼저 그 집안을 다스린다.'라고만 하였는데, 「장구」에서는 자신을 닦는 것까지 아울러 말하였으니, 근본을 미루는 설명이기 때문이다. 효도·공손함·자애를 자신에게 체득하는 것은 자신을 닦는 일이고 집안에서 행하는 것은 집안을 가지런히 하는 일이며, 나라에 미루는 것은 나라를 다스리는 일이니, 천리와 인륜이 하나로 관통하여 있는 것일 뿐이다. 하물며 집안에는 아비가 있는 것은 나라에 임금이 있는 것과 같고, 집안에 형이 있는 것은 나라에 장관이 있는 것과 같으며, 집안에 아이가 있는 것은 나라에 백성이 있는 것과 같으니, 나뉘진 형식은 다를지라도 이치는 하나이기 때문이다.(「傳」只言治國先齊其家, 「章句」幷脩身言之, 推本之論也. 孝弟慈體之身, 則爲脩其身, 行之家, 則爲齊其家, 推之國, 則爲治其國. 天理人倫, 一以貫之而已. 況家有父, 猶國有君, 家有兄, 猶國有長, 家有幼, 猶國有衆, 分雖殊, 理則一也.)"라고 되어 있다.

○ 按 : 治平章註幷及齊家者, 亦放此. 而修身尤爲一切貴賤之所本, 故正心章下註及此註, 皆推而言之, 蓋「傳」文言外之意, 而此章之可字微有推本底意.

내가 생각하건대, 치평장(治平章)의 주석에서 집안을 가지런히 한다는 것까지 아울러 말한 것도 여기와 같다. 그런데 자신을 닦는 일이 더욱 모든 귀천의 근본이기 때문에 정심장(正心章)에서 아래의 주석과 여기의 주석에서 모두 미루어서 말하였으니, 「전(傳)」에서 말은 말 밖의 의미이고, 이 장에 있는 '－할 수 있다[可]'는 말에는 다소나마 근본을 미루는 뜻이 있다.

○ 朱子曰 : "彼之不可教, 卽我之不能教也. 可與能, 彼此之詞也."[6]

주자(朱子)가 말하였다. "저것을 가르칠 수 없다는 것은 곧 나를 가르칠 수 없다는 뜻으로 '~할 수 있다[可]'는 것과 '~할 수 있다[能]'는 것은 저것과 이것에 대한 말이다."[7]

○ 沙溪曰 : "身雖不出家庭, 而標準之立, 風聲之動, 自然感化一國."[8]

사계(沙溪 : 金長生)[9]가 말하였다. "자신이 가정을 벗어나지 않을지라도 표준을 세워놓으면, 전파하는 움직임이 저절로 한 나라를 감화시킨다."

---

6) 주희(朱熹), 『회암집(晦菴集)』 권62.

7) 저것을 가르칠 수 없다는 것은 곧 나를 …… 저것과 이것에 대한 말이다 : 『회암집(晦菴集)』 권62에는 "저것을 가르칠 수 없다는 것은 곧 나를 가르칠 수 없다는 뜻으로 '~할 수 있다[可]'는 것과 '~할 수 있다[能]'는 것은 저것과 이것에 대한 말이니, 집안을 가르칠 수 없다고 한다면 말이 되지 않는다.(彼之不可教, 卽我之不能教也, 可之與能, 彼此之詞也, 若作家不能教, 則不詞矣.)"라고 되어 있다.

8) 『후재선생문집(厚齋先生集)』 권23, 「차기(箚記)」「대학(大學)」.

9) 김장생(金長生, 1548~1631) : 본관은 광산(光山)이고, 자는 희원(希元)이며, 호는 사계(沙溪)이고 시호는 문원(文元)이다. 한양 정릉동(貞陵洞 : 현 서울 중구 정동)에서 태어났다. 1560년 송익필(宋翼弼)로부터 사서(四書)와 『근사록(近思錄)』 등을 배웠고, 20세 무렵에 이이(李珥)의 문하에 들어갔다. 1578년 학행(學行)으로 천거되어 창릉참봉(昌陵參奉)이 되고, 성균관 사업(司業), 집의(執義), 공조참의, 형조참판 등을 역임하였다. 인조반정 이후로는 서인의 영수격으로 영향력이 매우 컸다. 학문적으로 송익필, 이이, 성혼(成渾) 등의 영향을 받았다. 이이와 성혼(成渾)을 제향하는 황산서원(黃山書院)을 세웠다. 특히 둘째 아들이 그와 함께 문묘에 종사된 신독재(愼獨齋) 김집(金集, 1574~1656)이다. 저서로는 1583년 첫 저술인 『상례비요(喪禮備要)』 4권을 포함하여, 『가례집람(家禮輯覽)』·『전례문답(典禮問答)』·『의례문해(疑禮問解)』 등 예에 관한 것으로, 조선 예학의 기반을 마련하였다. 스승 이이가 시작한 『소학집주(小學集註)』를 1601년에 완성하고 『근사록석의(近思錄釋疑)』, 『경서변의(經書辨疑)』, 시문집을 모은 『사계선생전서(沙溪先生全書)』가 있다.

○ 尤菴曰 : "類易所謂'君子居其室, 出其言, 善則千里之外應之'之意."[10]

우암(尤庵 : 宋時烈)[11]이 말하였다. "『주역(周易)』에서 이른바 '군자가 집에서 말을 함에 선한 것은 천리 밖에서도 호응한다.'[12]라고 한 의미와 같다."

朱註

孝弟慈, 所以修身而敎於家者也.

효도·공손함·자애는 몸을 닦아 집안을 가르치는 것이다.

詳說

○ 朱子曰 : "三者便是上面成敎之目."[13]

주자(朱子)가 말하였다. "세 가지는 곧 위에서 가르침을 이루는 조목이다."[14]

○ 玉溪盧氏曰 : "三者, 人倫之大綱, 擧此可該其餘矣."[15]

옥계 노씨(玉溪盧氏 : 盧孝孫)[16]가 말하였다. "세 가지는 인륜의 큰 핵심이니, 이것

---

10) 송시열(宋時烈), 『송자대전(宋子大全)』 권105, 「서(書)」.

11) 송시열(宋時烈 : 1607~1689) : 본관이 은진(恩津)으로 자가 영보(英甫), 호가 우암(尤庵) 또는 우재(尤齋), 시호가 문정(文正)이다. 저서로는 『송자대전(宋子大全)』 외에 『주자대전차의(朱子大全箚疑)』·『주자어류소분(朱子語類小分)』·『이정서분류(二程書分類)』 등이 있다.

12) 군자가 집에서 말을 함에 선한 것은 천리 밖에서도 호응한다 : 『주역(周易)』「계사전상(繫辭傳上)」에 "공자가 말하였다. '군자가 집에서 말을 함에 선한 것은 천리 밖에서도 호응하니, 하물며 가까이 있는 사람들이야 말해 무엇하겠는가!'(子曰 : '君子居其室, 出其言善, 則千里之外應之, 況其邇者乎.')"라는 말이 있다.

13) 호광 편(胡廣 編), 『대학장구대전(大學章句大全)』.

14) 세 가지는 곧 위에서 가르침을 이루는 조목이다 : 호광 편(胡廣 編), 『대학장구대전(大學章句大全)』「전」9장에는 "위에서는 집안을 벗어나지 않고 나라에 가르침을 이루는 것을 말하였고, 아래에서는 곧 가르치는 것이 이와 같다고 말하였다. 이 세 가지가 곧 교화의 조목이다.(上面說不出家而成敎於國, 下面便說所以敎者如此. 此三者, 便是敎之目.)"라고 되어 있다. 『주자어류(朱子語類)』 권16, 「대학3(大學三) 195조목에는 "'효(孝)는 군주를 섬기는 일이고, 제(弟)는 어른을 모시는 일이며, 자(慈)는 백성을 부리는 일이다.' 이러한 도리는 모두 내 집안에서 이루어지는 일이니, 세상 사람들이 스스로 이와 같이 할 수 있음을 알면, 내가 나라에 미루어야할 것이 아니다.('孝者所以事君, 弟者所以事長, 慈者所以使衆.' 此道理皆是我家裏做成了, 天下人看著自能如此, 不是我推之於國.)"라고 설명하고 있다.

15) 호광 편(胡廣 編), 『대학장구대전(大學章句大全)』.

16) 노효손(盧孝孫) : 자는 신지(新之)이고 호는 옥계(玉溪)이며, 귀계(貴溪) 사람이다. 진덕수(陳德秀)의 문하에서 학문을 배워, 가태(嘉泰 : 1201~1204) 연간에 진사에 급제하였다. 벼슬은 태학

으로 그 나머지를 갖출 수 있다."[17]

○ 雲峯胡氏曰："獨擧三者, 蓋從齊家上說. 事君事長使衆, 方從治國上說."[18]
운봉 호씨(雲峯胡氏：胡炳文)[19]가 말하였다. "단지 세 가지만 든 것은 집안을 가지런히 한다는 측면에서 설명하였다. 임금을 섬기고 장관을 섬기며 백성을 부리는 것은 나라를 다스리는 일에서 설명한 것이다."[20]

朱註

然而國之所以事君事長使衆之道, 不外乎此, 此所以家齊於上, 而教成於下也.
그러나 나라의 임금을 섬기고 장관을 섬기며 백성을 부리는 도리가 여기에서

박사(太學博士)에 이르렀다. 벼슬을 그만둔 뒤 옥계서원(玉溪書院)에서 주로 강학하였다. 저서에는 송 이종(理宗)에게 진상한 『사서집의(四書集義)』 1백 권이 있다.

17) 세 가지는 인륜의 큰 핵심이니, 이것으로 그 나머지를 갖출 수 있다：호광 편(胡廣 編), 『대학장구대전(大學章句大全)』「전」9장에는 "효도·공손함·자애 세 가지는 덕을 밝히는 큰 조목이고 인륜의 큰 핵심이니, 이것으로 그 나머지를 갖출 수 있다.(孝弟慈三者, 明德之大目, 人倫之大綱, 擧此可該其餘矣.)"라고 되어 있다.

18) 호광 편(胡廣 編), 『대학장구대전(大學章句大全)』.

19) 호병문(胡炳文, 1250~1333)：자는 중호(仲虎)이고, 호는 운봉(雲峯)이다. 원(元) 나라 때의 경학자로 휘주 무원(徽州 婺源：현 안휘성 소속) 사람이다. 주희(朱熹)의 종손(宗孫)에게 『주역(周易)』과 『서경(書經)』을 배워 주자학에 잠심했으며, 특히 『주역(周易)』에 뛰어났다. 신주(信州) 도일서원(道一書院) 산장(山長)을 지내고, 난계주학정(蘭溪州學正)이 되었는데 취임하지 않았다. 주자의 『주역본의(周易本義)』를 근거로 여러 설을 절충·시정하여 『주역본의통석(周易本義通釋)』 12권을 지었다. 처음 이름은 『주역본의정의(周易本義精義)』였고, 『통지당경해(通志堂經解)』에 들어있다. 이밖에 『서집해(書集解)』, 『춘추집해(春秋集解)』, 『예서찬술(禮書纂述)』, 『사서통(四書通)』, 『대학지장도(大學指掌圖)』, 『오경회의(五經會義)』, 『이아운어(爾雅韻語)』 등이 있다.

20) 단지 세 가지만 든 것은 집안을 가지런히 한다는 …… 나라를 다스리는 것에서 설명한 것이다：호광 편(胡廣 編), 『대학장구대전(大學章句大全)』「전」9장에는 "자신을 닦는 일 위로는 모두 배우는 일이고, 집안을 가지런히 하고 나라를 다스리는 것은 가르치는 일이기 때문에 이 장에서 먼저 가르침이라는 말을 잡아서 내놓았지만 가르치는 것은 또 단지 자신에게서 설명했을 뿐이다. 효도·공손함·자애는 자신을 닦아서 집안을 가르치는 것이다. 그런데 단지 세 가지만 든 것은 집안을 가지런히 한다는 측면에서 설명하였다. 한 집안에는 부모가 있기 때문에 효라고 하였고, 형과 어른이 있기 때문에 공손함이라고 하였으며, 자식·동생·종이 있기 때문에 자애라고 하였다. 임금을 섬기고 장관을 섬기며 백성을 부리는 것은 나라를 다스리는 일에서 설명한 것이다.(脩身以上, 皆是學之事, 齊家治國, 方是教之事, 所以此章首拈出教之一字, 然其所以爲教者, 又只從身上說來. 孝弟慈, 所以脩身而教於家者也. 獨擧三者, 蓋從齊家上說. 一家之中, 有父母, 故曰孝, 有兄長, 故曰弟, 有子弟僕隸, 故曰慈. 事君事長使衆, 方從治國上說.)"라고 되어 있다.

벗어나지 않으니, 이는 집안이 위에서 가지런해져 가르침이 아래에서 이루어지는 것이다.

詳說

○ 『大全』曰 : "指孝弟慈."[21]

'국지소이사군사장사중지도, 불외호차(國之所以事君事長使衆之道, 不外乎此 : 나라의 임금을 섬기고 장관을 섬기며 백성을 부리는 도리가 여기에서 벗어나지 않으니)'에 대해, 『대학장구대전(大學章句大全)』에서 말하였다. "효도·공손함·자애를 가리킨다."[22]

○ 上下字主君而言, 蓋從下節一人二字來也. 若主君言, 則孝事君, 慈使衆等事, 不是敎也, 乃皆本事也, 如文王之兼仁敬孝慈信也.

'차소이가제어상, 이교성어하야(此所以家齊於上, 而敎成於下也 : 이는 집안이 위에서 가지런해져 가르침이 아래에서 이루어지는 것이다)'에서 위와 아래라는 말은 임금을 중심으로 말한 것이니, 아래 절의 한 사람이라는 말에서 온 것이다. 임금을 중심으로 말하면, 효도는 임금을 섬기는 것이고 자애는 백성을 부리는 등의 사안은 가르치는 일이 아니라 바로 근본적인 일이니, 문왕이 어짊과 공경과 효도와 자애와 믿음을 겸한 것과 같다.

○ 雲峰胡氏曰 : "修身以上, 皆是學之事, 齊家、治國方是敎之事, 所以此章首拈出敎之一字."[23]

운봉 호씨(雲峯胡氏 : 胡炳文)가 말하였다. "자신을 닦는 일 위로는 모두 배우는 일이고, 집안을 가지런히 하고 나라를 다스리는 것은 가르치는 일이기 때문에 이 장에서 먼저 가르침이라는 말을 찍어서 내놓았다."[24]

---

21) 호광 편(胡廣 編), 『대학장구대전(大學章句大全)』.

22) 효도·공손함·자애를 가리킨다 : 호광 편(胡廣 編), 『대학장구대전(大學章句大全)』「전」9장에는 "'차(此)'라는 글자는 효도·공손함·자애를 가리켜서 말하였다.(此字指孝弟慈而言.)"라고 되어 있다.

23) 호광 편(胡廣 編), 『대학장구대전(大學章句大全)』.

24) 자신을 닦는 일 위로는 모두 배우는 일이고 …… 먼저 가르침이라는 말을 찍어서 내놓았다 : 호광 편(胡廣 編), 『대학장구대전(大學章句大全)』「전」9장에는 "자신을 닦는 일 위로는 모두 배우는 일이고, 집안을 가지런히 하고 나라를 다스리는 것은 가르치는 일이기 때문에 이 장에서 먼저 가르침이라는 말을 찍어서 내놓았지만 가르치는 것은 또 단지 자신에게서 설명했을 뿐이다. 효도·공손함·자애는 자신을 닦아서 집안을 가르치는 것이다. 그런데 단지 세 가지만 든 것은 집안을 가지런히 한다는 것에서 설명한 것이다. 한 집안에는 부모가 있기 때문에 효라고 하였

[傳9-2]

「康誥」曰 : "如保赤子", 心誠求之, 雖不中不遠矣. 未有學養子而后嫁者也.
「강고(康誥)」에서 "갓난아기를 보호하듯이 한다."라고 하였으니, 마음에서 진실로 구하면 비록 딱 맞지는 않을지라도 멀리 벗어나지 않을 것이다. 자식 기르는 일을 배운 뒤에 시집가는 사람은 있지 않다.

朱註

中, 去聲. 此引『書』而釋之. 又明立敎之本, 不假强爲, 在識其端而推廣之耳.
'수부중불원의(雖不中不遠矣)'에서 '중(中 : 딱 맞다)'자는 거성이다. 『서경(書經)』을 인용해서 해석하였다. 또 가르침을 세우는 근본이 억지로 함을 빌리지 않고, 그 단서를 알아서 미루어 넓힘에 있을 뿐임을 밝힌 것이다.

詳說

○ 心誠以下, 是釋『書』意也.
'인『서』이석지(引『書』而釋之 : 『서경(書經)』을 인용해서 해석하였다)'에서 '심성(心誠 : 마음에 진실로)' 아래의 말이 『서경(書經)』을 해석한 의미이다.

○ 承上節.
'우(又 : 또)'는 위의 절을 이어받았다는 말이다.

○ 上聲.
'불가강위(不假强爲)'에서 '강(强 : 억지로)'자는 상성이다.

○ 新安陳氏曰 : "立敎之本, 總言孝弟慈. 「傳」引『書』只言慈幼, 『章句』乃總三者言之. 蓋因慈之良知良能而知孝弟之良知良能, 皆不假强爲, 只在識其端之發見處, 而從此推廣去耳."[25)]

고, 형과 어른이 있기 때문에 공손함이라고 하였으며, 자식·동생·종이 있기 때문에 자애라고 하였다. 임금을 섬기고 장관을 섬기며 백성을 부리는 것은 나라를 다스리는 것에서 설명한 것이다.(脩身以上, 皆是學之事, 齊家治國, 方是敎之事, 所以此章首拈出敎之一字, 然其所以爲敎者, 又只從身上說來. 孝弟慈, 所以脩身而敎於家者也. 獨擧三者, 蓋從齊家上說. 一家之中, 有父母, 故曰孝, 有兄長, 故曰弟, 有子弟僕隷, 故曰慈. 事君事長使衆, 方從治國上說.)"라고 되어 있다.

25) 호광 편(胡廣 編), 『대학장구대전(大學章句大全)』. "立敎之本, 總言孝弟慈. 傳引書只言慈幼, 章句乃總三者言之, 蓋因慈之良知良能而知孝弟之良知良能, 皆不假於強爲, 只在識其端倪之發見處, 而從此推廣去耳."

신안 진씨(新安陳氏 : 陳櫟)[26]가 말하였다. "가르침을 세우는 근본은 총괄하여 말하면 효도 · 공손함 · 자애이다. 「전(傳)」에서는 『서경(書經)』을 인용하여 어린아이에게 자애롭게 하는 것을 말했을 뿐인데, 『대학장구(大學章句)』에서는 바로 세 가지를 총괄해서 말하였다. 자애의 양지(良知)와 양능(良能)으로 말미암아 효도와 공손함의 양지와 양능을 아니, 모두 억지로 함을 빌린 것이 아니라 단지 그 단서가 발현하는 것을 아는 데서 이것을 따라 미루어 넓혀 간 것일 뿐이다."

○ 栗谷曰 : "小註諸說中, 新安爲是."[27]

율곡(栗谷 : 李珥)[28]이 말하였다. "소주(小註)의 여러 설 가운데 신안 진씨(新安陳氏 : 陳櫟)의 말이 옳다."

○ 仁山金氏曰 : "此段章句本章首教字, 三者俱作教說, 不作推說. '不假强爲'說'未有學養子而后嫁', '識端推廣'說'心誠求之'."[29]

인산 김씨(仁山金氏 : 金履祥)[30]가 말하였다. "이 단락의 장구는 장 첫머리의 '가르

---

26) 진력(陳櫟, 1252~1334) : 자는 수옹(壽翁)이고, 호는 정우(定宇) 또는 동부노인(東阜老人)이다. 송말원초 때 휘주(徽州) 휴녕(休寧) 사람이다. 송나라가 망하자 은거하여 학문과 제자 양성에 힘썼다. 학문 성향은 주희(朱熹)의 학문을 위주로 하면서 육구연(陸九淵)의 심학(心學)을 아울러 취하려 하였다. 인종(仁宗) 연우(延祐) 초에 향시(鄕試)에 급제했지만 예부시(禮部試)에 나가지 않고 집에서 학생들을 가르쳤다. 효성과 우애가 지극했고, 세력이나 이익에 휩쓸리지 않았다. 주희와 여러 학자의 학설을 채집하고 자신의 견해를 덧붙여 『상서집전찬소(尙書集傳纂疏)』를 저술하였다. 그 밖의 저서에 『사서발명(四書發明)』, 『예기집의(禮記集義)』, 『역조통략(歷朝通略)』, 『근유당수록(勤有堂隨錄)』, 『정우집(定宇集)』 등이 있다.

27) 이이(李珥), 『율곡선생전서(栗谷先生全書)』 권 32, 「어록(語錄)」「우계집(牛溪集)」.

28) 이이(李珥, 1536~1584) : 조선 중기의 학자 · 문신이다. 강원도 강릉 출생이고 본관은 덕수(德水)이며 자는 숙헌(叔獻)이고 호는 율곡(栗谷) · 석담(石潭) · 우재(愚齋)이며 아명은 현룡(見龍)이다. 어려서부터 어머니 사임당 신씨(師任堂申氏)에게서 한문을 배웠는데, 16세에 어머니를 여의고, 19세에 금강산에 들어가 불경을 연구하다가 다시 유학에 전념하였다. 관직에 있으면서 당쟁의 조정에 힘쓰는 한편, 여러 가지 폐정을 개혁하고 민생을 안정시켰으며, 후에 『향약』을 지었다. 또 성리학을 깊이 연구하여 자신의 학설을 정립했는데, 주리파 · 주기파로 나누어진 성리학의 양대 산맥에서 주기파의 종주로 사상계 · 정치계에 큰 영향을 끼쳤다. 조선 유학계에 이황(李滉)과 쌍벽을 이루는 학자로 기호학파(畿湖學派)를 형성했고, 이황의 이기이원론에 대하여 기발이승일도설(氣發理乘一途說)을 주장, 이 사상의 차이가 당쟁과 관련되어 오랫동안 논쟁의 중심이 되었다. 학문을 민생의 문제와 직결시켰고, 10만 양병설 및 대동법(大同法) 등의 실시에 노력하였다. 저서로는 『율곡전서(栗谷全書)』와 『성학집요(聖學輯要)』, 『경연일기(經筵日記)』, 『격몽요결(擊蒙要訣)』 등이 있다.

29) 호광 편(胡廣 編), 『대학장구대전(大學章句大全)』.

30) 김이상(金履祥, 1232~1303) : 이름은 상(祥) · 개상(開祥) · 이상(履祥)이고, 자는 길보(吉父)이

친다[敎]'는 말을 근본으로 하였으니, 세 가지를 갖춰 가르침으로 설명한 것은 추론하여 만든 것이 아니다. '억지로 함을 빌리지 않았다.'라는 말은 '자식 기르는 일을 배운 뒤에 시집가는 사람은 있지 않다.'라는 구절을 설명한 것이고, '단서를 알아 미루어 넓힌다.'라는 말은 '마음에 진실로 구한다.'라는 구절을 설명한 것이다."[31]

○ 三山陳氏曰 : "'不中不遠'者, 愛出於誠, 彼己不隔."[32]

삼산 진씨(三山陳氏 : 陳孔碩)[33]가 말하였다. "'딱 맞지는 않을지라도 멀리 벗어나지 않을 것이다.'라는 말은 사랑이 정성에서 나온다는 것이니, 저것과 자신이 떨어져 있지 않다는 말이다."[34]

며, 호는 차농(次農)이고, 자호는 동양숙자(桐陽叔子)이며, 시호는 문안(文安)이다. 송말원초 난계(蘭溪 : 현 절강성 난계시) 사람이다. 왕백(王柏)과 하기(何基)에게 배워 절동학파(浙東學派)와 금화학파(金華학파)의 중추가 되었으며 세칭 북산사선생(北山四先生) 가운데 한 사람이었다. 원나라가 들어서자 벼슬하지 않고 인산(仁山)에 은거하여 인산선생(仁山先生)이라 불렸다. 주돈이(周敦頤)와 정호(程顥)의 학문을 조종으로 삼아 의리(義理)를 궁구하였다. 왕백의 의경(疑經) 정신을 계승하여 『시(詩)』와 『서(書)』를 의심했는데, 공자가 3000편을 300편으로 산정(刪定)했다는 설을 부정했고, 『고문상서(古文尙書)』는 후한 때 유자(儒者)들이 위작(僞作)한 것이라 주장하였다. 저서에 『상서주(尙書注)』, 『상서표주(尙書表注)』, 『논어맹자집주고증(論語孟子集注考證)』, 『대학장구소의(大學章句疏義)』, 『중용표주(中庸標注)』, 『자치통감전편(資治通鑑前編)』 등이 있다.

31) 이 단락의 장구는 장 첫머리의 …… '마음에 진실로 구한다.'라는 구절을 설명한 것이다 : 호광 편(胡廣 編), 『대학장구대전(大學章句大全)』「전」9장에는 "이 단락의 장구는 '가르친다[敎]'는 말을 근본으로 하였다. 세 가지를 갖춰 가르침으로 설명한 것은 추론하여 만든 것이 아니니, '가르침의 근본을 세운다.'라는 말은 효도·공손함·자애를 설명한 것이고, '억지로 함을 빌리지 않았다.'라는 말은 '자식 기르는 일을 배운 뒤에 시집가는 사람은 있지 않다.'라는 구절을 설명한 것이며, '단서를 알아 미루어 넓힘에 있다.'라는 말은 '마음에 진실로 구한다.'라는 구절을 설명한 것이다.(此段章句本章首教字. 三者俱作教說, 不作推說, 立教之本, 說孝弟慈, 不假強爲, 說未有學養子而后嫁, 在識其端而推廣之, 說心誠求之.)"라고 되어 있다.

32) 호광 편(胡廣 編), 『대학장구대전(大學章句大全)』.

33) 진공석(陳孔碩) : 자는 부중(膚仲)·숭청(崇清)이고 송(宋)나라 때 후관현(侯官縣 : 현 복건성 복주시(福州市)) 사람이다. 순희(淳熙) 2년(1175년)에 진사에 급제하여 무주호조(婺州戶曹), 예부랑중(禮部郎中), 비각수찬(秘閣修撰)을 역임하였다. 처음에는 장식(張栻), 여조겸(呂祖謙)에게서 배우다가 뒤에 주자에게 배웠다. 저서에 『대학강의(大學講義)』, 『중용강의(中庸講義)』, 『용학강록(庸學講錄)』 등이 있다.

34) 딱 맞지는 않을지라도 멀리 벗어나지 않을 …… 저것과 자신이 떨어져 있지 않다는 말이다 : 호광 편(胡廣 編), 『대학장구대전(大學章句大全)』「전」9장에는 "갓난아기는 뭔가 하고 싶어도 스스로 말할 수가 없어 자애로운 어머니만이 그가 하고 싶어 하는 것을 알 수 있으니, '비록 딱 맞지는 않을지라도 멀리 벗어나지 않는다.'라는 말은 사랑이 정성에서 나온다는 뜻이다. 저것

○ 按 : 養子之法, 不出'誠求'二字, 而自能知之, 故云 : "未有學而后嫁".

내가 생각하건대, 자식을 기르는 법은 '진실로 구한다.'라는 말을 벗어나지 않으니, 저절로 알 수 있다는 말이기 때문에 "자식 기르기를 배운 다음에 시집가는 사람은 있지 않다."라고 하였다.

○ 朱子曰 : "程子有言'赤子未能自言其意, 爲母者慈愛之心出於至誠'. 凡所以求其意者, 不至大相遠, 豈特學而後能哉. 若民則非如赤子之不能自言, 而使之者未能無失於其心, 以本無慈愛之實耳."[35]

주자(朱子)가 말하였다. "정자(程子)가 '갓난아기는 자신의 뜻을 스스로 말할 수 없으니, 엄마는 자애로운 마음이 지극한 정성에서 나온다.'라고 한 말이 있다. 보통 그 뜻을 구할 경우에 크게 서로 멀어지지 않게 되니, 어찌 특별히 배운 다음에 능하게 될 것인가? 백성들이라면 갓난아기가 스스로 말할 수 없는 것과 같지는 않지만 그들을 부리는 경우에 그들의 마음을 잃지 않을 수 없는 것은 본래 자애로운 정성이 없기 때문이다."[36]

○ 又曰 : "孝弟雖人所同有, 能不失者鮮. 惟保赤子罕有失者, 故卽人所易曉者以示訓."[37]

주자(朱子)가 또 말하였다. "효도와 공손함은 사람들이 동일하게 지니고 있을지라도 그것을 잃지 않는 경우는 드물다. 그런데 갓난아기를 보호할 때만은 잃음이 드물기 때문에 사람들이 쉽게 깨달을 수 있는 것을 내보여서 훈계하였다."[38]

과 자신이 떨어져 있지 않으니, '마음으로 구한다.'라는 것은 배운 뒤에 능한 것이 아니라는 뜻이다.(赤子有欲, 不能自言, 慈母獨得其所欲, 雖不中, 亦不遠者, 愛出於誠. 彼己不隔, 以心求之, 不待學而後能也.)"라고 되어 있다.

35) 주희(朱熹), 『대학혹문(大學或問)』권2, 「대학(大學) · 전(傳)10장」.

36) 정자(程子)가 '갓난아기는 자신의 뜻을 …… 본래 자애로운 정성이 없기 때문이다 : 『대학혹문(大學或問)』 권2, 「대학(大學) · 전(傳)10장」에는 "어떤 이가 물었다. '갓난아기 보호하듯이 하라는 것은 무슨 의미입니까?' 답하였다. '정자가 '갓난아기는 자신의 뜻을 스스로 말할 수 없으니, 엄마는 자애로운 마음이 지극한 정성에서 나온다.'라고 한 말이 있습니다. 그러니 보통 그 뜻을 구할 경우에 비록 딱 맞지는 않을지라도 크게 서로 멀어지지 않으니, 어찌 특별히 배운 다음에 능하게 될 것입니까? 백성들이라면 갓난아기가 스스로 말할 수 없는 것과 같지는 않지만 그들을 부리는 경우에 도리어 그들의 마음을 잃지 않을 수 없는 것은 본래 자애로운 정성이 없어 여기에서 살피지 못했기 때문입니다.'(或問 : '如保赤子何也.' 曰 : '程子有言「赤子未能自言其意, 而爲之母者, 慈愛之心出於至誠.」 則凡所以求其意者, 雖或不中, 而不至於大相遠矣. 豈待學而後能哉. 若民則非如赤子之不能自言矣, 而使之者反不能無失於其心, 則以本無慈愛之實, 而於此有不察耳.')"라고 하였다.

37) 호광 편(胡廣 編), 『대학장구대전(大學章句大全)』.

○ 又曰 : "保赤子, 慈於家也, 如保赤子, 慈於國也. 保赤子是慈, 如保赤子是使衆."[39]
주자(朱子)가 또 말하였다. "갓난아기를 보호하는 일은 집안에서 자애이고, 갓난아기를 보호하듯이 하는 것은 나라에서 자애이다. 그러니 갓난아기를 보호하는 일은 자애이고, 갓난아기를 보호하듯이 하는 것은 백성을 부리는 일이다."[40]

○ 愚伏曰 : "或云如保赤子一段, 專爲保赤子而言, 引『書』全句, 幷存'如'字, '如'字不須著意看, 或說太曲."
우복(愚伏 : 鄭經世)[41]이 말하였다. "어떤 이가 '갓난아기 보호하듯이 하라는 것은 전적으로 갓난아기를 보호하기 위하여 말한 것으로 『서경(書經)』의 전체 구절을 인용하여 '~하듯이 하라[如]'는 말까지 아울러 둔 것이니, '~하듯이 하라[如]'는 말에 의도가 있는 것으로 보지 않아야 합니다.'라고 하였는데, 그 말이 너무 왜곡되었다."

○ 按 : 此節承上節末句言之, 而其義迭相賓主. 蓋主慈而觀, 則如字虛, 主使衆而觀, 則如字實. 或說是主慈者也, 似亦備其一義耳.
내가 생각하건대, 이 절은 앞 절의 마지막 구(句)를 이어받아 말한 것인데, 그 의미가 서로 번갈아 주객이 된다. 자애를 중심으로 보면, '~하듯이 하라[如]'는 말은 의

---

38) 효도와 공손함은 사람들이 동일하게 가지고 …… 깨달을 수 있는 것을 내보여서 훈계하였다 : 호광 편(胡廣 編), 『대학장구대전(大學章句大全)』 전9장에는 "효도와 공손함은 사람들이 동일하게 지니고 있을지라도 그것을 지키고 잃지 않을 수 있는 경우는 드물다. 그런데 갓난아기를 보호할 때만은 잃음이 드물기 때문에 사람들이 쉽게 깨달을 수 있는 것을 내보여서 훈계하였으니, 또한 『맹자(孟子)』에서 어린아이가 우물에 들어가려는 것을 본다고 말한 의미와 같다.(孝弟雖人所同有, 能守而不失者鮮. 惟保赤子罕有失者, 故特即人所易曉者以示訓, 亦與『孟子』言見孺子入井之意同.)"라고 되어 있다.

39) 호광 편(胡廣 編), 『대학장구대전(大學章句大全)』.

40) 갓난아기를 보호하는 일은 집안에서 자애이고 …… 보호하듯이 하는 것은 백성을 부리는 일이다 : 호광 편(胡廣 編), 『대학장구대전(大學章句大全)』 전9장에는 "갓난아기를 보호하는 일은 집안에서 자애이고, 갓난아기를 보호하듯이 하는 것은 나라에서 자애이다. 그러니 갓난아기를 보호하는 일은 자애이고, 갓난아기를 보호하듯이 하는 것은 백성을 부리는 일이다. 마음이 진실로 갓난아기가 하려는 것을 구하는 것은 백성들에게서도 그들이 스스로 할 수 없는 것을 구해야 하는 것이니, 이것은 아기에게 자애로운 마음을 미뤄 백성을 부리는 일이다.(保赤子, 慈於家也, 如保赤子, 慈於國也. 保赤子是慈, 如保赤子是使衆. 心誠求赤子所欲, 於民亦當求其不能自達者, 此是推慈幼之心以使衆也.)"라고 되어 있다.

41) 정경세(鄭經世, 1563~1633) : 조선 중기의 학자로 자가 경임(景任)이고, 호가 우복(愚伏)이며, 본관이 진주(晉州)이다. 유성룡(柳成龍)의 문인으로 주자학을 추종하고 이황의 학통을 계승하였으며, 특히 예학(禮學)에 열중하였다. 저서로는 『우복집』 외에 『양정편(養正篇)』·『주문작해(朱文酌海)』·『상례참고(喪禮參考)』 등이 있다.

미가 없고, 백성을 부리는 일을 중심으로 보면 '~하듯이 하라[如]'는 말은 의미가 있다. 어떤 사람의 말은 자애를 중심으로 한 경우이니, 또한 하나의 의미를 갖춘 것 같다.

○ 朱子曰 : "「傳」之言此, 蓋以明使衆之道, 不過自其慈幼者而推之也. 事君之孝事長之弟, 亦何以異於此哉. 擧其細, 則大者可知矣."[42]

주자(朱子)가 말하였다. "「전(傳)」에서 이를 말한 것은 백성을 부리는 방법이 어린 아기에게 자애롭게 하는 일에서 미룬 것에 불과함을 밝힌 것이다. 임금을 섬기는 효도와 장관을 섬기는 공손함도 어찌 이와 다르겠는가? 그 세세한 사안을 들었으니, 큰 것을 알아야 된다."[43]

○ 沙溪曰 : "盧氏說乃或問之意也. 『章句』之意, 則本, 指孝弟慈也, 端, 指孝弟慈之端也."

사계(沙溪 : 金長生)가 말하였다. "노씨의 설명은 바로 어떤 사람이 묻는 의미이다. 『대학장구(大學章句)』의 의미를 보면, 근본은 효도·공손함·자애를 가리키고, 단서는 효도·공손함·자애의 실마리를 가리킨다."

○ 按 : '識其端而推廣', 朱子初說以爲識其端而推廣孝弟慈矣. 後來改之, 以爲識其孝弟慈之端而推廣之耳, 『或問』未及改之.

내가 생각하건대, '그 단서를 알아 미루어 넓힌다.'라는 말은 주자(朱子)의 초년의 설명으로 그 단서를 알아 효도·공손함·자애를 미루어 넓히는 것이다. 뒤에 그 설명을 수정해서 그 효도·공손함·자애의 단서를 미루어 넓히는 것으로 여겼는데, 『대학혹문(大學或問)』에서는 고치지 못하였다.

○ 栗谷曰 : "小註朱子說'此只說動化爲本, 未說到推上, 後方全是說推'. 此說是通論一章, 而誤在此."[44]

율곡(栗谷 : 李珥)이 말하였다. "소주(小註)에서 주자(朱子)가 '이는 단지 감화가 근본임을 말한 것이니, 미루어 올라간 사안을 아직 설명하지 않은 것이다.'라고 하

---

42) 주희(朱熹), 『대학혹문(大學或問)』 권2, 「대학(大學)·전(傳)10장」.

43) 「전(傳)」에서 이를 말한 것은 백성을 부리는 …… 세세한 사안을 들었으니, 큰 것을 알아야 된다 : 주희(朱熹), 『대학혹문(大學或問)』 권2, 「대학(大學)·전(傳)10장」에는 "「전(傳)」에서 이것을 말한 것은 백성을 부리는 방법이 어린 아기에게 자애롭게 하는 일에서 미룬 것에 불과하고, 어린 아기에게 자애롭게 하는 마음은 또한 밖에서 나를 녹여 들어와서 억지로 하는 것이 아님을 밝힌 것이다. 임금을 섬기는 효도와 장관을 섬기는 공손함도 어찌 이와 다르겠는가? 이미 그 세세한 사안을 들었으니, 큰 것을 알아야 된다.(傳之言此, 蓋以明夫使衆之道, 不過自其慈幼者而推之, 而慈幼之心, 又非外鑠而有待於强爲也. 事君之孝事長之弟, 亦何以異於此哉. 旣擧其細, 則大者可知矣.)"라고 되어 있다.

44) 이이(李珥), 『율곡선생전서(栗谷先生全書)』 권14, 「잡저(雜著)」.

였다. 이는 한 장을 통론한 것이어서 잘못이 여기에 있다."

◯ 沙溪曰 : "此說疑當在一家仁節下."[45]

사계(沙溪 : 金長生)가 말하였다. "여기의 설명은 '한 집안이 어질면'[46]이라는 절의 아래에 있어야 할 것 같다."

◯ 朱子曰 : "以上是推其家以治國, '一家仁'以下是人自化之也."[47]

주자(朱子)가 말하였다. "이 위로는 그 집안을 미뤄 나라를 다스리는 일이니, '한 집안이 어질면' 아래로는 사람들이 저절로 교화된다는 뜻이다."

[傳9-3]

一家仁, 一國興仁, 一家讓, 一國興讓, 一人貪戾, 一國作亂, 其機如此. 此謂一言僨事, 一人定國.

한 집안이 어질면 한 나라가 어짊을 일으키고, 한 집안이 사양하면 한 나라가 사양함을 일으키며, 한 사람이 탐하고 어그러지면 한 나라가 혼란을 일으키니, 그 기틀이 이와 같다. 이것을 '한마디 말이 일을 그르치며, 한 사람이 나라를 안정시킨다.'라고 하는 것이다.

朱註

僨, 音奮. 一人, 謂君也. 機, 發動所由也. 僨, 覆敗也.

'차위일언분사(此謂一言僨事)'에서 '분(僨 : 그르친다)'자는 음이 분(奮 : 떨치다)이다. 한 사람은 임금을 말한다. 기틀은 발동이 일어나는 곳이다. '그르치다[僨]'는 것은 전복되고 패함이다.

---

45) 유숙기(兪肅基), 『겸산집(兼山集)』 권20, 「차의(箚疑)」.

46) 한 집안이 어질면 : 『대학장구(大學章句)』 전9장에서 "한 집안이 어질면 한 나라가 어짊을 일으키고, 한 집안이 사양하면 한 나라가 사양함을 일으키며, 한 사람이 탐하고 어그러지면 한 나라가 혼란을 일으키니, 그 기틀이 이와 같다. 이를 '한마디 말이 일을 그르치며, 한 사람이 나라를 안정시킨다.'라고 한다.(一家仁, 一國興仁, 一家讓, 一國興讓, 一人貪戾, 一國作亂, 其機如此. 此謂一言僨事, 一人定國.)"라고 하였다.

47) 호광 편(胡廣 編), 『대학장구대전(大學章句大全)』.

詳說

◯ 家與言, 亦皆以君言.

'일인, 위군야(一人, 謂君也 : 한 사람은 임금을 말한다)'는 집안과 말이 또한 모두 임금으로써 말한 것이다.

◯ 新安陳氏曰 : "機, 弩牙, 矢之發動所由, 譬仁讓之興, 其機由一家, 悖亂之作, 其機由一人. 故總斷云'其機如此'."[48]

'기, 발동소유야(機, 發動所由也 : 기틀은 발동이 일어나는 곳이다)'에 대해, 신안 진씨(新安陳氏 : 陳櫟)[49]가 말하였다. "기틀은 '화살의 시위를 거는 곳[弩牙]'으로 화살이 나가기 시작하는 부분이니, 어짊과 사양함을 일으키는 것은 그 기틀이 한 집안으로 말미암고 그르침과 혼란이 일어나는 것은 그 기틀이 한 사람으로 말미암는다는 점을 비유하였다. 그러므로 총괄적으로 단정하여 '그 기틀이 이와 같다.'라고 하였다."[50]

---

48) 호광 편(胡廣 編), 『대학장구대전(大學章句大全)』.

49) 진력(陳櫟, 1252~1334) : 자는 수옹(壽翁)이고, 호는 정우(定宇) 또는 동부노인(東阜老人)이다. 송말원초 때 휘주(徽州) 휴녕(休寧) 사람이다. 송나라가 망하자 은거하여 학문과 제자 양성에 힘썼다. 학문 성향은 주희(朱熹)의 학문을 위주로 하면서 육구연(陸九淵)의 심학(心學)을 아울러 취하려 하였다. 인종(仁宗) 연우(延祐) 초에 향시(鄕試)에 급제했지만 예부시(禮部試)에 나가지 않고 집에서 학생들을 가르쳤다. 효성과 우애가 지극했고, 세력이나 이익에 휩쓸리지 않았다. 주희와 여러 학자의 학설을 채집하고 자신의 견해를 덧붙여 『상서집전찬소(尙書集傳纂疏)』를 저술하였다. 그 밖의 저서에 『사서발명(四書發明)』, 『예기집의(禮記集義)』, 『역조통략(歷朝通略)』, 『근유당수록(勤有堂隨錄)』, 『정우집(定宇集)』 등이 있다.

50) 기틀은 '화살의 시위를 거는 곳[弩牙]'으로 …… '그 기틀이 이와 같다.'라고 하였다 : 호광 편(胡廣 編), 『대학장구대전(大學章句大全)』 전9장에는 "한 집안이 어질고 사양하면 한 나라가 어질고 사양하니, 집안이 가지런히 되어 나라가 다스려지는 것이다. 한 사람이 탐하고 어그러지면 한 나라가 바로 혼란을 일으키니, 자신이 닦이지 않아 집안과 나라가 가지런히 되지 않고 다스려지지 않는 것이다. 기틀은 '화살의 시위를 거는 곳[弩牙]'으로 화살이 나가기 시작하는 부분이니, 어짊과 사양함을 일으키는 것은 그 기틀이 한 집안으로 말미암고 그르침과 혼란이 일어나는 것은 그 기틀이 한 사람으로 말미암는 점을 비유하였다. 그러므로 총괄적으로 단정하여 '그 기틀이 이와 같다.'라고 하였다. '한마디 말은 일을 그르친다.'라는 것은 '혼란을 일으킨다.'라는 구절을 매듭지었고, '한 사람이 나라를 안정시킨다.'라는 것은 '어짊과 사양함을 일으킨다.'라는 구절을 매듭지었다.(一家仁讓, 而一國仁讓, 家齊而國治也. 一人才貪戾, 而一國卽作亂, 身不脩, 則家國卽不齊不治也. 機者, 弩牙矢之發動所由, 譬仁讓之興, 其機由一家, 悖亂之作, 其機由一人. 故總斷云其機如此. '一言僨事', 結'作亂'句, '一人定國', 結'興仁讓'句.)라고 되어 있다."

○ 朱子曰 : "仁讓言家, 貪戾言人. 何也. 善必積而後成, 惡雖小而可懼."[51)]

주자(朱子)가 말하였다. "어짊과 사양함은 집안을 말한 것이고, 탐하고 어그러진 것은 사람을 말하니, 무엇 때문인가? 선함은 반드시 쌓인 이후에 이루어지고, 악함은 작을지라도 두려워해야 하기 때문이다."[52)]

○ 玉溪盧氏曰 : "貪則不讓, 戾則不仁."[53)]

옥계 노씨(玉溪盧氏 : 盧孝孫[54)])가 말하였다. "탐하면 사양하지 못하고 어그러지면 어질지 못하다."[55)]

○ 音福.

'복패야(覆敗也)'에서 '복(覆 : 전복되다)'자는 음이 '복(福 : 복)'이다.

---

51) 주희(朱熹), 『대학혹문(大學或問)』 권2, 「대학(大學) · 전(傳)10장」.

52) 어짊과 사양함은 집안을 말한 것이고 …… 악함은 작을지라도 두려워해야 하기 때문이다 : 『대학혹문(大學或問)』에는 "말하였다. '어짊과 사양함은 집안을 말한 것이고, 탐하고 어그러진 것은 사람을 말하니, 무엇 때문입니까?' 답하였다. '선함은 반드시 쌓인 이후에 이루어지고, 악함은 작을지라도 두려워해야 하니, 옛사람들이 깊이 경계한 것입니다.(曰 : '仁讓言家, 貪戾言人, 何也.' 曰 : '善必積而後成, 惡雖小而可懼, 古人之深戒也.')"라고 되어 있다.

53) 호광 편(胡廣 編), 『대학장구대전(大學章句大全)』.

54) 노효손(盧孝孫) : 자는 신지(新之)이고 호는 옥계(玉溪)이며, 귀계(貴溪) 사람이다. 진덕수(陳德秀)의 문하에서 학문을 배워, 가태(嘉泰 : 1201~1204) 연간에 진사에 급제하였다. 벼슬은 태학박사(太學博士)에 이르렀다. 벼슬을 그만둔 뒤 옥계서원(玉溪書院)에서 주로 강학하였다. 저서에는 송 이종(理宗)에게 진상한 『사서집의(四書集義)』 1백 권이 있다.

55) 탐하면 사양하지 못하고 어그러지면 어질지 못하다 : 호광 편(胡廣 編), 『대학장구대전(大學章句大全)』 전9장에는 "어짊과 사양함은 선함으로 앞의 글 효도와 공손함을 이어서 말한 것이다. 탐하고 어그러진 것은 악함이니, 탐하면 사양하지 못하고 어그러지면 어질지 못하다. 선함은 있고 악함이 없는 이치는 비록 하늘에 근원하고 있을지라도 선함이 되고 악함이 되는 기미는 실제로 임금에게서 말미암는다. 그러니 어질고 사양하는 교화는 집안에서 기다린 다음에 나라에 행해지고, 탐하고 어그러지는 잘못은 임금에서 일어나자마자 바로 나라에 드러난다. 선함을 따르는 것이 산을 올라감과 같은 것은 그 어려움을 나타낸 것이고, 악함을 따르는 것은 무너짐과 같으니, 그 쉬움을 나타낸 것이다. 기미가 있는 곳은 이처럼 두려워해야 하니, 삼가지 않을 수 있겠는가? '일을 그르치고 나라는 안정시킨다.'라는 것은 옛말이다. '차위(此謂 : 이를 ~라고 한다).'라는 두 글자를 보면, 인용에서 앞의 말을 증빙했음을 알 수 있다.(仁讓, 善也, 接上文孝弟言. 貪戾, 惡也, 貪則不讓, 戾則不仁. 有善無惡之理, 雖原於天, 而爲善爲惡之機, 實由於君. 仁讓之化, 必待行於家, 而後行於國, 貪戾之失, 才自於君而即見於國. 從善如登, 見其難, 從惡如崩, 見其易. 機之所在, 可畏如此, 可不謹歟. '僨事定國,' 蓋古語. 觀'此謂'二字, 可見引以證上文.)"라고 되어 있다.

◯ 沙溪曰 : "'一言僨事, 一人定國', 出『國語』."[56]

사계(沙溪 : 金長生)[57]가 말하였다. "'한마디 말이 일을 그르치며, 한 사람이 나라를 안정시킨다.'라는 말은 『국어(國語)』에 나온다."

◯ 玉溪盧氏曰 : "觀'此謂'二字, 可見引以證上文."[58]

옥계 노씨(玉溪盧氏 : 盧孝孫)가 말하였다. "'차위(此謂 : 이를 ~라고 한다).'라는 두 글자를 보면, 인용에서 앞의 말을 증빙했음을 알 수 있다."[59]

◯ 按 : 此書中'此謂', 或於蒙上文處用之, 或於引古語處用之, 其兼之者, '聽訟章'是也.

내가 생각하건대, 이 책에서 '차위(此謂 : 이를 ~라고 한다).'라는 말은 간혹 앞의 글을 이어받는 곳에서 쓰기도 하고, 간혹 옛말을 인용하는 곳에서 쓰기도 하는데, 그것들을 겸한 것은 '청송장(聽訟章)'[60]이 여기에 해당한다.

---

56) 『후재선생문집(厚齋先生集)』 권23, 「차기(箚記)」「대학(大學)」.

57) 김장생(金長生, 1548~1631) : 본관은 광산(光山)이고, 자는 희원(希元)이며, 호는 사계(沙溪)이고 시호는 문원(文元)이다. 한양 정릉동(貞陵洞 : 현 서울 중구 정동)에서 태어났다. 1560년 송익필(宋翼弼)로부터 사서(四書)와 『근사록(近思錄)』 등을 배웠고, 20세 무렵에 이이(李珥)의 문하에 들어갔다. 1578년 학행(學行)으로 천거되어 창릉참봉(昌陵參奉)이 되고, 성균관 사업(司業), 집의(執義), 공조참의, 형조참판 등을 역임하였다. 인조반정 이후로는 서인의 영수격으로 영향력이 매우 컸다. 학문적으로 송익필, 이이, 성혼(成渾) 등의 영향을 받았다. 이이와 성혼(成渾)을 제향하는 황산서원(黃山書院)을 세웠다. 특히 둘째 아들이 그와 함께 문묘에 종사된 신독재(愼獨齋) 김집(金集, 1574~1656)이다. 저서로는 1583년 첫 저술인 『상례비요(喪禮備要)』 4권을 포함하여, 『가례집람(家禮輯覽)』·『전례문답(典禮問答)』·『의례문해(疑禮問解)』 등 예에 관한 것으로, 조선 예학의 기반을 마련하였다. 스승 이이가 시작한 『소학집주(小學集註)』를 1601년에 완성하고 『근사록석의(近思錄釋疑)』, 『경서변의(經書辨疑)』, 시문집을 모은 『사계선생전서(沙溪先生全書)』가 있다.

58) 호광 편(胡廣 編), 『대학장구대전(大學章句大全)』.

59) '차위(此謂 : 이를 ~라고 한다).'라는 두 글자를 보면, 인용에서 앞의 말을 증빙했음을 알 수 있다 : 호광 편(胡廣 編), 『대학장구대전(大學章句大全)』 전9장에는 "…… 기미가 있는 곳은 이처럼 두려워해야 하니, 삼가지 않을 수 있겠는가? '일을 그르치고 나라는 안정시킨다.'라는 것은 옛말이다. '차위(此謂 : 이를 ~라고 한다).'라는 두 글자를 보면, 인용에서 앞의 말을 증빙했음을 알 수 있다.(…… 機之所在, 可畏如此, 可不謹歟. '僨事定國,' 蓋古語. 觀'此謂'二字, 可見引以證上文.)"라고 되어 있다.

60) 청송장(聽訟章) : 『대학장구(大學章句)』「전(傳)」4장에 "공자(孔子)가 말하기를 '송사(訟事)를 다스림이 내 남과 같이 하나, 반드시 백성들이 송사함이 없게 하겠다.'라 하였으니, 실정(實情)이 없는 자가 그 거짓말을 다하지 못하게 함은 백성의 마음을 크게 두렵게 하기 때문이니, '이것을 근본을 안다'라고 한다.(子曰 : '聽訟, 吾猶人也, 必也使無訟乎.' 無情者, 不得盡其辭, 大畏民志, 此謂知本.)"라는 말이 있다.

○ 新安陳氏曰 : "'一言僨事', 結'作亂'句, '一人定國', 結'興仁讓'句."[61]

신안 진씨(新安陳氏 : 陳櫟)가 말하였다. "'한마디 말이 일을 그르친다.'라는 말은 '혼란을 일으킨다.'라는 구절을 매듭지은 것이고, '한 사람이 나라를 안정시킨다.'라는 말은 어짊과 사양함을 일으킨다는 구절을 매듭지은 것이다."[62]

○ 仁山金氏曰 : "'定國'言一人, 總一身而論, '僨事'言一言, 則不過片言之間, 善惡功效之難易, 尤可懼耳."[63]

인산 김씨(仁山金氏 : 金履祥)[64]가 말하였다. "'나라를 안정시킨다.'라는 것이 한 사람을 말한다는 뜻은 자기 한 몸을 전체로 해서 말한 사안이고, '일을 그르친다.'라는 것이 한마디 말을 말한다는 뜻은 몇 마디 사이에 불과하다는 사안이니, 선함과 악함에 대한 공효의 어려움과 쉬움을 더욱 두려워해야 할 뿐이라는 말이다."[65]

---

61) 호광 편(胡廣 編), 『대학장구대전(大學章句大全)』.

62) '한마디 말이 일을 그르친다.'라는 말은 …… 사양함을 일으킨다는 구절을 매듭지은 것이다 : 호광 편(胡廣 編), 『대학장구대전(大學章句大全)』 전9장에는 "…… 그러므로 총괄적으로 단정하여 '그 기틀이 이와 같다.'라고 한 것이다. '한마디 말은 일을 그르친다.'라는 말은 '혼란을 일으킨다.'라는 구절을 매듭지었고, '한 사람이 나라를 안정시킨다.'라는 것은 '어짊과 사양함을 일으킨다.'라는 구절을 매듭지었다.(…… 故總斷云其機如此. '一言僨事', 結'作亂'句, '一人定國', 結'興仁讓'句.)"라고 되어 있다.

63) 호광 편(胡廣 編), 『대학장구대전(大學章句大全)』.

64) 김이상(金履祥, 1232~1303) : 이름은 상(祥)·개상(開祥)·이상(履祥)이고, 자는 길보(吉父)이며, 호는 차농(次農)이고, 자호는 동양숙자(桐陽叔子)이며, 시호는 문안(文安)이다. 송말원초 난계(蘭溪 : 현 절강성 난계시) 사람이다. 왕백(王柏)과 하기(何基)에게 배워 절동학파(浙東學派)와 금화학파(金華학파)의 중추가 되었으며 세칭 북산사선생(北山四先生) 가운데 한 사람이었다. 원나라가 들어서자 벼슬하지 않고 인산(仁山)에 은거하여 인산선생(仁山先生)이라 불렸다. 주돈이(周敦頤)와 정호(程顥)의 학문을 조종으로 삼아 의리(義理)를 궁구하였다. 왕백의 의경(疑經) 정신을 계승하여 『시(詩)』와 『서(書)』를 의심했는데, 공자가 3000편을 300편으로 산정(刪定)했다는 설을 부정했고, 『고문상서(古文尙書)』는 후한 때 유자(儒者)들이 위작(僞作)한 것이라 주장하였다. 저서에 『상서주(尙書注)』, 『상서표주(尙書表注)』, 『논어맹자집주고증(論語孟子集注考證)』, 『대학장구소의(大學章句疏義)』, 『중용표주(中庸標注)』, 『자치통감전편(資治通鑑前編)』 등이 있다.

65) '나라를 안정시킨다.'라는 것이 …… 더욱 두려워해야 할 뿐이라는 말이다 : 호광 편(胡廣 編), 『대학장구대전(大學章句大全)』「전」9장에는 "'나라를 안정시킨다.'라는 것이 한 사람을 말한다는 뜻은 자기 한 몸을 전체로 해서 말한 사안이고, '일을 그르친다.'라는 것이 한마디 말을 말한다는 뜻은 몇 마디에 불과하다는 사안이니, 선함과 악함에 대한 공효의 어려움과 쉬움을 더욱 두려워해야 할 뿐이라는 말이다.('定國'謂之一人, 蓋總一身而論, '僨事'謂之一言, 則不過片言之間, 善惡功效之難易, 尤爲可懼也已.)"라고 되어 있다.

朱註

此言教成於國之效.

이는 가르침이 나라에 이루어지는 효험을 말하였다.

詳說

○ 承首節.

첫 절을 이어받은 것이다.

○ **雙峯饒氏曰:"仁讓, 本上文孝弟而言, 仁屬孝, 讓屬弟. 上言不出家成教於國底道理, 此言不出家成教於國底效驗."**[66]

쌍봉 요씨(雙峰饒氏 : 饒魯)[67]가 말하였다. "어짊과 사양함은 앞의 말 효도와 공손함을 근본으로 해서 말한 것이니, 어짊은 효도에 속하고 사양함은 공손함에 속한다. 앞에서는 집안에서 나가지 않고 나라에 가르침을 이루는 도리를 말하였고, 여기서는 집안에서 나가지 않고 나라에 가르침을 이루는 효험을 말하였다."[68]

○ **新安陳氏曰:"一家仁讓而一國仁讓, 家齊而國治也. 一人貪戾而一國作亂, 身不修則家國卽不齊不治也."**[69]

신안 진씨(新安陳氏 : 陳櫟)가 말하였다. "한 집안이 어질고 사양하면 한 나라가 어질고 사양하니, 집안이 가지런히 되어 나라가 다스려진다는 뜻이다. 한 사람이 탐하고 어그러지면 한 나라가 바로 혼란을 일으키니, 자신이 닦이지 않아 집안과 나라가 가지런히 되지 않고 다스려지지 않는다는 것이다."[70]

---

66) 호광 편(胡廣 編), 『대학장구대전(大學章句大全)』.

67) 요로(饒魯, 1194~1264) : 송나라 때의 유학자로 요주의 여간 사람이며, 자는 중원(仲元)이며, 호는 쌍봉(雙峰)이다. 황간에게 학문을 배우고, 평생 동안 벼슬하지 않아 그의 사후 문인들이 그에게 사시(私諡)를 문원(文元)이라 올렸다. 저서로는 『오경강의』, 『논맹기문(論孟紀聞)』, 『춘추절전(春秋節傳)』, 『학용찬술(學庸纂述)』, 『근사록주(近思錄註)』, 『태극삼도(太極三圖)』, 『용학십이도(庸學十二圖)』, 『서명도(西銘圖)』 등이 있다.

68) 어짊과 사양함은 앞의 말 효도와 공손함을 …… 나라에 가르침을 이루는 효험을 말하였다 : 호광 편(胡廣 編), 『대학장구대전(大學章句大全)』 전9장에는 "어짊과 사양함은 앞의 말 효도와 공손함을 근본으로 해서 말한 것이니, 어짊은 효도에 속하고 사양함은 공손함에 속한다. 탐하고 어그러지는 것은 자애의 반대이다. 앞에서는 집안에서 나가지 않고 나라에 가르침을 이루는 도리를 말하였고, 여기서는 집안에서 나가지 않고 나라에 가르침을 이루는 효험을 말하였다. (仁讓, 是本上文孝弟而言, 仁屬孝, 讓屬弟. 貪戾者, 慈之反也. 上言不出家而成敎於國底道理, 此言不出家而成敎於國底效驗.)"라고 되어 있다.

69) 호광 편(胡廣 編), 『대학장구대전(大學章句大全)』.

[傳9-4]

堯舜帥天下以仁, 而民從之, 桀紂帥天下以暴, 而民從之, 其所令反其所好, 而民不從. 是故君子有諸己而後求諸人, 無諸己而後非諸人. 所藏乎身不恕, 而能喩諸人者, 未之有也.

요(堯)·순(舜)이 천하를 어짊으로써 거느리자 백성들이 그를 따랐고, 걸(桀)·주(紂)가 천하를 포악함으로써 거느리자 백성들이 따랐으니, 그 명령하는 것이 자신의 좋아하는 것과 반대되면 백성들이 따르지 않는다. 이러므로 군자는 자신에게 선함이 있은 뒤에 남에게 선함을 요구하며, 자신에게 악함이 없는 뒤에 남의 악함을 비난하는 것이다. 자신에게 간직하고 있는 것이 서(恕)하지 못하고서 남을 깨우칠 수 있는 경우는 있지 않다.

朱註

好, 去聲.

'기소령반기소호(其所令反其所好)'에서 '호(好 : 좋아한다)'자는 거성이다.

詳說

○ 帥, 入聲.

'솔(帥 : 거느리다)'자는 입성이다.

---

70) 한 집안이 어질고 사양하면 …… 가지런히 되지 않고 다스려지지 않는 것이다 : 호광 편(胡廣編), 『대학장구대전(大學章句大全)』「전」9장에는 "한 집안이 어질고 사양하면 한 나라가 어질고 사양하니, 집안이 가지런히 되어 나라가 다스려지는 것이다. 한 사람이 탐하고 어그러지면 한 나라가 바로 혼란을 일으키니, 자신이 닦이지 않아 집안과 나라가 가지런히 되지 않고 다스려지지 않는 것이다. 기틀은 '화살의 시위를 거는 곳[弩牙]'으로 화살이 나가기 시작하는 부분이니, 어짊과 사양함을 일으키는 것은 그 기틀이 한 집안으로 말미암고 그르침과 혼란이 일어나는 것은 그 기틀이 한 사람으로 말미암는 점을 비유하였다. 그러므로 총괄적으로 단정하여 '그 기틀이 이와 같다.'라고 한 것이다. '한마디 말은 일을 그르친다.'라는 것은 '혼란을 일으킨다.'라는 구절을 매듭지었고, '한 사람이 나라를 안정시킨다.'라는 것은 '어짊과 사양함을 일으킨다.'라는 구절을 매듭지었다.(一家仁讓, 而一國仁讓, 家齊而國治也. 一人才貪戾, 而一國即作亂, 身不脩, 則家國即不齊不治也. 機者, 弩牙矢之發動所由, 譬仁讓之興, 其機由一家, 悖亂之作, 其機由一人. 故總斷云其機如此. '一言僨事', 結'作亂'句, '一人定國', 結'興仁讓'句.)"라고 되어 있다.

朱註

此又承上文'一人定國'而言.

이는 또 위 글에 '한 사람이 나라를 안정시킨다.'라는 뜻을 이어서 말한 것이다.

詳說

○ 堯與舜皆一人也. 主言堯舜定國而幷及桀·紂之僨事.

요(堯)와 순(舜)은 모두 '한 사람'이다. 요와 순이 나라를 안정시킨 것을 말하면서 아울러 걸·주(桀·紂)가 일을 그르친 것까지 아울러 언급하였다.

○ 亦承仁戾而言. 暴卽戾也.

또한 어짊과 어그러짐을 이어받아 말하였다. 포악함은 어그러짐이다.

朱註

有善於己, 然後可以責人之善, 無惡於己, 然後可以正人之惡.

자신에게 선함이 있은 뒤에 남의 선함을 책할 수 있고, 자신에게 악함이 없게 된 뒤에 남의 악함을 바로잡을 수 있다.

詳說

○ 添'善'字.

'유선어기(有善於己 : 자신에게 선함이 있은)' 구절에서 보면, '선함'이라는 말을 더하였다.

○ 朱子曰 : "'有諸己', 說修身是齊·治·平之本."[71]

'유선어기(有善於己 : 자신에게 선함이 있은)'에 대해, 주자(朱子)가 말하였다. "'자신에게 있다.'라는 뜻은 자신을 닦는 일이 집안을 가지런히 하고 나라를 다스리며 천하를 바로잡는 근본이라는 말이다."[72]

---

71) 호광 편(胡廣 編), 『대학장구대전(大學章句大全)』.

72) '자신에게 있다.'라는 뜻은 자신을 닦는 일이 …… 바로잡는 근본이라는 말이다 : 호광 편(胡廣 編), 『대학장구대전(大學章句大全)』「전」9장에는 "물었다. '이 장에서 나라를 다스린다고 말한 것은 바로 천하를 어짊으로 거느린다고 말하는 것이니, 또 천하를 바로잡는다고 말한 것과 비슷하고, 자신에게 있다고 말하는 것은 또 자신을 닦는다고 말하는 것과 비슷하니 무엇 때문입니까?' 주자(朱子)가 말하였다. '성현의 말씀은 간략하니, 자신에게서 펴 나가는 것이 가지런히 하고 다스리고 바로잡는 근본입니다. 나라를 다스리고 천하를 바로잡는 것은 본래 서로 관련된 것이니, 어찌 분명하게 서로 쓰이지 않겠습니까?'(問 : '此章言治國, 乃言帥天下以仁, 又似說平

○ 雙峰饒氏曰："此章自'一人貪戾'以下, 皆歸重人主之身."[73]

쌍봉 요씨가 말하였다. "이 장에서 '한 사람이 탐하고 어그러지면'이라는 구절 아래는 모두 임금 자신에게로 무거움을 돌리는 것이다."[74]

○ 望人之亦爲善.

'가이책인지선(可以責人之善 : 남의 선함을 책할 수 있고)'은 다른 사람도 또한 선한지 보는 것이다.

○ 添'惡'字.

'무악어기(無惡於己 : 자신에게 악함이 없게 된) 구절에서 볼 때, '악함'이라는 말을 더하였다.

○ 非之所以正之也.

비난하는 일은 바로잡기 위한 것이다.

朱註

> 皆推己以及人, 所謂恕也.
>
> 이는 모두 자기를 미루어 남에게 미치는 것이니, 이른바 '서(恕)'이다.

詳說

○ 新安陳氏曰："有善無惡於己, 盡己之忠也, 推己以責人正人, 由忠以爲恕也."[75]

신안 진씨(新安陳氏 : 陳櫟)가 말하였다. "자신에게 선함이 있고 악함이 없는 것은 자신을 극진하게 하는 충(忠)이고, 자신을 미루어 남을 책하고 바로잡는 것은 충으로 말미암아 서(恕)를 행하는 일이다."[76]

天下, 言有諸己, 又似說脩身, 何也.' 朱子曰 : '聖賢之文簡, 暢身, 是齊治平之本. 治國平天下, 自是相關, 豈可截然不相入.')"라고 하였다.

73) 호광 편(胡廣 編), 『대학장구대전(大學章句大全)』.

74) 이 장에서 '한 사람이 탐하고 어그러지면' …… 자신에게로 무거움을 돌리는 것이다 : 호광 편(胡廣 編), 『대학장구대전(大學章句大全)』 전9장에는 "선함이 없으면서 남을 책하려 하고, 악함이 있으면서 남을 막으려고 하는 것은 자신이 미루어서 남에게 미치려 함이 없는 것이다. 이 장에서 집안을 가지런히 하고 나라를 다스리는 것을 풀이하였을지라도 '한 사람이 탐하고 어그러지면'이라는 구절 아래는 모두 임금 자신에게로 무거움을 돌리는 것이니, 이것이 바로 본원을 끝까지 궁구한 말이다.(無善而欲責人, 有惡而欲禁人, 是無己可推而欲及人也. 此章雖釋齊家治國, 然自一人貪戾以下, 皆歸重人主之身, 此乃極本窮原之論.)"라고 되어 있다.

75) 호광 편(胡廣 編), 『대학장구대전(大學章句大全)』.

○ 仁山金氏曰 : "'藏乎身', 自其盡己處言之, '所藏乎身不恕', 反上文也, 謂所藏於己者, 未有可推以及人."[77]

인산 김씨(仁山金氏 : 金履祥)가 말하였다. "'자신에게 간직하고 있다.'라는 것은 자신을 극진하게 하는 뜻으로 말하였다. '자신에게 간직하고 있는 것이 서(恕)하지 못하다.'라는 뜻은 앞의 말을 거꾸로 한 것으로 자신에게 간직하고 있는 것을 미루어 남에게 미칠 수 없다는 말이다."[78]

○ 栗谷曰 : "恕字實指忠字. 忠是恕之藏乎身者, 借恕而言忠."[79]

율곡(栗谷 : 李珥)이 말하였다. "서(恕)자는 실제로 충(忠)자를 가리킨다. 충은 서가 자신에게 간직되어 있는 것이니, 서를 빌려서 충을 말하였다."

○ 朱子曰 : "恕字之義, 本以如心而得, 故可以施之於人, 而不可以施之於己."[80]

주자(朱子)가 말하였다. "서(恕)자의 의미는 본래 마음을 같이해서 얻는 것이기

76) 자신에게 선함이 있고 악함이 없는 것은 …… 충으로 말미암아 서(恕)를 행하는 일이다 : 호광 편(胡廣 編), 『대학장구대전(大學章句大全)』「전」9장에는 "자신에게 선함이 있고 악함이 없는 것은 자신을 극진하게 한 충(忠)이고, 자신을 미루어 남을 책하고 바로잡는 것은 충으로 말미암아 서를 행하는 일이다. 그러니 충은 곧 서가 안에 간직하고 있는 것이고, 서는 곧 충이 밖으로 드러난 것이다. ……(有善無惡於己, 盡己之忠也. 推己以責人正人, 由忠以爲恕也. 忠卽恕之藏於內者, 恕卽忠之顯於外者. ……)"라고 되어 있다.

77) 호광 편(胡廣 編), 『대학장구대전(大學章句大全)』.

78) '자신에게 간직하고 있다.'라는 것은 …… 미루어 남에게 미칠 수 없다는 말이다 : 호광 편(胡廣 編), 『대학장구대전(大學章句大全)』 전9장에는 "'자신에게 간직하고 있다.'라는 것은 자신을 극진하게 하는 뜻으로 말하였고, '서(恕)'는 자신을 미루는 것으로 말하였다. '간직하고 있다.'라는 뜻은 자신에게 선함이 있고 자신에게 악함이 없는 것을 가리킨 것이고, 서(恕)는 남에게 선함을 요구하고 남의 악함을 비난하는 것을 가리킨 것이다. '자신에게 간직하고 있는 것이 서(恕)하지 못하다.'라는 뜻은 자신에게 간직하고 있는 것을 미루어 남에게 미치지 못하니, 어떻게 남을 깨우칠 수 있겠는가라는 말이다. 그런데 이른바 '요·순이 천하를 어짊으로 거느렸다.'라는 말은 자신이 사물에 미친 것으로 어짊이다. 이른바 '자신에게 선함이 있은 뒤에 남에게 선함을 요구하며, 자신에게 악함이 없는 뒤에 남의 악함을 비난한다.'라는 말은 자신을 미루어 사물에 미친 것으로 서(恕)이다. 심지어 이른바 '걸·주가 천하를 포악함으로써 거느렸다.'라는 말은 자신에게 간직하고 있는 것이 서(恕)하지 못한 뜻으로 앞의 말을 거꾸로 한 것이다.('藏乎身'者, 自其盡己處言之. '恕'者自其推己處言之. '所藏', 是指有諸己無諸己者也, '恕'是指求諸人, 非諸人者也. '所藏乎身不恕', 謂所藏於己者, 未有可推以及人, 如何能喩諸人. 然所謂'堯舜帥天下以仁', 以己及物者也, 仁也. 所謂'有諸己, 而後求諸人, 無諸己, 而後非諸人' 推己及物者也, 恕也. 至所謂'桀紂帥天下以暴', 不仁者也, 所藏乎身不恕, 反上文也.)"라고 되어 있다.

79) 이이(李珥), 『율곡선생전서(栗谷先生全書)』 권32, 「어록(語錄)」「우계집(牛溪集)」.

80) 모성래(茅星來), 『근사록집주(近思錄集註)』 권5.

때문에 남들에게 베풀 수 있고 자신에게 베풀 수 없다."[81]

○ '不恕'猶言'不可恕', 如首節'不可敎'之意耳.

'서하지 못한다[不恕]'라는 것은 '서할 수 없다'는 말과 같으니, 머리 절[1절]의 '가르칠 수 없다.[不可敎]'[82]라는 의미와 같다.

○ 雙峰饒氏曰 : "恕有首有尾. 忠是恕之首. 此章要人於修己上下工夫, 重在首, 下章要人於及人處下工夫, 重在尾, 兩章互相發明."[83]

쌍봉 요씨가 말하였다. "서(恕)에는 머리가 있고 꼬리가 있다. 충(忠)이 서(恕)의 머리이다. 이 장에서 사람들에게 자신을 닦는 것에서 공부하기를 요구한 것은 중점이 머리에 있고, 아래의 장에서 사람들에게 미치는 것에서 공부하기를 요구한 것은 중점이 꼬리에 있으니, 두 장이 서로 드러내 밝혀 준다."[84]

○ 蛟峯方氏曰 : "此章是如治己之心以治人之恕, 下章是如愛己之心以愛人之恕."[85]

---

81) 서(恕)자의 의미는 본래 마음을 …… 자신에게 베풀 수 없다 : 『근사록집주(近思錄集註)』에는 "서(恕)자는 본래 마음을 같이하는 것으로 의미를 취했으니, 자신을 다스리는 마음과 같이해서 남을 다스리고, 자신을 사랑하는 마음과 같이해서 남을 사랑하는 것을 말한다. 그러므로 단지 남들에게 베풀 수 있고 자신에게 베풀 수 없다.(恕本取義如心, 謂如治己之心以治人, 如愛己之心以愛人也. 故但可施之於人, 而不可以施之於己也.)"라고 되어 있다.

82) 머리 절[1절]의 '가르칠 수 없다.[不可敎]' : 『대학장구(大學章句)』「전(傳)」9장에 "이른바 나라를 다스림에 반드시 먼저 그 집안을 가지런히 한다는 것은 그 집안을 가르칠 수 없으면서 남을 가르칠 수 있는 경우는 없다는 뜻이다.(所謂治國, 必先齊其家者, 其家不可敎, 而能敎人者, 無之.)"라는 말이 있다.

83) 호광 편(胡廣 編), 『대학장구대전(大學章句大全)』.

84) 서(恕)에는 머리가 있고 꼬리가 있다 …… 두 장이 서로 드러내 밝혀 준다 : 호광 편(胡廣 編), 『대학장구대전(大學章句大全)』「전(傳)」9장에는 "물었다. '서(恕)는 자신을 미루어 남에게 미치는 것인데, 자신에게 간직하고 있는 것으로 설명합니까?' 답하였다. '서에는 머리가 있고 꼬리가 있는데, 자신에게 간직하고 있는 것은 그 머리이고, 남에게 미치는 것은 그 꼬리입니다. 충(忠)이 서(恕)의 머리입니다. 나라를 다스리고 천하를 바로잡는다는 장에서는 모두 서(恕)를 말했습니다. 이 장에서 자신에게 선함이 있고 남에게 악함이 없는 것을 말한 것은 사람들에게 자신을 닦는 것에서 공부하기를 요구한 것으로 그 중점이 머리에 있고, 아래의 장에서 윗사람에게 싫었던 것으로 아랫사람을 부리지 않음을 말한 것은 사람들에게 미치는 일에서 공부하기를 요구한 것으로 그 중점이 꼬리에 있습니다. 그러니 두 장이 서로 드러내 밝혀 줍니다.'(問 : '恕者推己及人, 却說所藏乎身.' 曰 : '恕有首有尾, 藏乎身者, 其首, 及人者, 其尾也. 忠是恕之首. 治國平天下章, 皆說恕. 此章言有諸己無諸人, 是要人於脩己上下工夫, 其重在首. 下章言所惡於上, 無以使下等, 是要人於及人上下工夫, 其重在尾. 兩章互相發明.')"라고 되어 있다.

85) 호광 편(胡廣 編), 『대학장구대전(大學章句大全)』. "此章是如治己之心以治人之恕, 絜矩章是如愛己之心以愛人之恕."

교봉 방씨(蛟峯方氏 : 方逢辰)[86]가 말하였다. "이 장은 자신을 다스리는 것과 같은 마음으로 남을 다스리는 서(恕)이고, 아래의 장은 자신을 사랑하는 것과 같은 마음으로 남을 사랑하는 서(恕)이다."

朱註

不如是, 則所令反其所好, 而民不從矣.

이와 같이 하지 않으면 명령하는 바가 자기가 좋아하는 것과 반대가 되어 백성들이 따르지 않을 것이다.

詳說

○ 亦指君.

'자기[其]'라는 말은 또한 임금을 가리킨다.

○ 新安陳氏曰 : "如好暴而令以仁, 所令與所好反矣."[87]

신안 진씨(新安陳氏 : 陳櫟)가 말하였다. "포악함을 좋아하면서 어짊을 명령한다면 명령하는 것과 좋아하는 것이 상반된다."[88]

○ 按 : 好仁而令以暴, 此必無之事也, 乃知此句主好暴者言之耳.

내가 생각하건대, 어짊을 좋아하면서 난폭함을 명령한다면, 이는 절대로 있을 수 없는 일이니, 이 구절에서만 주로 난폭함을 좋아한다고 말했을 뿐임을 알아야 한다.

○ 此註從其善否之類, 而錯擧釋之.

여기에서 선함과 그렇지 않은 부류를 따른다고 주석했는데, 번갈아들면서 해석한 것이다.

---

86) 방봉진(方逢辰, 121~1291) : 남송 시대의 학자로 원래 이름이 몽괴(夢魁)이다. 자가 군석(君錫)이고, 호가 교봉(蛟峰)이어서 학자들이 교봉선생이라 불렀으며, 순안현(淳安县) 성곽 고방(城郭高坊) 사람이다. 저서로는 『효경해(孝經解)』·『역외전(易外傳)』·『상서석전(尙書釋傳)』·『학용주석(學庸注釋)』·『격물입문(格物入門)』 등이 있다.

87) 호광 편(胡廣 編), 『대학장구대전(大學章句大全)』.

88) 포악함을 좋아하면서 어짊을 명령한다면 명령하는 것과 좋아하는 것이 상반된다 : 호광 편(胡廣編), 『대학장구대전(大學章句大全)』 전「(傳)」9장에는 "백성들이 어질고 포악함은 위에서 이끄는 것에 달렸을 뿐이니, 좋아하는 것으로 이끌면 백성들이 따른다. 포악함을 좋아하면서 어짊을 명령한다면 명령하는 것과 좋아하는 것이 상반되어 백성들이 따르지 않는다.(民之仁暴, 惟上所帥, 帥之以所好, 則民從. 如好暴而令以仁, 所令與所好反, 民弗從矣.)"라고 되어 있다.

朱註

喩, 曉也.
'깨우치다[喩]'는 일은 깨닫게 한다는 말이다.

詳說

○ 喩之使從己.
깨우쳐서 자신을 따르게 한다.

○ 此節二'天下'字, 已爲下章張本.
이 단락에서 두 번의 '천하'라는 말은 이미 아래의 장(章)을 위해 근본을 넓힌 것이다.

[傳9-5]

故治國在齊其家.
그러므로 나라를 다스림이 그 집안을 가지런히 함에 있다는 것이다.

朱註

通結上文.
위의 글을 통틀어 맺었다.

詳說

○ 此章正義在以上, 而此下則咏歎其餘意耳.
이 장의 바른 의미는 이 위에 있으니, 이 아래로는 그 나머지 의미를 노래한 것일 뿐이다.

[傳9-6]

『詩』云 : "桃之夭夭, 其葉蓁蓁. 之子于歸, 宜其家人." 宜其家人, 而后可以敎國人.

『시경(詩經)』에서 "복숭아의 피어나고 화사함이여, 그 잎이 울창하구나! 이 아가씨의 시집감이여, 그 집안 식구에게 마땅하게 한다."라고 하였으니, 그 집안 식구에게 마땅하게 한 뒤에 나라 사람들을 가르칠 수 있다.

朱註

夭, 平聲. 蓁, 音溱. 『詩』, 「周南 · 桃夭」之篇. 夭夭, 少好貌. 蓁蓁, 美盛貌, 興也.

'도지요요(桃之夭夭)'에서 '요(夭 : 예쁨)'자는 평성이다. '기엽진진(其葉蓁蓁)'에서 '진(蓁 : 우거지다)'자는 음이 '진(溱 : 많다)'이다. 『시경(詩經)』은 「주남(周南) · 도요(桃夭)」편이다. '피어나고 화사함[夭夭]'은 어리고 예쁜 모양이고, '울창하다[蓁蓁]'는 아름답고 성대한 모양이니, '시작하면서 흥취를 돋게 하는 것[興]'이다.

詳說

○ 去聲.

'소호모(少好貌)'에서 '소(少 : 어리다)'자는 거성이다.

○ 與猗猗之訓同.

'진진, 미성모(蓁蓁, 美盛貌)'는 '꽉 들어차 있다[猗猗]'는 시구의 풀이와 같다.89)

○ 去聲.

'흥야(興也)'에서 '흥(興 : 흥취를 돋움)'자는 거성이다.

○ 指'桃之'二句也. 當與'淇澳'「註」參看.

'흥야(興也)'는 '복숭아'의 두 구절[桃之夭夭, 其葉蓁蓁]을 가리킨다. '기수의 모퉁이[淇澳]' 주석90)과 참고해서 봐야 한다.

---

89) '꽉 들어차 있다[猗猗]'는 시구의 풀이와 같다 : 「전(傳)」3장에 "『시경(詩經)』에 이르기를 '저 기수(淇水) 모퉁이를 보니, 푸른 대나무가 꽉 들어차 있구나! 문채 나는 군자여, 잘라 놓은 듯하고, 간 듯하며, 쪼아 놓은 듯하고, 간 듯하다. 엄밀하고 굳세며, 빛나고 점잖으니, 문채 나는 군자여, 끝내 잊을 수 없다.'(詩云 : '瞻彼淇澳, 菉竹猗猗. 有斐君子, 如切如磋, 如琢如磨. 瑟兮僩兮, 赫兮喧兮. 有斐君子, 終不可諠兮.')"라는 말이 있고, 주석에서 '꽉 들어차 있다[猗猗]'에 대해 '아름답고 성대한 모양[美盛貌]'이라고 풀이하였다.

朱註

之子, 猶言是子. 此指女子之嫁者而言也. 婦人謂嫁曰歸. 宜, 猶善也.
'이 아가씨[之子]'는 '이 아가씨[是子]'라는 말과 같다. 이는 여자가 시집가는 것을 가리켜 말하였다. 부인이 시집가는 것을 '귀(歸 : 시집가다)'라고 한다. '마땅하게 한다[宜]'는 '좋게 한다[善]'는 말과 같다.

詳說

○ 指'之子'.

'차지녀자지가자(此指女子之嫁者)'에서 '차(此)'는 '이 아가씨[之子]'를 가리킨다.

○ 猶和也.

'의, 유선야(宜, 猶善也 : '마땅하게 한다[宜]'는 '좋게 한다[善]'는 말과 같다)'라는 구절의 의미는 화합한다는 것과 같다.

○ 尤菴曰 : "雲峯亦以'刑寡'爲言, 則非專指婦人而言. 專指婦人, 則正朱子所譏'論二南者不本於文王之身'者也, 可乎哉."91)

우암(尤庵 : 宋時烈)92)이 말하였다. "운봉도 '내 아내에게 모범이 되는 것'93)으로 말을 했으니, 부인만 가리켜서 말한 것은 아니다. 부인만 가리킨다는 것은 바로 주자(朱子)가 이남(二南 : 「주남」과 「소남」)을 논한 것이 문왕 자신에 근본하지 않았다고 나무란 것이니 가능한 것이겠는가?"

○ 農巖曰 : "詩雖本爲婦人作, 此書引之, 恐是斷章取義, 兩箇'宜其家人', 皆以君子之齊家者而言, 何嘗矛盾哉."94)

---

90) '기수의 모퉁이[淇澳]' 주석 : 위의 「전(傳)」3장 주석을 말한다.

91) 송시열(宋時烈), 『송자대전(宋子大全)』 권105, 「서(書)」「답심명중(答沈明仲)」.

92) 송시열(宋時烈 : 1607~1689) : 본관이 은진(恩津)으로 자가 영보(英甫), 호가 우암(尤庵) 또는 우재(尤齋), 시호가 문정(文正)이다. 저서로는 『송자대전(宋子大全)』 외에 『주자대전차의(朱子大全箚疑)』·『주자어류소분(朱子語類小分)』·『이정서분류(二程書分類)』 등이 있다.

93) 내 아내에게 모범이 되는 것 : 호광 편(胡廣 編), 『대학장구대전(大學章句大全)』「전(傳)」9장에 "운봉 호씨(雲峯胡氏 : 胡炳文)가 말하였다. '…… 집안사람들이 이반되는 것은 반드시 부인에게서 일어나지만, 내 아내에게 모범을 보이는 것이 쉽지 않고 심지어 형제까지도 쉽지 않은 것이 아니다. 집안과 나라를 다스림에 사람들에게 나라를 다스리는 일이 그 집안을 가지런히 함에 있음을 보여준 것이 더욱 엄하다.'(雲峯胡氏曰 : '…… 蓋家人離必起於婦人, 非刑于寡妻者未易, 至于兄弟亦未易. 御于家邦也, 其示人以治國之在齊其家也, 益嚴矣.')"라는 말이 있다.

94) 김창협(金昌協), 『농암집(農巖集)』 권16, 「서(書)」「답이현익(答李顯益)」.

농암(農巖 : 金昌協)[95]이 말하였다. "시(詩)가 비록 본래 부인 때문에 지은 것이고 『대학(大學)』에서 인용한 시구가 단장취의한 것 같을지라도 두 번의 '집안 식구에게 마땅하게 한다.'라는 뜻은 모두 군자가 집안을 가지런히 하는 일을 가지고 말한 것이니, 어찌 모순이 되겠는가?"

○ **按 : 以下文只擧'宜其家人'者觀之, 則'之子于歸'一句只是帶引耳.**

내가 생각하건대 아래의 글에서 '집안 식구들에게 마땅하게 한다.'라는 것으로만 보면, '이 아가씨가 시집감이여'라는 한 구절은 둘러서 인용한 것일 뿐이다.

○ **玉溪盧氏曰 : "'可以敎國人'應'其家不可敎而能敎人者無之'之意."**[96]

옥계 노씨(玉溪盧氏 : 盧孝孫)[97]가 말하였다. "경문에서 '나라 사람을 가르칠 수 있다.'라는 말은 '그 집안을 가르칠 수 없으면서 남을 가르칠 수 있는 경우는 없다.'[98]라는 의미와 호응한다."

---

95) 김창협(金昌協 : 1651~1708) : 조선 숙종 때 학자로, 자가 중화(仲和)이고, 호가 농암(農巖) 또는 삼주(三洲)이며, 본관이 안동(安東)이다. 좌의정을 지낸 김상헌(金尙憲)의 증손자이고, 영의정을 지낸 김수항(金壽恒)의 아들이며, 또한 영의정을 지낸 김창집(金昌集)의 아우이다. 현종 10년(1669)에 진사시에 합격하고, 숙종 8년(1682)에 증광 문과에서 장원으로 급제한 뒤 벼슬길에 올라 대사간까지 역임하고 기사환국(己巳換局) 때 부친이 죽은 이후로 포천에 은거하면서 학문에 몰두하였다. 저서로는 『주자대전차의문목(朱子大全箚疑問目)』·『논어상설(論語詳說)』·『오자수언(五子粹言)』·『이가시선(二家詩選)』·『농암집(農巖集)』 등이 있다.

96) 호광 편(胡廣 編), 『대학장구대전(大學章句大全)』.

97) 노효손(盧孝孫) : 자는 신지(新之)이고 호는 옥계(玉溪)이며, 귀계(貴溪) 사람이다. 진덕수(陳德秀)의 문하에서 학문을 배워, 가태(嘉泰 : 1201~1204) 연간에 진사에 급제하였다. 벼슬은 태학박사(太學博士)에 이르렀다. 벼슬을 그만둔 뒤 옥계서원(玉溪書院)에서 주로 강학하였다. 저서에는 송 이종(理宗)에게 진상한 『사서집의(四書集義)』 1백 권이 있다.

98) 그 집안을 가르칠 수 없으면서 남을 가르칠 수 있는 경우는 없다 : 『대학장구(大學章句)』「전(傳)」9장에서 "이른바 나라를 다스림에 반드시 먼저 그 집안을 가지런히 한다는 것은 그 집안을 가르칠 수 없으면서 남을 가르칠 수 있는 경우는 없다는 것이다.(所謂治國, 必先齊其家者, 其家不可敎, 而能敎人者, 無之.)"라고 하였다.

[傳9-7]

『詩』云 : "宜兄宜弟." 宜兄宜弟, 而后可以教國人.
『시경(詩經)』에서 "형에게도 마땅하게 하고, 아우에게도 마땅하게 한다."라고 하였으니, 형에게 마땅하게 하고 아우에게 마땅하게 한 뒤에야 나라 사람을 가르칠 수 있다.

朱註

『詩』, 「小雅 · 蓼蕭」篇.
『시경(詩經)』은 「소아(小雅) · 육소(蓼蕭)」편이다.

詳說

○ 音六.
'육소(蓼蕭)'에서 '육(蓼 여뀌)'자는 음이 '육(六 : 여섯)'이다.

[傳9-8]

『詩』云 : "其儀不忒, 正是四國." 其爲父子兄弟足法, 而后民法之也.
『시경(詩經)』에서 "그 위의가 어그러지지 않아 이 사방 나라를 바르게 한다."라고 하였으니, 그 부자와 형제가 충분히 본받을 만한 뒤에야 백성들이 본받는다.

朱註

『詩』, 「曹風 · 鳲鳩」篇.
『시경(詩經)』은 「조풍(曹風) · 시구(鳲鳩)」편이다.

詳說

○ 音尸.
'시구(鳲鳩)'에서 '시(鳲 : 뻐꾸기)'자는 음이 '시(尸 : 주검)'이다.

○ 沙溪曰 : "儀, 『詩』註'威儀也'. 『直解』云'禮儀也', 其釋不是."[99]

사계(沙溪 : 金長生)[100]가 말하였다. "'위의[儀]'는 『시경(詩經)』에서 '위의(威儀)'라고 주석하였다. 『대학직해(大學直解)』에서 '예의(禮儀)'라고 말했는데 그 풀이는 옳지 않다."

朱註

忒, 差也.

'어그러졌다[忒]'는 어긋났다는 말이다.

詳說

○ '其爲父子兄弟'者, 『諺』讀得之.

'그 부자와 형제'는 『언해』에서 읽은 것이 옳다.[101]

○ 新安陳氏曰 : "'足法', 家齊而可以示法於人也."[102]

신안 진씨(新安陳氏 : 陳櫟)가 말하였다. "경문의 '충분히 본받을 만하다.'라는 말은 집안이 가지런해져서 사람들에게 모범을 보일 수 있다는 뜻이다."[103]

---

99) 김간(金榦), 『후재선생집(厚齋先生集)』 권23, 「차기(箚記)」「대학(大學)」.

100) 김장생(金長生, 1548~1631) : 본관은 광산(光山)이고, 자는 희원(希元)이며, 호는 사계(沙溪)이고 시호는 문원(文元)이다. 한양 정릉동(貞陵洞 : 현 서울 중구 정동)에서 태어났다. 1560년 송익필(宋翼弼)로부터 사서(四書)와 『근사록(近思錄)』 등을 배웠고, 20세 무렵에 이이(李珥)의 문하에 들어갔다. 1578년 학행(學行)으로 천거되어 창릉참봉(昌陵參奉)이 되고, 성균관 사업(司業), 집의(執義), 공조참의, 형조참판 등을 역임하였다. 인조반정 이후로는 서인의 영수격으로 영향력이 매우 컸다. 학문적으로 송익필, 이이, 성혼(成渾) 등의 영향을 받았다. 이이와 성혼(成渾)을 제향하는 황산서원(黃山書院)을 세웠다. 특히 둘째 아들이 그와 함께 문묘에 종사된 신독재(愼獨齋) 김집(金集, 1574~1656)이다. 저서로는 1583년 첫 저술인 『상례비요(喪禮備要)』 4권을 포함하여, 『가례집람(家禮輯覽)』·『전례문답(典禮問答)』·『의례문해(疑禮問解)』 등 예에 관한 것으로, 조선 예학의 기반을 마련하였다. 스승 이이가 시작한 『소학집주(小學集註)』를 1601년에 완성하고 『근사록석의(近思錄釋疑)』, 『경서변의(經書辨疑)』, 시문집을 모은 『사계선생전서(沙溪先生全書)』가 있다.

101) '그 부자와 형제'는 『언해』에서 읽는 것이 옳다 : 『대학언해』에는 "其기爲위父부子ᄌᆞ兄형弟뎨"라고 되어 있다.

102) 호광 편(胡廣 編), 『대학장구대전(大學章句大全)』.

103) '충분히 본받을 만하다.'라는 말은 …… 사람들에게 모범을 보일 수 있다는 뜻이다 : 호광 편(胡廣 編), 『대학장구대전(大學章句大全)』 「전(傳)」9장에는 "'충분히 본받을 만하다.'라는 말은 집안이 가지런해져서 사람들에게 모범을 보일 수 있다는 뜻이다. '백성들이 본받는다.'라는

○ 玉溪盧氏曰："'足法', 儀不忒也. '法之', 國正也. 敎國人是治國之事, '民法之'是國治之事."104)

옥계 노씨(玉溪盧氏：盧孝孫)가 말하였다. "'충분히 본받을 만하다.'라는 말은 위의가 어그러지지 않았다는 뜻이다. '본받는다.'라는 말은 나라가 바르게 된다는 뜻이다. 나라 사람들을 가르치는 것은 나라를 다스리는 일이고, 백성들이 본받는 것은 나라가 다스리는 일이다."105)

○ 東陽許氏曰："三引詩, 自內以至外. 婦人最難化, 故爲首, 而兄弟次之, 總一家言者又次之."106)

동양 허씨(東陽許氏：許謙)107)가 말하였다. "세 번 시를 인용함에 안에서 밖으로 나아갔다. 그런데 부인은 감화시키기가 가장 어렵기 때문에 첫머리가 되었고, 형제가 그 다음이 되었으며, 한 집안을 모두 말한 것이 그 다음이 되었다."108)

말은 나라 사람들이 자신에게서 모범을 취한다는 뜻이다.('足法', 家齊而可以示法於人也. '民法之', 國人取法於己也.)"라고 되어 있다.

104) 호광 편(胡廣 編), 『대학장구대전(大學章句大全)』.

105) '충분히 본받을 만하다.'라는 말은 …… 나라가 다스리는 일이다：호광 편(胡廣 編), 『대학장구대전(大學章句大全)』「전(傳)」9장에는 "부자와 형제가 충분히 본받을 만하고, 위의가 어그러지지 않으며, 백성들이 본받는 것은 사방의 나라가 바르게 된 것이다. 나라 사람들을 가르치는 것은 나라를 다스리는 일로 밝은 덕을 그 나라에 밝히는 것이고, 백성들이 본받는 것은 나라가 다스려진 일로 밝은 덕이 그 나라에 밝아진 것이다.(父子兄弟足法, 儀之不忒也, 民法之, 四國之正也. 敎國人, 是治國之事, 所以明明德於其國, 民法之, 是國治之事, 則明德明於其國矣.)"라고 되어 있다.

106) 호광 편(胡廣 編), 『대학장구대전(大學章句大全)』.

107) 허겸(許謙：1269~1337)：원나라 때 학자로, 자가 익지(益之)이고, 호가 백운산인(白雲山人)이고, 시호가 문의(文懿)이며, 절강성 동양(東陽) 사람이다. 어려서 아버지가 돌아가시자 어머니 도씨(陶氏)가 직접 『효경(孝經)』·『논어(論語)』를 가르쳤다. 원 대 말기에 이르러 금화(金華)에 하기(何基)·왕백(王柏)·김이상(金履祥)·허겸(許謙)의 사현서원(四賢書院)을 세웠다. 저서로는 『백운집』 외에 『사서총설』·『시집전명물초(詩集傳名物鈔)』·『관사치홀기미(觀史治忽機微)』 등이 있다.

108) 세 번 시를 인용함에 안에서 밖으로 나아갔다 …… 한 집안을 모두 말한 것이 그 다음이 되었다：호광 편(胡廣 編), 『대학장구대전(大學章句大全)』「전(傳)」9장에는 "세 번 시를 인용함에 안에서 밖으로 나아갔다. 그런데 부인과 여자는 감화시키기가 가장 어려우니, 부부 사이에는 일상적으로 사람의 정을 가장 잃기 쉬워 행동에 바르게 하지 못하는 것이다. 감화가 내실에서 행해질 수 있다면 덕이 성대한 것이다. 그러므로 시를 인용하여 말함에 부부가 첫머리가 되었고, 형제가 그 다음이 되었으며, 한 집안을 모두 말한 것이 그 다음이 되었다.(三引詩, 自內以至外. 婦人女子最難於化, 而夫婦之間, 常人之情最易失, 於動不以正. 化能行於閨門, 則德盛矣.

[傳9-9]

此謂治國在齊其家.
이것을 '나라를 다스림은 그 집안을 가지런히 함에 있다.'라고 한다.

朱註

此三引詩, 皆以咏歎上文之事, 而又結之如此, 其味深長, 最宜潛玩.
여기에서 세 번 인용한 시는 모두 위 글의 일을 노래하였고, 또 맺기를 이와 같이 하여 그 맛이 심장하니, 아주 마음에 푹 젖도록 보아야 할 것이다.

詳說

○ 堯·舜以上四節.
요·순(堯·舜)[109]이 위로 네 구절이다.

○ 三山陳氏曰: "古人凡辭有盡而意無窮者, 多援詩以吟咏其餘意."[110]
삼산 진씨(三山陳氏: 陳孔碩)[111]가 말하였다. "옛사람들이 일반적으로 말에 다함이 있으나 뜻에 다함이 없는 것은 대부분 시(詩)를 취해 그 나머지 뜻을 노래한 것이다."

○ 再結, 是十「傳」中所獨之例也.
'결지여차(結之如此)'로 볼 때, 다시 매듭지은 것은 10장의 「전(傳)」 가운데 여기만 있는 사례이다.

○ 當與第三章末註參看.
'기미심장, 최의잠완(其味深長, 最宜潛玩: 그 맛이 심장하니, 아주 마음에 푹 젖도록 보아야 할 것이다)'라는 구절은 3장 끝의 주석[112]과 참고해서 봐야 한다.

故引詩言夫婦爲首, 而兄弟次之, 總一家言者又次之.)"라고 되어 있다.

109) 앞의 「전(傳)」9-4에 있는 "堯·舜帥天下以仁"을 말한다.

110) 호광 편(胡廣 編), 『대학장구대전(大學章句大全)』「전(傳)」9장.

111) 진공석(陳孔碩): 자는 부중(膚仲)·숭청(崇清)이고 송(宋)나라 때 후관현(侯官縣: 현 복건성 복주시(福州市)) 사람이다. 순희(淳熙) 2년(1175년)에 진사에 급제하여 무주호조(婺州戶曹), 예부랑중(禮部郎中), 비각수찬(秘閣修撰)을 역임하였다. 처음에는 장식(張栻), 여조겸(呂祖謙)에게서 배우다가 뒤에 주자에게 배웠다. 저서에 『대학강의(大學講義)』, 『중용강의(中庸講義)』, 『용학강록(庸學講錄)』 등이 있다.

112) 3장 끝의 주석: 「전(傳)」3장 끝의 주석에 "이 두 절은 노래하고 즐김에 그 맛이 심장하니, 익

朱註

右「傳」之九章, 釋齊家治國.

위는 「전(傳)」 9장으로 집안을 가지런히 하고 나라를 다스리는 일을 풀이하였다.

詳說

○ 自此以下二章, 皆兩事相參言之, 視正修二「傳」之例, 又自別已.

여기서부터 아래로 두 장에서는 모두 두 가지 일로 참고하여 말하였으니, 바르게 하고 닦는 것은 두 「전(傳)」의 사례를 보면 또 저절로 구별될 뿐이다.

○ 玉溪盧氏曰 : "此章言治國甚略, 言齊家甚詳, 所以明齊家之道, 卽治國之道也."[113]

옥계 노씨(玉溪盧氏 : 盧孝孫)가 말하였다. "이 장에서 나라를 다스리는 일에 대해 말한 것은 너무 간략하고, 집안을 가지런히 하는 일에 대해 말한 것은 너무 상세하니, 집안을 가지런히 하는 방법을 밝히는 것이 곧 나라를 다스리는 방법이기 때문이다."[114]

○ 按 : '堯舜'節雖若專說治國, 而又本於身言之.

내가 생각하건대, '요 · 순(堯 · 舜)'의 구절[115]은 나라를 다스리는 일만 말한 것 같을지라도 또 자신에 근본해서 말한 것이다.

숙하도록 봐야 한다.(此兩節, 詠歎淫泆, 其味深長, 當熟玩之.)"라는 말이 있다.

113) 호광 편(胡廣 編), 『대학장구대전(大學章句大全)』.

114) 이 장에서 나라를 다스리는 일에 대해 말한 것은 …… 나라를 다스리는 방법이기 때문이다 : 호광 편(胡廣 編), 『대학장구대전(大學章句大全)』 「전(傳)」 9장에는 "이 장에서 나라를 다스리는 일에 대해 말한 것은 너무 간략하고, 집안을 가지런히 하는 일에 대해 말한 것은 너무 상세하니, 집안을 가지런히 하는 방법을 밝히는 것이 곧 나라를 다스리는 방법이고, 사람들은 이 마음을 같이 하고 마음은 이 밝은 덕을 같이하기 때문이다.(此章言治國甚略, 言齊家甚詳, 所以明齊家之道, 即治國之道, 以人同此心, 心同此明德故也.)"라고 되어 있다.

115) '요 · 순(堯 · 舜)'의 구절 : 『대학장구』 「전(傳)」 9장(앞의 「전(傳)」 9－4)에서 "요(堯) · 순(舜)이 천하를 어짊으로써 거느리자 백성들이 그를 따랐고, 걸(桀) · 주(紂)가 천하를 포악함으로써 거느리자 백성들이 따랐으니, 그 명령하는 것이 자신의 좋아하는 것과 반대되면 백성들이 따르지 않는다. 이러므로 군자는 자신에게 선함이 있은 뒤에 남에게 선함을 요구하며, 자신에게 악함이 없는 뒤에 남의 악함을 비난하는 것이다. 자신에게 간직하고 있는 것이 서(恕)하지 못하고서 남을 깨우칠 수 있는 경우는 있지 않다.(堯舜帥天下以仁, 而民從之, 桀紂帥天下以暴, 而民從之, 其所令反其所好, 而民不從. 是故君子有諸己而後求諸人, 無諸己而後非諸人. 所藏乎身不恕, 而能喩諸人者, 未之有也.)"라고 하였다.

○ 仁山金氏曰："自修身而齊治平有二道, 一是化, 一是推. 化者, 自身敎之而化也, 推者, 推此道而廣充之也, 此一章幷含兩意. 章首至'成敎於國'是化, 三'所以', 是推, '如保赤子'繼'慈者''使衆'而言, 是推, '一家仁'一節, 是化, '帥天下'一節, 是化, '有諸己'一節繼'所令反所好'而言, 是推, 三引詩, 是化. 非化則推不行, 非推則化不周."[116)]
인산 김씨(仁山金氏 : 金履祥[117)])가 말하였다. "자신을 닦는 일부터 가지런히 하고 다스리고 바로잡는 일까지 두 방법이 있으니 하나는 감화시키는 것이고 하나는 미루는 것이다. 감화시키는 것은 자신이 가르쳐서 감화시키는 것이고, 미루는 것은 이 방법을 미루어 확충하는 것인데, 이 한 장에서는 아울러 두 의미를 포함시켰다. 장의 처음부터 '나라에 가르침을 이루는 일'[118)]까지가 감화시키는 것이다. 세 번의 '~하는 것[所以]'[119)]은 미루는 일이고, '갓난아기를 보호하듯이 한다.'라는 것[120)]은 '자애가 백성을 부리는 것'[121)]을 이어서 말한 것으로 미루는 일이다.

---

116) 호광 편(胡廣 編), 『대학장구대전(大學章句大全)』.

117) 김이상(金履祥, 1232~1303) : 이름은 상(祥) · 개상(開祥) · 이상(履祥)이고, 자는 길보(吉父)이며, 호는 차농(次農)이고, 자호는 동양숙자(桐陽叔子)이며, 시호는 문안(文安)이다. 송말원초 난계(蘭溪 : 현 절강성 난계시) 사람이다. 왕백(王柏)과 하기(何基)에게 배워 절동학파(浙東學派)와 금화학파(金華학파)의 중추가 되었으며 세칭 북산사선생(北山四先生) 가운데 한 사람이었다. 원나라가 들어서자 벼슬하지 않고 인산(仁山)에 은거하여 인산선생(仁山先生)이라 불렸다. 주돈이(周敦頤)와 정호(程顥)의 학문을 조종으로 삼아 의리(義理)를 궁구하였다. 왕백의 의경(疑經) 정신을 계승하여 『시(詩)』와 『서(書)』를 의심했는데, 공자가 3000편을 300편으로 산정(刪定)했다는 설을 부정했고, 『고문상서(古文尙書)』는 후한 때 유자(儒者)들이 위작(僞作)한 것이라 주장하였다. 저서에 『상서주(尙書注)』, 『상서표주(尙書表注)』, 『논어맹자집주고증(論語孟子集注考證)』, 『대학장구소의(大學章句疏義)』, 『중용표주(中庸標注)』, 『자치통감전편(資治通鑑前編)』 등이 있다.

118) 장의 처음부터 '나라에 가르침을 이루는 일' : 『대학장구(大學章句)』「전(傳)」9장에 "이른바 나라를 다스림에 반드시 먼저 그 집안을 가지런히 한다는 것은 그 집안을 가르칠 수 없으면서 남을 가르칠 수 있는 경우는 없다는 뜻이다. 그러므로 군자는 집안에서 나가지 않고 나라에 가르침을 이루는 것이다. ……(所謂治國, 必先齊其家者, 其家不可敎, 而能敎人者, 無之. 故君子不出家, 而成敎於國.……)"라는 말이 있다.

119) 세 번의 '~하는 것[所以]' : 『대학장구(大學章句)』「전(傳)」9장에 "이른바 나라를 다스림에 반드시 먼저 그 집안을 가지런히 한다는 것은 그 집안을 가르칠 수 없으면서 남을 가르칠 수 있는 경우는 없다는 뜻이다. 그러므로 군자는 집안에서 나가지 않고 나라에 가르침을 이루는 것이다. 효도는 임금을 섬기는 일이고 공손함은 장관을 섬기는 일이며, 자애는 백성을 부리는 일이다.(所謂治國, 必先齊其家者, 其家不可敎, 而能敎人者, 無之. 故君子不出家, 而成敎於國. 孝者, 所以事君也, 弟者, 所以事長也, 慈者, 所以使衆也.)"라는 말이 있다.

120) '갓난아기를 보호하듯이 한다.'라는 것 : 『대학장구』「전(傳)」9장에 "「강고(康誥)」에서 '갓난아

'한 집안이 어질다.'라는 한 구절[122]은 감화시키는 일이고, '천하를 거느린다.'라는 한 구절[123]은 감화시킨다는 뜻이다. '자신에게 선함이 있다.'라는 한 구절은 '명령하는 것이 자기가 좋아하는 것과 반대된다.'라는 구절을 이어서 말한 것으로 미루는 것이고, 세 번 인용한 시는 감화시키는 것이다. 감화되는 것이 아니면 미루는 일을 행하지 못하고, 미루는 일이 아니면 감화가 두루 되지 못한다."[124]

기를 보호하듯이 한다.'라고 하였으니, 마음에서 진실로 구하면 비록 딱 맞지는 않을지라도 멀리 벗어나지 않을 것이다. 자식 기르는 일을 배운 뒤에 시집가는 사람은 있지 않다.(「康誥」曰: '如保赤子', 心誠求之, 雖不中不遠矣. 未有學養子而后嫁者也.)"라는 말이 있다.

121) 자애가 백성을 부리는 것: 『대학장구(大學章句)』「전(傳)」9장에 "이른바 나라를 다스림에 반드시 먼저 그 집안을 가지런히 한다는 것은 그 집안을 가르칠 수 없으면서 남을 가르칠 수 있는 경우는 없다는 뜻이다. 그러므로 군자는 집안에서 나가지 않고 나라에 가르침을 이루는 것이다. 효도는 임금을 섬기는 일이고 공손함은 장관을 섬기는 일이며, 자애는 백성을 부리는 일이다.(所謂治國, 必先齊其家者, 其家不可教, 而能教人者, 無之. 故君子不出家, 而成教於國. 孝者, 所以事君也, 弟者, 所以事長也, 慈者, 所以使衆也.)"라는 말이 있다.

122) '한 집안이 어질다.'라는 한 구절: 『대학장구(大學章句)』「전」9장에 "한 집안이 어질면 한 나라가 어짊을 일으키고, 한 집안이 사양하면 한 나라가 사양함을 일으키며, 한 사람이 탐하고 어그러지면 한 나라가 혼란을 일으키니, 그 기틀이 이와 같다. 이것을 일러 '한마디 말이 일을 그르치며, 한 사람이 나라를 안정시킨다.'라고 한다.(一家仁, 一國興仁, 一家讓, 一國興讓, 一人貪戾, 一國作亂, 其機如此. 此謂一言僨事, 一人定國.)"라는 말이 있다.

123) '천하를 거느린다.'라는 한 구절: 『대학장구(大學章句)』「전」9장에 "요(堯)·순(舜)이 천하를 어짊으로써 거느리자 백성들이 그를 따랐고, 걸(桀)·주(紂)가 천하를 포악함으로써 거느리자 백성들이 따랐으니, 그 명령하는 것이 자신의 좋아하는 것과 반대되면 백성들이 따르지 않는다. 이러므로 군자는 자신에게 선함이 있은 뒤에 남에게 선함을 요구하며, 자신에게 악함이 없는 뒤에 남의 악함을 비난하는 것이다. 자신에게 간직하고 있는 것이 서(恕)하지 못하고서 남을 깨우칠 수 있는 경우는 있지 않다.(堯舜帥天下以仁, 而民從之, 桀紂帥天下以暴, 而民從之, 其所令反其所好, 而民不從. 是故君子有諸己而後求諸人, 無諸己而後非諸人. 所藏乎身不恕, 而能喩諸人者, 未之有也.)"라는 말이 있다.

124) 자신을 닦는 것부터 가지런히 하고 다스리고 바로잡는 것까지 …… 감화가 두루 되지 못한다: 호광 편(胡廣 編), 『대학장구대전(大學章句大全)』「전(傳)」9장에는 "세 번 인용한 시에서 처음은 이 아가씨가 집안에 마땅하게 하는 것이고, 이어서 인용한 것은 형에게 마땅하게 하는 것이고 아우에게 마땅하게 하는 것이니, 무엇 때문인가? 천하에서 감화시키기 쉽지 않은 것이 부인이고, 인정에 매번 잘못하기 쉬운 것이 형제이다. 집안을 가지런히 해서 이 아가씨가 집안을 마땅하게 하도록 하고 형제가 서로 마땅하게 하도록 하면, 집안이 가지런해지지 않는 경우가 없는 것은 당연하다. 그러니 그 위의가 어그러지지 않아 충분히 이 사방 나라를 바르게 하는 것이다. 자신을 닦는 것에서 집안을 가지런히 하고 나라를 다스리며 천하를 바로잡는 것에는 두 가지 방법이 있으니, 하나는 교화시키는 것이고 나머지 하나는 미루는 것이다. 교화시키는 것은 자신이 가르쳐서 감화시키는 것이고, 미루는 것은 이 방법을 미루어서 확충하는 것이다.

○ 栗谷曰："仁山說亦似矣. 但朱子論此章曰'只說動化爲本', 未說到推. 蓋第十章方說推, 此章只是躬行化下之說."[125]

율곡(栗谷 : 李珥)이 말하였다. "인산(仁山 : 金履祥)의 설명도 비슷하다. 다만 주자(朱子)가 이 장을 논하면서 '단지 감화시키는 것을 근본으로 설명했을 뿐이다.'라고 하였으니, 미루는 것까지는 설명하지 않은 것이다. 10장에서 미루는 것을 설명했으니, 이 장은 단지 몸소 실행하여 아랫사람을 감화시키는 설명일 뿐이다."

○ 沙溪曰："但'如保赤子'一說, 未知朱子亦以化看否. 『章句』云'識其端而推廣之', 更詳之."[126]

사계(沙溪 : 金長生)가 말하였다. "다만 '갓난아기를 보호하듯이 한다.'[127]라는 하나의 설명에서는 주자(朱子)도 감화로 보았는지는 알 수 없다. 『대학장구(大學章句)』에서 '그 단서를 알아 미루어 넓힌다.'라고 한 것[128]에서 더욱 자세하게 알겠다."

그러므로 이 한 장에서는 아울러 두 의미를 포함시켰다. 장의 처음부터 '나라에 가르침을 이룬다.'라는 구절까지가 교화시키는 것이다. 세 번의 '~하는 것[所以]'은 미루는 것이고, '갓난아기를 보호하듯이 하는 것'은 미루어 자애가 백성을 부린다는 것을 이어서 말한 것으로 미루는 것이다. '한 집안이 어질다.'라는 아래의 한 구절은 감화시키는 것이고, '천하를 거느린다.'라는 한 절은 감화시킨다는 것이다. '자신에게 선함이 있다.'라는 한 절은 '명령하는 것이 자기가 좋아하는 것과 반대된다.'라는 것을 이어서 말한 것으로 미루는 것이고, 세 번 인용한 시는 감화시키는 것이다. 오직 감화되는 것은 미룰 수 있는 것이고, 오직 미루는 것은 모두 감화된다. 감화되는 것이 아니면 미루는 것을 행하지 못하고, 미루는 것이 아니면 감화가 두루 되지 못한다.(三引詩, 首引之子宜家, 繼引宜兄宜弟何也. 蓋天下之未易化者, 婦人, 而人情之每易失者, 兄弟. 齊家而能使之子之宜家, 兄弟之相宜, 則家無不齊者矣, 宜乎. 其儀不忒, 而足以正是四國也. 自脩身而齊家, 自齊家而治國, 而平天下有二道焉, 一是化, 一是推. 化者, 自身教而動化也, 推者, 推此道而擴充之也. 故此一章竝含兩意. 自章首至'成教於國'一節, 是化. 三'所以'是推, '如保赤子', 繼慈者使衆而言, 是推. 一家仁以下一節, 是化, 帥天下一節, 是化. 有諸己一節, 繼所令反其所好而言, 是推, 三引詩是化. 惟化則可推, 惟推則皆化. 非化則推不行, 非推則化不周.)"라고 되어 있다.

125) 이이(李珥), 『율곡선생전서(栗谷先生全書)』 권32, 「어록(語錄)」「우계집(牛溪集)」.

126) 김간(金榦), 『후재선생집(厚齋先生集)』 권23, 「차기(箚記) · 대학(大學)」.

127) 갓난아기를 보호하듯이 한다 : 『대학장구(大學章句)』「전(傳)」9장에 "「강고」에서 '갓난아기를 보호하듯이 한다.'라고 하였으니, 마음에서 진실로 구하면 비록 딱 맞지는 않을지라도 멀리 벗어나지 않을 것이다. 자식 기르는 일을 배운 뒤에 시집가는 사람은 있지 않다.(康誥曰 : '如保赤子', 心誠求之, 雖不中不遠矣. 未有學養子而后嫁者也.)"라는 말이 있다.

128) '그 단서를 알아 미루어 넓힌다.'라고 한 것 : 『대학장구(大學章句)』「전(傳)」9장의 주자(朱子) 주석에 "『서경(書經)』을 인용해서 해석하고, 또 가르침을 세우는 근본이 억지로 함을 빌리지 않고, 그 단서를 알아서 미루어 넓힘에 있을 뿐임을 밝힌 것이다.(又此引『書』而釋之, 明立敎

○ 按：沙溪嘗以朱子說爲當在'一家仁'下,[129] 而今又以其上之'如保赤子'爲推, 其義未詳.

내가 생각하건대, 사계(沙溪：金長生)는 일찍이 주자(朱子)의 설명은 '한 집안이 어질면'[130]이라는 구절의 아래에 있어야 할 것 같다고 여겼는데, 이제 또 그 위의 '갓난아기를 보호하듯이 한다.'라는 구절을 미루는 것으로 여겼으니, 그 뜻을 자세히 알 수 없다.

○ 農巖曰："'如保赤子', 『或問』雖若以推言之, 『章句』則專以'立敎之本'爲言. 只言孝弟慈之道, 不過因其良心發見之端而推廣之, 不待勉强云耳, 非以孝弟慈推及於人之謂也. 至於'求諸人', 雖似於推, 其意亦專在於反己自修, 不可以推言也. 栗谷說似爲得之."[131]

농암(農巖：金昌協)이 말하였다. "'갓난아기를 보호하듯이 한다.'라는 구절에 대해, 『대학혹문(大學或問)』에서 그와 같이 미루어 말했을지라도 『대학장구(大學章句)』에서는 오로지 '가르침을 세우는 근본'으로 말을 하였다. 단지 효도·공손함·자애의 도는 그 양심이 발현하는 단서로 말미암아 미루어 넓히는 것일 뿐이고 힘써 억지로 하는 것이 아니니, 효도·공손함·자애로 미루어 남에게 미치는 것을 말함이 아니다. 심지어 '남에게 선함을 요구하는 것'은 미루는 일과 비슷하지만 그 뜻도 전적으로 자신에게 되돌려 스스로 닦는 데 있으니, 미루는 것으로 말해서는 안 된다. 율곡(栗谷：李珥)의 설이 옳은 것 같다."

○ 尤菴曰："通論則似皆說化, 而細分則其中亦有推底."[132]

우암(尤庵：宋時烈)이 말하였다. "통틀어 말하면 감화를 설명한 것 같지만 세분하면 그중에 또한 미루는 일도 있다."

之本, 不假强爲, 在識其端而推廣之耳.)"라는 말이 있다.

129) 유숙기(兪肅基), 『겸산집(兼山集)』 권20, 「차의(箚疑)」.

130) 한 집안이 어질면：『대학장구(大學章句)』「전(傳)」9장에 "한 집안이 어질면 한 나라가 어짊을 일으키고, 한 집안이 사양하면 한 나라가 사양함을 일으키며, 한 사람이 탐하고 어그러지면 한 나라가 혼란을 일으키니, 그 기틀이 이와 같다. 이것을 일러 '한마디 말이 일을 그르치며, 한 사람이 나라를 안정시킨다.'라고 한다.(一家仁, 一國興仁, 一家讓, 一國興讓, 一人貪戾, 一國作亂, 其機如此. 此謂一言僨事, 一人定國.)"라는 말이 있다.

131) 권병(權炳), 『약재선생문집(約齋先生文集)』 권2, 「서(書)」「상대산선생(上大山先生)」.

132) 송시열(宋時烈), 『송자대전(宋子大全)』 권105, 「서(書)」「답심명중(答沈明仲)」.

전10장 ◦ 「傳」之十章

[傳10-1]

所謂平天下在治其國者, 上老老而民興孝, 上長長而民興弟, 上恤孤而民不倍, 是以君子有絜矩之道也.

이른바 천하를 바로잡음이 그 나라를 다스림에 있다는 것은 윗사람이 노인을 노인으로 대우함에 백성들이 효도를 일으키고, 윗사람이 어른을 어른으로 대우함에 백성들이 공손함을 일으키며, 윗사람이 고아를 구휼함에 백성들이 저버리지 않는다는 뜻이다. 이 때문에 군자는 자로 재는 방법이 있는 것이다.

朱註

長, 上聲. 弟, 去聲. 倍, 與背同. 絜, 胡結反.

'상장장이민흥제(上長長而民興弟)'에서 '장(長 : 어른)'자는 상성이고, '제(弟 : 공손함)'자는 거성이다. '상휼고이민불배(上恤孤而民不倍)'에서 '배(倍 : 저버리다)'자는 '배(背 : 등지다)'자와 같다. '시이군자유혈구지도야(是以君子有絜矩之道也)'에서 '혈(絜 : 재다)'자는 '호(胡)'와 '결(結)'의 반절이다.

詳說

○ 恤, 『諺』音誤.

'상휼고이민불배(上恤孤而民不倍)'에서 '휼(恤 : 규휼하다)'자의 음은 『언해』의 음[1]이 잘못되었다.

朱註

老老, 所謂'老吾老'也. 興, 謂有所感發而興起也. 孤者, 幼而無父之稱. 絜, 度也. 矩, 所以爲方也.

'노인을 노인으로 대우한다[老老]'는 이른바 '내 노인을 노인으로 섬긴다.'라는 말이다. '일으킨다[興]'는 감동이 터져 나와 흥기함을 말한다. '고아[孤]'는 어려서 아버지가 없는 것에 대한 칭호이다. '잰다[絜]'는 헤아린다는 말이다. '직각자[矩]'는 네모진 것을 만드는 기구이다.

1) 『언해』의 음 : 『대학언해』에는 '上샹이恤휼孤고'로 되어 있다.

詳說

○ ‘老吾老’, 見『孟子』「梁惠王」.

‘노오노(老吾老 : 내 노인을 노인으로 섬긴다)’는 『맹자(孟子)』「양혜왕」에 보인다.[2)]

○ ‘幼而無父’, 見『孟子』「梁惠王」.

‘유이무부(幼而無父 : 어려서 아버지가 없는 것)’는 『맹자(孟子)』「양혜왕」에 보인다.[3)]

○ 入聲, 下同.

‘탁(度 : 헤아리다)’자는 입성으로, 아래에서도 같다.

○ 朱子曰 : “『莊子』所謂‘絜之百圍’, 賈子所謂‘度長絜大’者也. 前此諸儒强訓以‘絜’, 殊無意謂. 先友范太史獨以此言之, 而後其理可得而通也.”[4)]

‘혈, 탁야(絜, 度也 : ‘잰다[絜]’는 헤아린다는 말이다)’에 대해, 주자(朱子)가 말하였다. “『장자(莊子)』에서 말한 ‘둘레를 재니 백 아름이나 되었다.’라는 뜻[5)]이고 가자(賈子 : 賈誼)가 말한 ‘길고 큰 것을 헤아린다.’라는 뜻[6)]이다. 이에 앞서 여러 학자들이 억지로 잰다는 것에 대해 풀이했는데 거의 의미 없는 말이었다. 아버님의 친구 범태사(范太史 : 范祖禹)만 이렇게 말씀하셨고, 이후에 그 이치가 통할 수 있었다.”[7)]

---

2) 『맹자(孟子)』「양혜왕(梁惠王)」에 보인다 : 『맹자(孟子)』「양혜왕상(梁惠王上)」에 “내 노인을 노인으로 섬겨서 남의 노인에게까지 미친다(老吾老, 以及人之老.)”라는 말이 있다.

3) 『맹자(孟子)』「양혜왕」에 보인다 : 『맹자(孟子)』「양혜왕하(梁惠王下)」에 “어려서 부모가 안 계신 것을 고아라고 한다.(幼而無父曰孤.)”라는 말이 있다.

4) 주희(朱熹), 『대학혹문(大學或問)』 권2, 「대학(大學) · 전(傳)10장」.

5) 『장자(莊子)』에서 말한 ‘둘레를 재니 백 아름이나 되었다.’라는 뜻 : 『장자』「인간세(人間世)」에 “장석이 제나라로 가는 길에 곡원에 이르러 사당의 나무로 서 있는 상수리나무를 보았다. 그 크기는 그늘이 소 수천 마리를 가릴 수 있어 둘레를 재어 보니, 백 아름이나 되었다.(匠石之齊, 至於曲轅, 見櫟社樹. 其大蔽數千牛, 絜之百圍.)”라고 하였다

6) 가자(賈子)가 말한 ‘길고 큰 것을 헤아린다.’라는 뜻: 가의(賈誼), 『고문진보후집(古文眞寶後集)』「과진론(過秦論)」.

7) 『장자』에서 말한 ‘둘레를 재니 …… 이후에 그 이치가 통할 수 있었다 : 주희(朱熹), 『대학혹문(大學或問)』 권2, 「대학(大學) · 전(傳)10장」에 “말하였다. ‘어떻게 재는 것을 헤아린다고 할 수 있습니까?’ 답하였다. ‘이는 ‘『장자』에서 말한 「둘레를 재니 백 아름이나 되었다.」라는 뜻이고, 가자(賈子)가 말한 「길고 큰 것을 헤아린다.」라는 뜻이다. 이에 앞서 여러 학자들이 아무도 살피지 못해 억지로 잰다는 것에 대해 풀이했는데 거의 의미 없는 말이었다. 아버님의 친구 범태사(范太史 : 范祖禹)만 이렇게 말씀하셨고, 이후에 그 이치가 통할 수 있었다.’(曰 : ‘何以言絜之爲度也.’ 曰 : ‘此莊子所謂挈之百圍, 賈子所謂度長絜大者也. 前此諸儒, 蓋莫之省, 而强訓以挈殊無意謂. 先友太史范公, 乃獨推此以言之, 而後其理可得而通也.’)”라는 말이 있다.

○ 雙峰饒氏曰 : "絜者, 以索圍物而知其大小也."[8]

'혈, 탁야(絜, 度也 : '잰다[絜]'는 헤아린다는 말이다)'에 대해, 쌍봉 요씨(雙峰饒氏 : 饒魯)[9]가 말하였다. "'잰다[絜]'는 것은 새끼줄로 사물을 재어 보아 그 크고 작음을 아는 일이다."[10]

○ 『大全』曰 : "俗呼曲尺, 此借以爲喩."[11]

'구, 소이위방야(矩, 所以爲方也 : '직각자[矩]'는 네모진 것을 만드는 기구이다)'에 대해, 『대학장구대전(大學章句大全)』에서 말하였다. "세속에서 곡척(曲尺)이라고 부르니, 이는 가차해서 비유한 것이다."[12]

朱註

言此三者, 上行下效, 捷於影響, 所謂家齊, 而國治也,

이 세 가지는 윗사람이 행하면 아랫사람이 본받는 것이 그림자와 메아리보다도 빠르니, 이른바 집안이 가지런해짐에 나라가 다스려진다는 뜻이니,

---

8) 호광 편(胡廣 編), 『대학장구대전(大學章句大全)』.

9) 요로(饒魯, 1194~1264) : 송나라 때의 유학자로 요주의 여간 사람이며, 자는 중원(仲元)이며, 호는 쌍봉(雙峰)이다. 황간에게 학문을 배우고, 평생 동안 벼슬하지 않아 그의 사후 문인들이 그에게 사시(私諡)를 문원(文元)이라 올렸다. 저서로는 『오경강의』, 『논맹기문(論孟紀聞)』, 『춘추절전(春秋節傳)』, 『학용찬술(學庸纂述)』, 『근사록주(近思錄註)』, 『태극삼도(太極三圖)』, 『용학십이도(庸學十二圖)』, 『서명도(西銘圖)』 등이 있다.

10) '잰다[絜]'는 것은 새끼줄로 사물을 재어 보아 그 크고 작음을 아는 일이다 : 호광 편(胡廣 編), 『대학장구대전(大學章句大全)』「전(傳)」10장에는 "직각자는 네모난 것을 만드는 도구이다. 목공이 네모난 것을 만들려면 반드시 먼저 직각자로 재어 보니, 천하를 바로잡으려는 자는 무엇으로 직각자를 삼아 재어 보겠는가? 또한 오직 이 마음으로 할 뿐이다. '잰다[絜]'는 것은 새끼줄로 사물의 둘레를 재어보아 그 크고 작음을 아는 것이니, 헤아린다는 의미이다. 목공이 사물을 잴 때는 직각자로 해서 직각자가 되었으니, 군자가 사람을 헤아릴 때는 마음으로 직각자를 삼았다.(矩, 所以爲方之具也. 匠欲爲方, 必先度之以矩, 欲平天下者, 以何物爲矩而度之. 亦惟此心而已. 絜者以索圍物, 而知其大小, 度之義也. 匠之度物以矩爲矩, 君子之度人以心爲矩.)"라고 되어 있다.

11) 호광 편(胡廣 編), 『대학장구대전(大學章句大全)』.

12) 세속에서 곡척(曲尺)이라고 부르니, 이는 가차해서 비유한 것이다 : 호광 편(胡廣 編), 『대학장구대전(大學章句大全)』「전(傳)」10장에는 "직각자는 네모난 것을 만드는 기구인데, 세속에서 곡척이라고 부르니, 이는 가차해서 비유한 것이다.(矩者, 制方之器, 俗呼曲尺此借以爲喩.)"라고 되어 있다.

詳說

○ 推本而言家齊.

근본을 미루어서 집안이 가지런해지는 일에 대해 말하였다.

○ 新安陳氏曰 : "'上行'謂老老長長恤孤, '下效'謂興孝興弟不倍. 此卽上章孝弟慈所以'不出家而成敎於國'者. 『章句』接上章說下來."[13)]

신안 진씨(新安陳氏 : 陳櫟)가 말하였다. "'윗사람이 행한다.'라는 것은 노인을 노인으로 대우하고 어른을 어른으로 대우하며 고아를 구휼한다는 뜻이고, '아랫사람이 본받는다.'라는 것은 효도를 일으키고 공손함을 일으키며 저버리지 않는다는 뜻이다. 이는 곧 앞장의 효도하고 공손하며 자애하기 때문에 집안에서 나가지 않고 나라에 가르침을 이룬다는 말이다. 『대학장구(大學章句)』에서 앞장을 이어서 설명하였다."

○ '上', 卽'一人'也. 興孝興弟與興仁、興讓同意. '不倍'以上復說上文之事, 以引起絜矩之說.

'윗사람'은 곧 '한 사람'이다. 효도를 일으키고 공손함을 일으키는 것은 어짊을 일으키고 사양함을 일으키는 것과 같은 의미이다. '저버리지 않는다.'라는 구절 위로는 앞글의 일을 다시 설명해서 자로 잰다는 설명을 이끌어 일으킨 것이다.

○ 朱子曰 : "三者, 人道之大端, 衆心之所同得者也, 家國天下雖有大小之殊, 然其道不過如此而已."[14)]

주자(朱子)가 말하였다. "세 가지는 인도(人道)의 큰 단서로 모든 마음이 함께 얻는 것이다. 집안과 나라와 천하에 크고 작음의 차이가 있을지라도 그 도는 이와 같을 뿐이다."[15)]

---

13) 호광 편(胡廣 編), 『대학장구대전(大學章句大全)』.

14) 주희(朱熹), 『대학혹문(大學或問)』 권2, 「대학(大學) · 전(傳)10장」.

15) 세 가지는 인도(人道)의 큰 단서로 …… 차이가 있을지라도 그 도는 이와 같을 뿐이다 : 주희(朱熹), 『대학혹문(大學或問)』 권2, 「대학(大學) · 전(傳)10장」에는 "어떤 이가 물었다. '앞장에서 집안을 가지런히 하고 나라를 다스리는 도를 논하면서 이미 효도 · 공손함 · 자애로 말을 했는데, 여기에서 나라를 다스리고 천하를 바로잡는 도를 논하면서 다시 이렇게 말하는 것은 무엇 때문입니까?' 대답하였다. '세 가지는 인도의 큰 단서로 모든 마음이 함께 얻는 것입니다. 집안에서 나라까지 나라에서 천하까지 크고 작음의 차이가 있을지라도 그 도는 이와 같을 뿐입니다. 다만 앞장에서는 전적으로 자신이 미루어서 사람들이 감화되는 것으로 말하였고, 이 장에서는 또 그것을 거듭 말해서 사람들의 마음이 같아 그만둘 수 없는 것이 이와 같음을 드러냈습니다. 이 때문에 군자는 감화시킬 뿐만이 아니라 또 그렇게 처신합니다.'(或問 : '上章論齊家

○ 農巖曰 : "不曰'興慈'而曰'不倍'者, 恐無深意."16)

농암(農巖 : 金昌協)17)이 말하였다. "'자애를 일으킨다.'라고 하지 않고 '저버리지 않는다.'라고 한 말에는 깊은 뜻이 없는 것 같다."

○ 按 : '不倍'非謂不倍其君也, 蓋言不倍於慈之道也云.

내가 생각하건대, "'저버리지 않는다.'라는 것은 그 임금을 저버리지 않는다는 뜻이 아니라 자애의 도를 저버리지 않는다는 말이다."

朱註

亦可以見人心之所同, 而不可使有一夫之不獲矣.

또한 사람 마음이 같아서 한 사나이라도 살 곳을 얻지 못함이 있게 해서는 안 됨을 알 수 있다.

詳說

○ 大略同也, 與'性之皆同'又有間.

'인심지소동(人心之所同 : 사람 마음이 같아서)'은 대략 같다는 말이니, '본성이 모두 같다.'라는 뜻과는 또 차이가 있다.

○ 出『書』「說命」.

'일부불획(一夫不獲 : 한 사나이라도 살 곳을 얻지 못한다)'라는 말은 『서경(書經)』「열명」에 나온다.18)

治國之道, 旣以孝弟慈爲言矣, 此論治國平天下之道, 而復以是爲言何也.' 曰 : '三者人道之大端, 衆心之所同得者也. 自家以及國, 自國以及天下, 雖有大小之殊, 然其道不過如此而已. 但前章專以己推而人化爲言, 此章又申言之, 以見人心之所同而不能已者, 如此. 是以君子不唯有以化之, 而又有以處之也.')"라고 되어 있다.

16) 김창협(金昌協), 『농암집(農巖集)』 권16, 「서(書)」「답이현익(答李顯益)」.

17) 김창협(金昌協 : 1651~1708) : 조선 숙종 때 학자로, 자가 중화(仲和)이고, 호가 농암(農巖) 또는 삼주(三洲)이며, 본관이 안동(安東)이다. 좌의정을 지낸 김상헌(金尙憲)의 증손자이고, 영의정을 지낸 김수항(金壽恒)의 아들이며, 또한 영의정을 지낸 김창집(金昌集)의 아우이다. 현종 10년(1669)에 진사시에 합격하고, 숙종 8년(1682)에 증광 문과에서 장원으로 급제한 뒤 벼슬길에 올라 대사간까지 역임하고 기사환국(己巳換局) 때 부친이 죽은 이후로 포천에 은거하면서 학문에 몰두하였다. 저서로는 『주자대전차의문목(朱子大全箚疑問目)』·『논어상설(論語詳說)』·『오자수언(五子粹言)』·『이가시선(二家詩選)』·『농암집(農巖集)』 등이 있다.

18) 『서경(書經)』「열명」에 나온다 : 『서경(書經)』「열명하(說命下)」에 "내가 나의 임금을 요·순(堯·舜)처럼 만들지 못한다면 시장에서 종아리를 맞는 것처럼 내 마음이 부끄러울 것이고, 한

○ 新安陳氏曰："人同欲遂其孝弟慈之心，便當平其教而處之，不可使一夫之不得其所也."[19]

신안 진씨(新安陳氏 : 陳櫟)가 말하였다. "사람들은 똑같이 효도하고 공손하며 자애하려는 마음을 이루려고 하니, 정교(政教)를 바로잡아 처리해야 하고, 한 사나이라도 그 있을 곳을 얻지 못하게 해서는 안 된다."[20]

○ 先補說心字，以釋上三句之意，然後乃釋絜矩.

먼저 마음에 대해 보완 설명하여 앞의 세 구절의 의미를 풀이한 다음에 자로 잰다는 것을 풀이하였다.

朱註

> **是以君子必當因其所同，推以度物，使彼我之間，各得分願.**
> 이 때문에 군자가 반드시 그 같은 것으로 말미암아 미루어 사물을 헤아려 저들과 내가 각기 분수와 소원을 얻게 한다.

詳說

○ 再言人之所同，以緊接於絜矩.

'군자필당인기소동(君子必當因其所同 : 군자가 반드시 그 같은 것으로 말미암아)'은 사람들의 같은 부분을 거듭 말해 자로 재는 일을 긴밀하게 이었다.

○ 『大全』曰："物卽人也."[21]

'추이탁물(推以度物 : 미루어 사물을 헤아려)'에서 사물에 대해, 『대학장구대전(大學章句大全)』에서 말하였다. "사물은 바로 사람이다."

○ 此句正釋絜字.

'추이탁물(推以度物 : 미루어 사물을 헤아려)'이라는 이 구절에서는 '잰다[絜]'는 말

사나이라도 살 곳을 얻지 못한다면 이는 또한 나의 죄라고 할 것이다.(予弗克俾厥后爲堯舜，其心愧恥若撻于市，一夫不獲，則曰時予之辜.)"라고 하였다.

19) 호광 편(胡廣 編), 『대학장구대전(大學章句大全)』.

20) 사람들은 똑같이 효도하고 공손하며 …… 얻지 못하게 해서는 안 된다 : 호광 편(胡廣 編), 『대학장구대전(大學章句大全)』「전(傳)」10장에는 "사람들이 똑같이 효도하고 공손하며 자애하려는 마음을 이루려고 하는 것을 아니, 정교(政教)를 바로잡아 처리해야 하고, 한 사나이라도 그 있을 곳을 얻지 못하게 해서는 안 된다.(可見人同欲遂其孝弟慈之心，便當平其政以處之，不可使有一人之不得其所也.)"라고 되어 있다.

21) 호광 편(胡廣 編), 『대학장구대전(大學章句大全)』.

을 바르게 풀이하였다.

○ 民也.

'피아지간(彼我之間)'에서 피(彼 : 저들)는 백성이다.

○ 去聲.

'각득분원(各得分願)'에서 '분(分 : 분수)'자는 거성이다.

○ 此句釋絜而矩之之事.

'사피아지간, 각득분원(使彼我之間, 各得分願 : 저들과 내가 각기 분수와 소원을 얻게 한다)'이라는 이 구절에서는 재는 데 직각자로 한다는 일에 대해 풀이하였다.

朱註

> 則上下四旁, 均齊方正,
>
> 그렇게 하면, 상하와 사방이 고르고 방정하여

詳說

○ 取後下節語.

'上下四旁(상하사방 : 상하와 사방)'은 뒤에 있는 아래 구절의 말을 취하였다.

○ 此二句釋矩之而爲矩之事.

이 두 구절에서는 직각자로 해서 직각자가 된다는 일에 대해 풀이하였다.

○ 朱子曰 : "'是以'二字是接續上文, 猶言君子爲是之故, 所以有絜矩之道."[22]

주자(朱子)가 말하였다. "'시이(是以 : 이 때문에)' 두 글자[23]는 위의 글을 잇는 것

---

22) 『주자어류(朱子語類)』 권16, 「대학3(大學三) 214조목에는 다음과 같이 되어 있다. "老老興孝, 長長興弟, 恤孤不倍, 這三句是說上行下效底道理. '是以君子有絜矩之道', 這卻是說到政事上. '是以'二字, 是結上文, 猶言君子爲是之故, 所以有絜矩之道. 旣恁地了, 卻須處置敎他得所, 使之各有以遂其興起之心始得.(노인을 노인으로 대우하면 효심이 일어나고, 어른을 어른으로 대접하면 공경심이 일어나고, 고아를 불쌍히 여기면 저버리지 않는다는 이 세 구절은 위에서 행하고 아래서 본받는 도리를 말한 것이다. '이 때문에 군자는 혈구의 도가 있는 것이다.'라고 하였는데, 이것은 도리어 정사(政事)의 측면에서 말한 것이다. '시이(是以 : 이 때문에)' 두 글자는 위의 글을 잇는 것이니, 군자는 이런 이유 때문에 자로 재는 도가 있는 근거라고 말하는 것과 같다. 이미 이렇게 하고 나서, 도리어 반드시 그들을 가르치는 일을 처리하고, 각기 흥기하는 마음을 이루게 함으로써 비로소 얻게 한 것이다.)"

23) '시이(是以 : 이 때문에)' 두 글자 : 『대학장구(大學章句)』「전(傳)」10장에 "이른바 천하를 바로잡음이 그 나라를 다스림에 있다는 것은 윗사람이 노인을 노인으로 대우함에 백성들이 효도를

이니, 군자는 이런 이유 때문에 자로 재는 도가 있는 근거라고 말하는 것과 같다.”

○ 按 : ‘爲是之故’, 卽爲心同之故也.

내가 생각하건대, ‘이런 이유’는 곧 마음이 같은 연고라는 것이다.

○ 朱子曰 : “絜矩是說到政事上.”24)

주자(朱子)가 말하였다. “‘자로 잰다.’는 정사(政事)의 측면으로 말한 것이다.”25)

○ 南塘曰 : “朱子「答江德功書」曰, ‘絜矩度物而得其方也’, 今曰‘度物以矩’, 則當爲矩絜. 「江書」之意以絜字爲工夫, 矩字爲成效, 則‘所惡’‘毋以’僅釋絜字義, 無‘矩’所釋

일으키고, 윗사람이 어른을 어른으로 대우함에 백성들이 공손함을 일으키며, 윗사람이 고아를 구휼함에 백성들이 저버리지 않는 것이다. 이 때문에 군자는 자로 재는 방법이 있다.(所謂平天下在治其國者, 上老老而民興孝, 上長長而民興弟, 上恤孤而民不倍, 是以君子有絜矩之道也.)”라는 말이 있다.

24) 『주자어류(朱子語類)』 권16, 「대학3(大學三) 214조목.

25) ‘자로 잰다.’는 정사(政事)의 측면으로 말한 것이다 : 『주자어류(朱子語類)』 권16, 214조목에는 “‘이 때문에 군자는 혈구의 도가 있는 것이다.’라고 하였는데, 이는 도리어 정사의 측면에서 말한 것이다.(‘是以君子有絜矩之道’, 這卻是說到政事上.)”라고 되어 있다. 224조목에는 다음과 같이 자세하게 설명하고 있다. “단지 ‘상하(上下)’ · ‘전후(前後)’ · ‘좌우(左右)’ 등의 구절을 보면 알 수 있다. 혈(絜)은 헤아림[度]이다. 진짜로 곱자를 가지고 헤아리는 것이 아니라, 단지 자신이 마음속으로 몰래 그것이 긴지 짧은지 재는 것이다. 이른바 길이를 재고 크기를 헤아린다는 것은 위아래 · 앞뒤 · 왼쪽 오른쪽이 모두 한 가지이다. 마음은 그와 나의 차이가 없으며, 거기에서 돌아와 여기에 이를 뿐이다. 내 위에 있는 사람이 나를 부리기를 이와 같이 하여 내가 싫어하면, 내 아래에 있는 사람의 마음 또한 내가 이와 같이 할 것을 알기 때문에 다시 윗사람을 책망하는 마음으로 아랫사람을 대해서는 안 된다. 이와 같이 하면 자신은 중앙에 있고, 위로 많은 위치를 점하고, 아래로 많은 위치를 점하여 고루 공평하고 바르게 된다. 만약 윗사람을 책망하는 마음으로 아랫사람을 대하면 위는 길어지고 아래는 짧아져서 바르게 되지 않는다. 아랫사람이 나를 모시기를 이와 같이 하여 내가 그를 싫어하면 내 위에 있는 사람의 마음은 또한 내가 이와 같이 할 것을 안다. 장차 아랫사람을 책망하는 마음으로 다시 일을 하면 또한 아래는 길어지고 위는 짧아진다. 좌우 전후가 모두 그러하다. 앞사람을 대하는 마음이 돌아와서 뒷사람을 대하고, 왼편의 사람을 대하는 마음이 돌아와서 오른편 사람을 대하여, 이와 같이 하면 곧 바르다. 매사(每事)가 모두 이와 같다면 공평하지 않을 것이 없다.(只把‘上下’ · ‘前後’ · ‘左右’等句看, 便見. 絜, 度也. 不是眞把那矩去量度, 只是自家心裏暗度那箇長那箇短. 所謂度長絜大, 上下前後左右, 都只一樣. 心無彼己之異, 只是將那頭折轉來比這頭. 在我之上者使我如此, 而我惡之, 則知在我下者心亦似我如此, 故更不將所責上底人之心來待下人. 如此, 則自家在中央, 上面也占許多地步, 下面也占許多地步, 便均平正方. 若將所責上底人之心來待下, 便上面長, 下面短, 不方了. 下之事我如此, 而我惡之, 則知在我之上者心亦似我如此. 若將所責下底人之心更去事上, 便又下面長, 上面短了. 左右前後皆然. 待前底心, 便折轉來待後 ; 待左底心, 便折轉來待右, 如此便方. 每事皆如此, 則無所不平矣.)”

語矣. 矩在絜後, 則方絜之時, 用何物而絜之耶. 「江書」一時偶失之."[26]

남당(南塘 : 韓元震)[27]이 말하였다. "주자(朱子)가 「강덕공에게 답한 편지」에서는 '자로 재고 사물을 헤아려서 그 방법을 얻는다.'라고 하였고, 지금에서는 '사물을 자로 헤아린다.'라고 하였으니, 자로 재는 것이 되어야 한다. 「강덕공 편지」의 의미는 '잰다'는 말을 공부로 여겨 '자'가 공을 이루는 것이 되면, '싫어하는 것[所惡]' '그것으로 ~하지 말라[毋以]'는 것은 간신히 잰다는 말의 의미를 해석하는 것으로 '자'를 풀이해서 말할 것이 없다. '자'가 '잰다'는 말의 뒤에 있으니, 한창 재고 있을 때 어떤 것을 가지고 재겠다는 말인가? 「강덕공의 편지」는 뜻하지 않게 잘못한 것이다."

○ 按 : 「江書」是朱子晩年定論, 是謂'絜而矩之'也. '絜而矩之'雖兼用功與成效言, 然之字終有用力底意, 又不如'絜則爲矩'之截然分屬於功與效耳. 是故上下'絜矩'註及『或問』, 皆著則字, 於其間, 則字以上釋絜字, 則字以下釋矩字. 視「江書」尤爲明切. 但讀者被諺釋所先入, 遂不察『章句』·『或問』·「江書」之意. 南塘至以方絜用何物爲疑, 殊不知以心絜之也. 心卽在我本然之矩, 如『孟子』註所云'本然之權度'也. 非是謂旣絜後所成者, 在事物無形之矩也. 心與矩自是兩事, 故註先就傳文上三句中說出所同之吾心, 然後次言推而絜之, 乃及成矩之事, 又何患於無可絜之物乎. 至於下節'所惡'句, 是心之同也, '毋以'句是絜而成矩也. 南塘於此恐偶未深考耳.

내가 생각하건대, 「강덕공의 편지」는 주자(朱子)의 만년 정설로 '재는데 직각자로 한다.'라는 내용을 말하였다. '재는데 직각자로 한다.'라는 말은 공부와 공을 이루

---

26) 한원진(韓元震), 『남당선생문집(南塘先生文集)』 권20, 「서(書)」「여김백삼(與金伯三)」.

27) 한원진(韓元震, 1682~1751) : 자는 덕소(德昭)이고, 호는 남당(南塘)이며, 시호는 문순(文純)이다. 본관은 청주(淸州)이다. 송시열(宋時烈)의 학맥을 이은 서인 산림(山林) 권상하(權尙夏)의 제자로 과거에 뜻을 두지 않고 학문에 전념하였다. 1717년(숙종 43) 학행(學行)으로 천거되어 영릉참봉으로 관직에 나갔다가 경종 때에 노론(老論)이 축출될 때 사직하였다. 1725년(영조 1) 경연관으로 출사하였으나 영조에게 소론을 배척하다가 삭직되었다. 그 뒤 장령·집의에 임명되었지만 취임하지 않았으며, 이조판서에 추증되었다. 같은 문인인 이간(李柬) 등과 호락논쟁(湖洛論爭)을 일으켜, 호서 지역 학자들의 호론(湖論)을 이끌었다. 그 주장의 핵심은 사람이 오상(五常)을 모두 갖추었음에 비해 초목이나 금수와 같은 것은 그것이 치우치게 존재하여, 인성과 물성이 근본적으로 다르다는 것이었다. 이러한 주장은 사람과 금수의 근본적 차이를 강조하여 인간의 존엄성을 높이려는 생각에서 나온 것이다. 문집으로 『남당집(南塘集)』이 있으며, 송시열과 스승 권상하의 사업을 이어받아 50년 만에 『주자언론동이고(朱子言論同異攷)』(1741)를 완성하였다. 그 밖에 『역학답문(易學答問)』, 『의례경전통해보(儀禮經傳通解補)』 등 『주역(周易)』 관련 저술들과 『장자변해(莊子辨解)』 등의 편저들이 있다.

는 것을 겸해서 설명한 것일지라도 '~로 한다[之]'는 것에는 마침내 힘쓰는 의미가 있으니, 또 '재는 것은 자이다.'라는 말이 분명히 공과 효과에 속하는 것만 못하다. 이 때문에 위아래의 '자로 잰다'는 주석과 『대학혹문(大學或問)』에서 모두 '그렇게 하면[則]'이라는 말을 나타냈으니, 그 사이에 '그렇게 하면[則]'이라는 말 위로는 '잰다'는 말을 풀이한 것이고, '그렇게 하면[則]'이라는 말 아래로는 '자'라는 말을 풀이한 것이다. 「강덕공의 편지」의 편지를 보면 더욱 분명하다. 다만 독자들이 『언해』의 풀이 때문에 선입견이 있어 마침내 『대학장구(大學章句)』와 『대학혹문(大學或問)』과 「강덕공의 편지」의 살피지 못한 것이다. 남당이 심지어 '한창 재고 있을 때 어떤 것을 가지고 재겠다는 말인가?'라고 의심한 것은 마음으로 잰다는 사실을 전혀 모른 것이다. 마음은 곧 나에게 있는 본연의 자로 이를테면 『맹자(孟子)』의 주석에서 말한 '본연의 권도(權度)'[28]이니, 잰 다음에 이루는 사안을 말한 것이 아니라 사물에 있는 무형의 자이다. 마음과 자는 본래 두 가지 일이기 때문에 주석에서 먼저 「전(傳)」의 말에서 앞의 세 구절을 가지고 같은 나의 마음을 설명하고, 그런 다음에 이어서 미루어 재는 것을 말해 바로 자를 이루는 일에 미쳤으니, 또 어찌 잴 수 있는 것이 없다고 근심하겠는가? 아래의 절 '싫어하는 것[所惡]'이라는 구절은 마음의 같은 것이고, '그것으로 ~하지 말라[毋以]'는 구절은 재서 자를 이루는 것이다. 남당은 여기에서 아마도 깊이 생각하지 못한 듯하다.

朱註

而天下平矣.

천하가 바로잡혀질 것이다.

詳說

○ 補此句.

이 구절은 보충한 부분이다.

---

28) 본연의 권도(權度) : 『맹자(孟子)』「양혜왕상(梁惠王上)」에서 "저울질을 한 뒤에야 경중을 알고, 재어본 뒤에야 장단을 알 수 있습니다. 사물이 다 그러하거니와 그중에도 마음이 유독 심하니, 왕께서는 이것을 헤아리셨으면 합니다.(權然後, 知輕重, 度然後, 知長短, 物皆然, 心爲甚, 王請度之.)"라는 구절의 『집주(集註)』에 "마음이 사물에 응함으로 말하면 그 경중과 장단을 가지런히 하기가 어려워서 본연의 권도로 헤아리지 않으면 안 되니, 이것은 또 물건보다도 심함이 있다.(若心之應物, 則其輕重長短之難齊, 而不可不度以本然之權度, 又有甚於物者.)"라는 말이 있다.

○ 由'絜矩'二字約而言之, 則'平'一字可以當之.

'혈구(絜矩 : 자로 잰다)'라는 두 글자에 따라 요약해서 말하면, '평(平 : 바로잡는다)'이라는 한 글자가 이에 해당할 수 있다.

○ 仁山金氏曰 : "首三句是化, '絜矩'是推."[29]

인산 김씨(仁山金氏 : 金履祥)가 말하였다. "앞의 세 구절은 감화시키는 일이고, '자로 잰다.'는 말은 미루는 것이다."[30]

○ 朱子曰 : "孝弟慈, 上行下效之事, 上章已言之矣. 此章再擧者, 乃欲引起下文'絜矩'也. 此一章首尾皆以絜矩之意推之, 未嘗復言躬行化下之說."[31]

주자(朱子)가 말하였다. "효도 · 공손함 · 자애는 윗사람들이 행하면 아랫사람들이 본받는 것으로 앞의 장에서 이미 말했다. 그런데 여기에서 다시 거론한 것은 바로 아래의 글 '자로 잰다'라는 말을 끌어 일으키려는 것이다. 이 한 장의 머리와 꼬리는 모두 '자로 잰다'라는 의미로 미룬 것인데, 몸소 행해 아랫사람들을 감화시킨다는 언급을 일찍이 다시 언급한 적은 없었다."[32]

---

29) 호광 편(胡廣 編), 『대학장구대전(大學章句大全)』.

30) 앞의 세 구절은 감화시키는 일이고, '자로 잰다.'는 말은 미루는 것이다 : 호광 편(胡廣 編), 『대학장구대전(大學章句大全)』「전(傳)」10장에는 "앞의 세 구절은 감화시키는 일이고, '자로 잰다.'라는 말은 미루는 것이다. 그렇게 감화시키고 나서 효도하고 공손하며 저버리지 않는 마음을 일으켜 반드시 미루게 하면 마침내 그 소원을 이루니, 미루는 것은 좋아하는 것을 따르고 싫어하는 것을 베풀지 않는 것보다 큰 것이 없다. 좋아하는 것은 그들의 이로움을 그대로 해주는 데 있고 싫어하는 것은 그들의 이로움을 빼앗는 데 있다.(首三句是化, 絜矩是推. 旣有以化之, 而興其孝弟不倍之心, 必有以推之, 而遂其孝弟不倍之願, 推之者莫大於從其所好, 勿施所惡. 所好在因其利, 所惡在奪其利.)"라고 하였다.

31) 호광 편(胡廣 編), 『대학장구대전(大學章句大全)』.

32) 효도 · 공손함 · 자애는 윗사람들이 행하면 …… 일찍이 다시 언급한 적은 없었다 : 호광 편(胡廣 編), 『대학장구대전(大學章句大全)』「전(傳)」10장에는 "효도를 일으키고 공손함을 일으키며 저버리지 않는다는 것은 윗사람들이 행하면 아랫사람들이 본받는다는 의미로 앞의 장에서 이미 말했다. 그런데 여기에서 다시 거론한 것은 바로 아래의 글 '군자는 반드시 자로 잰 다음에 천자를 바로잡는다.'라는 의미를 끌어 일으키고자 하는 것이다. 그렇게 하지 않으면 백성들이 감화되고 그 윗사람들이 선함을 일으킬지라도 천하는 끝내 바로잡아지지 않는 것이다. 그러므로 이 한 장의 머리와 꼬리는 모두 '자로 잰다'라는 의미로 미루었는데, 몸소 행해 아랫사람들을 감화시킨다는 언급을 일찍이 다시 언급한 적은 없었다.(興孝興弟不倍, 上行下效之意, 上章已言之矣. 此章再擧之者, 乃欲引起下文君子必須絜矩, 然後可以平天下之意. 不然, 則雖民化其上以興於善, 而天下終不免於不平也. 故此一章首尾, 皆以絜矩之意推之, 而未嘗復言躬行化下之說.)"라고 되어 있다.

○ 又曰 : "仁者不待絜矩. 絜矩是恕者之事."[33]

주자(朱子)가 또 말하였다. "어진 자는 자로 잴 필요가 없다. 자로 재는 것은 서(恕)의 일이다."[34]

○ 又曰 : "'是以君子有絜矩之道也', 此句方是引起絜矩事, 下面方說絜矩, 而結之云 '此之謂絜矩之道'."[35]

주자(朱子)가 또 말하였다. "'이 때문에 군자는 자로 재는 방법이 있는 것이다.' 이 구절은 자로 재는 일을 끌어 일으키는 말이니, 아래에서 자로 재는 일을 설명하고 매듭지어 '이를 자로 재는 방법이라고 하는 것이다.'라고 하였다."[36]

○ 按 : '是以有''此之謂', 是呼應之辭.

내가 생각하건대 '이 때문에 (군자는 자로 재는 방법이) 있는 것이다.'라는 말[37]은

---

33) 호광 편(胡廣 編), 『대학장구대전(大學章句大全)』.

34) 어진 자는 자로 잴 필요가 없다. 자로 재는 것은 서(恕)의 일이다 : 호광 편(胡廣 編), 『대학장구대전(大學章句大全)』「전(傳)」10장에는 "물었다. '자로 재는 방법은 어짊을 넓히는 데 사용합니까?' 답하였다. '이것은 어짊을 구하는 공부로 바로 힘쓰고자 하는 것입니다. 어짊과 같은 것은 단지 들어서 놓았던 것뿐으로 자로 재지 않아도 저절로 바로잡아지지 않음이 없습니다. 자로 재는 것은 서(恕)의 일입니다.'(問 : '絜矩之道, 是廣仁之用否.' 曰 : '此乃求仁工夫, 正要著力. 若仁者, 只是擧而措之耳, 不待絜矩, 而自無不平矣. 絜矩, 正是恕者之事.')"라고 되어 있다. 『주자어류(朱子語類)』 권16, 「대학3(大學三) 230조목에는 "서(恕) 또한 혈구의 뜻이다.(恕, 亦是絜矩之意.)"라고 하였다.

35) 호광 편(胡廣 編), 『대학장구대전(大學章句大全)』.

36) '이 때문에 군자는 자로 재는 방법이 있는 것이다. …… 방법이라고 하는 것이다.'라고 하였다 : 호광 편(胡廣 編), 『대학장구대전(大學章句大全)』「전(傳)」10장에는 "노인을 노인으로 대우하고, 어른을 어른으로 대우하며, 고아를 구휼하는 것은 집안에서 아주 가까운 것을 가지고 설명한 것이니, 이른바 집안이 가지런해지는 것이다. 백성들이 효도를 일으키고 공손함을 일으키며 저버리지 않는 것은 백성들이 감동해서 일어나는 일을 가지고 설명한 것이니, 나라를 다스려 나라가 다스려진 일이다. 윗사람이 행하면 아랫사람이 본받는 것은 감응이 아주 빨라 사람들의 마음이 이처럼 같다는 것을 알 수 있다. '이 때문에 군자는 자로 재는 방법이 있는 것이다.' 이 구절은 자로 재는 일을 끌어 일으키는 것이니, 아래에서 자로 재는 것을 설명하고 매듭지어 '이것을 자로 재는 방법이라고 하는 것이다.'라고 하였다.(老老長長恤孤, 方是就自家切近處說, 所謂家齊也. 民興孝興弟不倍, 是就民之感發興起處說, 治國而國治之事也. 上行下效, 感應甚速, 可見人心所同者如此. 是以君子有絜矩之道也, 此句方是引起絜矩事, 下面方說絜矩, 而結之云此之謂絜矩之道.)"라고 되어 있다.

37) '이 때문에 (군자는 자로 재는 방법이) 있는 것이다.'라는 말 : 『대학장구(大學章句)』「전(傳)」10장에 "이른바 천하를 바로잡음이 그 나라를 다스림에 있다는 것은 윗사람이 노인을 노인으로 대우함에 백성들이 효도를 일으키고, 윗사람이 어른을 어른으로 대우함에 백성들이 공손함을

'이것을 (자로 재는 방법)이라고 하는 것이다.'라는 것[38]과 호응하는 말이다.

○ 雲峯胡氏曰 : "此章當分爲八節. 右第一節, 言所以有絜矩之道. '不踰矩', 絜矩, 只是一箇矩字, 但不踰矩之矩, 渾然在聖人方寸中, 是矩之體. 絜矩之矩於人己交接之際見之, 是矩之用. 規矩皆法度之器, 此獨曰矩者, 規圓矩方, 圓者動而方者止. 不踰矩, 卽是明德之止至善, 絜矩, 卽是新民之止至善."[39]

운봉 호씨(雲峯胡氏 : 胡炳文)[40]가 말하였다. "이 장은 8절로 나눠야 한다. 앞의 제1절은 자로 재는 방법이 있음을 말하였다. '법도를 넘지 않았다.'[41]라는 말은 자로 재는 일인데, 단지 하나의 자라는 말은 법도를 넘지 않았다고 할 때의 법도이니, 혼연히 성인의 마음에 있는 법도라는 본체이다. '자로 잰다.'라고 할 때의 자는 사람들과 자신이 사귀는 데서 드러나는 법도라는 작용이다. 그림쇠와 자는 모두 법도가 되는 기구인데, 여기서 자만 말한 것은 그림쇠로 원을 만들고 자로 네모를 만듦에, 원은 움직이지만 네모는 멈추어 있기 때문이다. 법도를 넘지 않는

일으키며, 윗사람이 고아를 구휼함에 백성들이 저버리지 않는 것이다. 이 때문에 군자는 자로 재는 방법이 있는 것이다.(所謂平天下在治其國者, 上老老而民興孝, 上長長而民興弟, 上恤孤而民不倍, 是以君子有絜矩之道也.)"라는 말이 있다.

38) '이것을 (자로 재는 방법)이라고 하는 것이다.'라는 것 : 『대학장구(大學章句)』「전(傳)」10장에 "윗사람에게서 싫었던 것으로써 아랫사람을 부리지 말고, 아랫사람에게서 싫었던 것으로써 윗사람을 섬기지 말며, 앞사람에게서 싫었던 것으로써 뒷사람에게 앞서지 말고, 뒷사람에게서 싫었던 것으로써 앞사람에게 따르지 말며, 오른쪽에게서 싫었던 것으로써 왼쪽에게 사귀지 말고, 왼쪽에게서 싫었던 것으로써 오른쪽에게 사귀지 말 것이니, 이를 자로 재는 방법이라고 하는 것이다.(所惡於上, 毋以使下, 所惡於下, 毋以事上. 所惡於前, 毋以先後, 所惡於後, 毋以從前. 所惡於右, 毋以交於左, 所惡於左, 毋以交於右. 此之謂絜矩之道.)"라는 말이 있다.

39) 호광 편(胡廣 編), 『대학장구대전(大學章句大全)』「전(傳)」10장에 운봉 호씨(雲峯胡氏 : 胡炳文)의 말로 실려 있다.

40) 호병문(胡炳文, 1250~1333) : 자는 중호(仲虎)이고, 호는 운봉(雲峯)이다. 원(元) 나라 때의 경학자로 휘주 무원(徽州 婺源 : 현 안휘성 소속) 사람이다. 주희(朱熹)의 종손(宗孫)에게 『주역(周易)』과 『서경(書經)』을 배워 주자학에 잠심했으며, 특히 『주역(周易)』에 뛰어났다. 신주(信州) 도일서원(道一書院) 산장(山長)을 지내고, 난계주학정(蘭溪州學正)이 되었는데 취임하지 않았다. 주자의 『주역본의(周易本義)』를 근거로 여러 설을 절충·시정하여 『주역본의통석(周易本義通釋)』 12권을 지었다. 처음 이름은 『주역본의정의(周易本義精義)』였고, 『통지당경해(通志堂經解)』에 들어있다. 이밖에 『서집해(書集解)』, 『춘추집해(春秋集解)』, 『예서찬술(禮書纂述)』, 『사서통(四書通)』, 『대학지장도(大學指掌圖)』, 『오경회의(五經會義)』, 『이아운어(爾雅韻語)』 등이 있다.

41) 법도를 넘지 않았다 : 『논어(論語)』「위정(爲政)」에 "일흔 살에 마음에 하고자 하는 바를 좇아도 법도에 넘지 않았다.(七十而從心所欲, 不踰矩.)"라는 말이 있다.

일은 곧 밝은 덕이 지극한 선에 멈추어 있는 것이고, 자로 재는 일은 곧 백성들을 새롭게 하여 지극한 선에 멈추어 있는 것이다."[42]

○ **農巖曰 : "雲峰分爲八節, 本出朱子說."[43]**

농암(農巖 : 金昌協)이 말하였다. "운봉이 8절로 나눈 것은 본래 주자(朱子)의 설명에서 나왔다."

---

42) 이 장은 8절로 나눠야 한다 …… 새롭게 하여 지극한 선에 멈추어 있는 것이다 : 호광 편(胡廣編), 『대학장구대전(大學章句大全)』「전(傳)」10장에는 "이 장은 8절로 나눠야 한다. 앞의 1절은 자로 재는 방법이 있음을 말하였다. 공자가 '15살에 학문에 뜻을 두었다.'라는 구절은 곧 여기서 이른바 『대학(大學)』에서 학문에 뜻을 두었다는 것 아래로 지와 행을 나눈 것에서 끝의 절까지 말한 것이다 '법도를 넘지 않았다.'라는 구절은 태어나면서부터 아는 것과 편안히 행하는 것의 극치로 『대학(大學)』에서 사물의 이치를 궁구하는 것 아래이니, 또한 지와 행을 나눈 것에서 끝의 장까지 또한 자로 재는 것을 말한 것으로 지식을 지극하게 하고 힘써 행하는 극치의 공이다. 자가 어떻게 사람의 마음과 천리의 당연한 법칙인가? 나의 마음에는 본래 이런 천리가 있다는 것은 성인이 자신의 마음에서 하려는 것을 따라 스스로 이 법칙을 넘어서지 않은 것이기 때문에 '법도를 넘지 않았다.'라고 한 것이다. 사람들의 마음에는 똑같이 이런 천리가 있으니, 배우는 사람들은 자신의 마음이 하려는 것에 따라 남에게 베푸는 법칙을 삼기 때문에 '자로 잰다.'라고 한 것이다. 단지 하나의 '자'라는 말은 법도를 넘지 않았다고 할 때의 법도이니, 혼연히 성인의 마음에 있는 법도라는 본체이다. '자로 잰다.'라고 할 때의 '자'는 사람들과 자신이 사귀는 데서 드러나는 법도라는 작용이다. 그림쇠와 자는 모두 법도가 되는 기구인데, 여기서 자만 말한 것은 그림쇠로 원을 만들고 자로 네모를 만듦에, 원은 움직이지만 네모는 멈추어 있기 때문이다. 법도를 넘지 않는 것은 곧 밝은 덕이 지극한 선에 멈추어 있는 것이고, 자로 재는 것은 곧 백성들을 새롭게 하여 지극한 선에 멈추어 있는 것이다.(此章當分爲八節. 右第一節, 言所以有絜矩之道. 夫子十五志學, 即此所謂大學志學以下, 分知行到末節方言. 不踰矩, 是生知安行之極致, 大學格物而下, 亦分知行到末章, 亦言絜矩, 是致知力行之極功. 矩者. 何人心天理當然之則也. 吾心自有此天, 則聖人隨吾心之所欲, 自不踰乎此則, 故曰不踰矩. 人心同有此天, 則學者即吾心之所欲, 以爲施於人之則, 故曰絜矩, 只是一箇矩字, 但不踰矩之矩, 渾然在聖人方寸中, 是矩之體, 絜矩之矩於人己交接之際見之, 是矩之用. 規矩, 皆法度之器, 此獨曰矩者, 規圓矩方, 圓者動而方者止. 不踰矩, 即是明德之止至善, 絜矩, 即是新民之止至善.)"라고 되어 있다.

43) 김창협(金昌協), 『농암집(農巖集)』 권16, 「서(書)」「답이현익(答李顯益)」.

[傳10-2]

所惡於上, 毋以使下, 所惡於下, 毋以事上. 所惡於前, 毋以先後, 所惡於後, 毋以從前. 所惡於右, 毋以交於左, 所惡於左, 毋以交於右. 此之謂絜矩之道.

윗사람에게서 싫었던 것으로써 아랫사람을 부리지 말고, 아랫사람에게서 싫었던 것으로써 윗사람을 섬기지 말며, 앞사람에게서 싫었던 것으로써 뒷사람에게 앞서지 말고, 뒷사람에게서 싫었던 것으로써 앞사람에게 따르지 말며, 오른쪽에게서 싫었던 것으로써 왼쪽에게 사귀지 말고, 왼쪽에게서 싫었던 것으로써 오른쪽에게 사귀지 말 것이니, 이것을 자로 재는 방법이라고 한다.

朱註

惡先, 幷去聲. 此覆解上文絜矩二字之義.

'오(惡 : 싫어하다)'자와 '선(先 : 앞서다)'자는 모두 거성이다. 이는 앞의 말 '혈구(絜矩 : 자로 잰다)'라는 두 글자의 의미를 반복하여 해석한 것이다.

詳說

○ 音福.

'차복해상문(此覆解上文)'에서 '복(覆 : 반복하다)'자는 음이 '복(福 : 복)'이다.

○ 反覆釋之.

반복해서 해석한 것이다.

○ 先總提.

먼저 전체적으로 제시하였다.

○ 上只說出絜矩之名, 至此乃言其事.

위에서는 '자로 잰다'는 이름을 해석했을 뿐이고, 여기에 와서야 그 일을 말하였다.

朱註

如不欲上之無禮於我, 則必以此度下之心, 而亦不敢以此無禮使之,

윗사람이 나에게 무례함을 원하지 않거든, 반드시 이것으로써 아랫사람의 마음을 헤아려 또한 감히 이렇게 무례함으로써 아랫사람을 부리지 말며,

詳說

◯ '所惡'非必是憎之之義, 故以'不欲'釋之.

'불욕상지무례어아(不欲上之無禮於我 : 윗사람이 나에게 무례함을 원하지 않거든)'의 경우, '싫었던 것'은 반드시 싫어한다는 뜻이 아니기 때문에 '원하지 않거든'으로 풀이하였다.

◯ 君親, 皆上也.

'불욕상지무례어아(不欲上之無禮於我 : 윗사람이 나에게 무례함을 원하지 않거든)'에서 임금과 어버이가 모두 윗사람이다.

◯ 補'無禮'字.

'불욕상지무례어아(不欲上之無禮於我 : 윗사람이 나에게 무례함을 원하지 않거든)'에서 보면, '무례(無禮)'라는 글자를 보충하였다.

◯ 入聲, 下同.

'탁하지심(度下之心)'에서 '탁(度 : 헤아리다)'자는 입성으로 아래에서도 같다.

◯ 補'度''心'字.

'탁하지심(度下之心)'의 경우, '탁(度 : 헤아리다)'과 '심(心 : 마음)'이라는 글자를 보충하였다.

◯ 所受於上者.

'불감이차무례사지(不敢以此無禮使之 : 감히 이렇게 무례함으로써 아랫사람을 부리지 말며)'는 윗사람에게서 받은 것이다.

◯ 朱子曰 : "緊要在'毋[44]以'字上."[45]

---

44) 毋 : 원문에 '무(無)'자로 되어 있는 것을 '무(毋)'자로 바로잡았다.

45) 『주자어류(朱子語類)』 권16, 「대학3(大學三) 219조목에는 다음과 같이 되어 있다. "問 : '絜矩一條, 此是上下四方度量, 而知民之好惡否?' 曰 : '知在前面, 這處是推. '老老而民興孝, 長長而民興弟, 恤孤而民不倍', 這處便已知民之好惡與己之好惡相似. '是以君子有絜矩之道', 便推將去, 緊要在'毋以'字上.' 又曰 : '興, 謂興起其善心 ; 遂, 謂成遂其事.' 又曰 : '爲國, 絜矩之大者又在於財用, 所以後面只管說財. 如今茶鹽之禁, 乃是人生日用之常, 卻反禁之, 這箇都是不能絜矩.'(물었다. '혈구' 한 조목은 위아래와 사방을 헤아리는 일이니 백성의 좋아하고 싫어하는 것을 알지 않겠습니까?' 주희가 말하였다. '앎이 앞에 있고, 여기서 헤아리는 것이다. '노인을 노인으로 대우하면 백성에게 효심이 일어나고, 어른을 어른으로 대접하면 백성에게 공경심이 일어나며, 고아를 불쌍히 여기면 백성들이 져버리지 않으니', 여기서 이미 백성들이 좋아하고 싫어하는 것과 내가 좋아하고 싫어하는 것이 서로 비슷함을 안다. '이 때문에 군자는 혈구의 도가 있는 것

주자(朱子)가 말하였다. "핵심은 「전(傳)」에서 언급한 '~하지 말라[毋以]'는 두 글자에 있다."

朱註

不欲下之不忠於我, 則必以此度上之心, 而亦不敢以此不忠事之, 至於前後左右, 無不皆然,

아랫사람이 나에게 불충함을 원하지 않거든, 반드시 이로써 윗사람의 마음을 헤아려서 나 또한 이 불충함으로써 윗사람을 섬기지 말아야 하니, 전후좌우에서도 모두 그렇게 하지 않음이 없다면,

詳說

○ 朱子曰 : "中庸'所求乎子以事父未能', 亦此意. 但中庸言其所好, 此言其所惡."[46]

주자(朱子)가 말하였다. "『중용(中庸)』에서 '자식에게 바라는 것으로 부모 섬김을 잘하지 못한다.'[47]라는 구절도 이런 의미이다. 다만 『중용』에서는 그 좋아하는 것을 말하였고, 여기서는 그 싫어하는 것을 말하였다."[48]

이니', 곧 미루어 나아가면, 핵심은 '~하지 말라[毋以]'는 두 글자에 있다.' 또 말하였다. ''흥(興)'은 그 선한 마음을 불러일으키는 것을 말하고, '수(遂)'는 그 일을 끝까지 이루어 내는 것을 말한다. 또 말하였다. '나라를 다스리는데, 혈구의 큰 것은 또 재용(財用)에 있으니. 그래서 뒤에서 단지 재물만을 말한 것이다. 이제 차와 소금을 금하는 것은 사람이 살아가면서 날마다 쓰는 상비품인데 도리어 거꾸로 금지하면 이것은 모두 혈구라 할 수 없다.')"

46) 호광 편(胡廣 編), 『대학장구대전(大學章句大全)』.

47) 자식에게 바라는 것으로 부모 섬김을 잘하지 못한다 : 『중용장구(中庸章句)』13장에서 "군자의 도가 네 가지인데 나는 그 가운데 한 가지도 잘하지 못하니, 자식에게 바라는 것으로 부모 섬김을 잘하지 못하고, 신하에게 바라는 것으로 임금 섬김을 잘하지 못하며, 아우에게 바라는 것으로 형 섬김을 잘하지 못하고, 친구에게 바라는 것을 내가 먼저 베풂을 잘하지 못한다.(君子之道四, 丘未能一焉, 所求乎子, 以事父, 未能也, 所求乎臣, 以事君, 未能也, 所求乎弟, 以事兄, 未能也, 所求乎朋友, 先施之, 未能也.)"라고 하였다.

48) 『중용(中庸)』의 '자식에게 바라는 것으로 부모 섬김을 …… 여기서는 그 싫어하는 것을 말하였다 : 호광 편(胡廣 編), 『대학장구대전(大學章句大全)』「전(傳)」10장에는 "'자신이 서고자 함에 다른 사람을 세우고, 내가 통달하고자 함에 다른 사람을 통달토록 한다.'라는 구절은 두 겹으로 된 설이니, 자신이 다른 사람을 대하는 사안으로 말한 것이다. '자로 재는 것'은 윗사람이 자신을 대하고 자신이 또 다른 사람을 대하는 것이니, 세 겹으로 된 설로 이를테면 『중용(中庸)』에서 '자식에게 바라는 것으로 부모 섬김을 잘하지 못한다.'라는 것도 이런 의미이다. 다만 『중용』에서는 그 좋아하는 것을 말하였다고, 여기에서는 그 싫어하는 것을 말하였다.(己欲立而立人,

◯ 朱子曰 : "如交代官."[49]

'전후(前後)'에 대해, 주자(朱子)가 말하였다. "관청 일을 교대하는 것과 같다."[50]

◯ '先後'謂先之而施於其後者, '從前'謂從之而施於其前者.

'뒷사람을 앞서다.'라는 말은 앞서 있으면서 뒤에 베푸는 것을 뜻하고, '앞사람에게 따르지 말라.'라는 말은 따라가면서 앞 사람에게 베푸는 것을 뜻한다.

◯ 朱子曰 : "如東西隣."[51]

'좌우(左右)'에 대해, 주자(朱子)가 말하였다. "동쪽 서쪽의 이웃과 같다."[52]

◯ 先後有序, 故分言先 · 後二字, 左右則無分, 故皆以'交'言之.

선후(先後)에는 차례가 있기 때문에 선 · 후(先 · 後)라는 두 글자를 구분해서 말하였고, 좌우(左右)는 구분이 없기 때문에 모두 '사귄다'는 표현으로 말하였다.

◯ 以上釋'絜之'之事.

'무불개연(無不皆然 : 모두 그렇게 하지 않음이 없다면)'은 앞에서 '재도록 하다'는 일을 풀이한 것이다.

朱註

則身之所處, 上下四旁, 長短廣狹, 彼此如一, 而無不方矣.

몸이 처신하는 바, 위아래와 사방에 길고 짧음과 넓고 좁음이 이것저것 똑같아서 방정(方正)하지 않음이 없을 것이다.

己欲達而達人, 是兩摺說, 只以己對人言. 若絜矩, 則上之人所以待我, 我又思以待下之人, 是三摺說. 如『中庸』所求乎子以事父未能, 亦是此意. 但『中庸』是言其所好, 此言其所惡也.)"라고 되어 있다.

49) 호광 편(胡廣 編), 『대학장구대전(大學章句大全)』.

50) 관청 일을 교대하는 것과 같다 : 호광 편(胡廣 編), 『대학장구대전(大學章句大全)』「전(傳)」10장에는 "비유하자면 관청의 일을 교대하는 것과 같으니, 앞의 관원이 나를 대함에 잘못했을지라도 내가 앞의 관원이 한 것으로 뒤의 관원을 대하지 않는다.(譬如交代官, 前官之待我, 旣不善, 吾毋以前官所以待我者, 待後官也.)"라고 되어 있다.

51) 호광 편(胡廣 編), 『대학장구대전(大學章句大全)』.

52) 동쪽 서쪽의 이웃과 같다 : 호광 편(胡廣 編), 『대학장구대전(大學章句大全)』「전(傳)」10장에는 "좌우(左右)는 동쪽 서쪽의 이웃과 같으니, 이웃 나라를 구렁텅이로 삼으면, 이는 '왼쪽에서 싫었던 것으로 오른쪽에 사귀지 말라'는 것이 된다.(左右如東西鄰. 以鄰國爲壑, 是所惡於左, 毋以交於右, 可也.)"라고 되어 있다.

詳說

○ 上聲.

'신지소처(身之所處)'에서 '처(處 : 처신하다)'자는 상성이다.

○ 朱子曰 : "自家在中央."53)

'신지소처(身之所處 : 몸이 처신하는 바)'에 대해, 주자(朱子)가 말하였다. "자신은 중앙에 있다."54)

○ 『大全』曰 : "前後左右爲四旁, 四旁卽四方也."55)

'상하사방(上下四旁)'에 대해, 『대학장구대전(大學章句大全)』에서 말하였다. "앞뒤 왼쪽 오른쪽이 사방(四旁)이고, 사방(四旁)은 바로 사방(四方)이다."

○ 朱子曰 : "我不欲人之加諸我, 吾亦欲無加諸人, 只是兩人, 絜矩則是三人."

주자(朱子)가 말하였다. "내가 남이 나에게 한 것을 원하지 않으면, 나도 남에게 그렇게 하지 않음을 원하는 것은 두 사람의 관계일 뿐이고, 자로 재는 일은 세 사람 사이의 관계이다."

○ 朱子曰 : "一畔長, 一畔短, 不是絜矩."56)

'장단광협, 피차여일(長短廣狹, 彼此如一 : 길고 짧음과 넓고 좁음이 이것저것 똑같아서)'에 대해, 주자(朱子)가 말하였다. "한쪽 두둑이 길고 다른 한쪽 두둑이 짧은 경우, 자로 잰 것이 아니다."57)

○ 以上釋'成矩'之事.

이 위에서는 '자를 이루는 일[자로 재어 헤아려 보는 일]'에 대해 풀이하였다.

---

53) 호광 편(胡廣 編), 『대학장구대전(大學章句大全)』.

54) 자신은 중앙에 있다 : 호광 편(胡廣 編), 『대학장구대전(大學章句大全)』「전(傳)」10장에는 "내 위에 있는 자가 이처럼 나에게 해서 내가 싫었다면, 다시 아래에 있는 사람을 이와 같이 대하지 않는다. 그렇다면 자신은 중앙에 있는 것이다.(在我上者, 使我如此, 而我惡之, 更不將來待在下之人如此. 則自家在中央上面也.)"라고 되어 있다.

55) 호광 편(胡廣 編), 『대학장구대전(大學章句大全)』.

56) 호광 편(胡廣 編), 『대학장구대전(大學章句大全)』.

57) 한쪽 두둑이 길고 다른 한쪽 두둑이 짧은 경우, 자로 잰 것이 아니다 : 호광 편(胡廣 編), 『대학장구대전(大學章句大全)』「전(傳)」10장에는 "…… 자신은 자손들이 자신에게 효도하기를 원하면서 자신은 도리어 부모에게 효도하지 못하고, 자신은 부모님이 자신에게 자애롭기를 원하면서 자신은 도리어 자손에게 자애롭지 못하다면, 한쪽 두둑이 길고 다른 한쪽 두둑이 짧은 경우이니, 자로 잰 것이 아니다.(…… 我欲子孫孝於我, 而我却不能孝於親, 我欲親慈於我, 而我却不能慈於子孫, 便是一畔長一畔短, 不是絜矩.)"라고 되어 있다.

朱註

彼同有是心而興起焉者, 又豈有一夫之不獲哉.

저들이 똑같이 이 마음을 가지고 있어 이것을 흥기할 경우, 또 어찌 한 사내라도 살 곳을 얻지 못함이 있겠는가?

詳說

◯ '一夫不獲', 出『書』「說命」.

'한 사내라도 살 곳을 얻지 못함이 있겠는가?'라는 구절은 『서경(書經)』「열명」에 나온다.[58)]

◯ 承上節註而畢其意.

앞 구절의 주석을 이어서 그 뜻을 마쳤다.

◯ 新安陳氏曰 : "有此絜矩之道以處之, 則始焉興起其孝弟不倍之心者, 今果得以遂其心矣."[59)]

신안 진씨(新安陳氏 : 陳櫟)[60)]가 말하였다. "이렇게 자로 재는 방법으로 처신하면, 처음부터 그 효도·공손함·저버리지 않는 마음을 일으키는 경우이니, 이제 정말 그런 마음을 이룰 수 있다."

朱註

所操者約, 而所及者廣, 此平天下之要道也.

---

58) 『서경(書經)』「열명」에 나온다 : 『서경(書經)』「열명하(說命下)」에서 "내가 나의 임금을 요·순(堯·舜)처럼 만들지 못한다면 시장에서 종아리를 맞는 것처럼 내 마음이 부끄러울 것이고, 한 사내라도 살 곳을 얻지 못한다면 이는 또한 나의 죄라고 할 것이다.(予弗克俾厥后爲堯舜, 其心愧恥若撻于市, 一夫不獲, 則曰時予之辜.)"라고 하였다.

59) 호광 편(胡廣 編), 『대학장구대전(大學章句大全)』.

60) 진력(陳櫟, 1252~1334) : 자는 수옹(壽翁)이고, 호는 정우(定宇) 또는 동부노인(東阜老人)이다. 송말원초 때 휘주(徽州) 휴녕(休寧) 사람이다. 송나라가 망하자 은거하여 학문과 제자 양성에 힘썼다. 학문 성향은 주희(朱熹)의 학문을 위주로 하면서 육구연(陸九淵)의 심학(心學)을 아울러 취하려 하였다. 인종(仁宗) 연우(延祐) 초에 향시(鄕試)에 급제했지만 예부시(禮部試)에 나가지 않고 집에서 학생들을 가르쳤다. 효성과 우애가 지극했고, 세력이나 이익에 휩쓸리지 않았다. 주희와 여러 학자의 학설을 채집하고 자신의 견해를 덧붙여 『상서집전찬소(尚書集傳纂疏)』를 저술하였다. 그 밖의 저서에 『사서발명(四書發明)』, 『예기집의(禮記集義)』, 『역조통략(歷朝通略)』, 『근유당수록(勤有堂隨錄)』, 『정우집(定宇集)』 등이 있다.

잡고 있는 것이 요약되면서도 미치는 것이 넓으니, 이는 천하를 바로잡는 중요한 도이다.

詳說

○ 平聲.

'소조자약(所操者約)'에서 '조(操 : 잡다)'자는 평성이다.

○ 雲峰胡氏曰 : "只一矩字, 此心'所操者約', 加一絜字, 此心'所及者廣'."[61)]

운봉 호씨(雲峯胡氏 : 胡炳文)[62)]가 말하였다. "'구(矩 : 자)'라는 한 글자만이 이 마음을 잡는 요약이고, '혈(絜 : 재다)'이라는 한 글자를 더하면 이 마음이 미치는 것이 넓어진다."

○ 按 : 雲峰蓋亦以'絜之以矩'之意言之, 恐不然. '約'謂以'本然之矩'絜之也, '廣'謂上下四旁之皆爲矩也.

내가 생각하건대, 운봉은 또한 자로 잰다는 의미로 말하였는데 그렇지 않은 것 같다. '요약되다'는 '본연의 자'로 재는 일을 말하고, '넓다'는 상하사방이 모두 자라는 말이다.

○ 補此句, 與上節註末同.

'차평천하지요도야(此平天下之要道也)'의 경우, 이 구절을 보충하니, 앞 절 끝의 주석과 같아진다.

○ 雙峯饒氏曰 : "以上之使我者使下, 而不以事上, 以下之事我者事上而不以使下, 則上下之分殊矣, 前後之分亦然. 是理一之中又有分殊者存, 此所以異於墨氏之兼愛、佛法之平等也."[63)]

쌍봉 요씨(雙峰饒氏 : 饒魯)[64)]가 말하였다. "윗사람이 나를 부리는 것으로 아랫사

---

61) 호광 편(胡廣 編), 『대학장구대전(大學章句大全)』.

62) 호병문(胡炳文, 1250~1333) : 자는 중호(仲虎)이고, 호는 운봉(雲峯)이다. 원(元) 나라 때의 경학자로 휘주 무원(徽州 婺源 : 현 안휘성 소속) 사람이다. 주희(朱熹)의 종손(宗孫)에게 『주역(周易)』과 『서경(書經)』을 배워 주자학에 잠심했으며, 특히 『주역(周易)』에 뛰어났다. 신주(信州) 도일서원(道一書院) 산장(山長)을 지내고, 난계주학정(蘭溪州學正)이 되었는데 취임하지 않았다. 주자의 『주역본의(周易本義)』를 근거로 여러 설을 절충·시정하여 『주역본의통석(周易本義通釋)』 12권을 지었다. 처음 이름은 『주역본의정의(周易本義精義)』였고, 『통지당경해(通志堂經解)』에 들어있다. 이밖에 『서집해(書集解)』, 『춘추집해(春秋集解)』, 『예서찬술(禮書纂述)』, 『사서통(四書通)』, 『대학지장도(大學指掌圖)』, 『오경회의(五經會義)』, 『이아운어(爾雅韻語)』 등이 있다.

63) 호광 편(胡廣 編), 『대학장구대전(大學章句大全)』.

람을 부리지만 그것으로 윗사람을 섬기지 않으며, 아랫사람이 나를 섬기는 것으로 윗사람을 섬기지만 그것으로 아랫사람들 부리지 않은 것은 위아래의 분수가 다르기 때문이다."[65]

朱註

故章內之意, 皆自此而推之.

그러므로 장(章) 안의 뜻이 모두 여기서 미루어간 것이다.

詳說

◯ 此二句總提一章.

이 두 구절이 총체적으로 한 단락의 뜻을 제시한다.

◯ 新安陳氏曰 : "下文節節提綴能絜矩與不能絜矩者之得與失, 皆是自此一節而推廣之."[66]

신안 진씨(新安陳氏 : 陳櫟)가 말하였다. "아래의 글에서는 구절마다 자로 잴 수 있

---

64) 요로(饒魯, 1194~1264) : 송나라 때의 유학자로 요주의 여간 사람이며, 자는 중원(仲元)이며, 호는 쌍봉(雙峰)이다. 황간에게 학문을 배우고, 평생 동안 벼슬하지 않아 그의 사후 문인들이 그에게 사시(私謚)를 문원(文元)이라 올렸다. 저서로는 『오경강의』, 『논맹기문(論孟紀聞)』, 『춘추절전(春秋節傳)』, 『학용찬술(學庸纂述)』, 『근사록주(近思錄註)』, 『태극삼도(太極三圖)』, 『용학십이도(庸學十二圖), 『서명도(西銘圖)』 등이 있다.

65) 윗사람이 나를 부리는 것으로 …… 부리지 않은 것은 위아래의 분수가 다르기 때문이다 : 호광 편(胡廣編), 『대학장구대전(大學章句大全)』「전(傳)」10장에는 "상하(上下)와 좌우(左右)와 전후(前後)로 말하였으니, 나는 그 중앙(中央)에 해당한다. 윗사람이 나를 부리는 것이 내가 아랫사람을 부리는 것과 같고, 아랫사람이 나를 섬기는 것이 내가 윗사람을 섬기는 것과 같다. 전후와 좌우에까지 모두 그렇기 때문에 모두 싫어하는 것으로 미쳐서는 안 된다. 그러나 윗사람이 나를 부리는 것으로 아랫사람을 부리지만 그것으로 윗사람을 섬기지 않으며, 아랫사람이 나를 섬기는 것으로 윗사람을 섬기지만 그것으로 아랫사람들 부리지 않으니, 위아래의 분수가 다르기 때문이다. 앞이 나를 앞서 있는 것으로 뒤보다 앞서 있지만 그것으로 앞을 따라가서 뒤처지지 않는다. 나를 따르는 자는 앞을 따르지만 그것으로 뒤보다 앞서 가지 않으니, 전후의 분수가 다르기 때문이다. 이는 이치가 하나인 가운데 또 분수의 다름이 있는 것이니, 이 때문에 묵씨(墨氏 : 묵자)의 겸애와 불법(佛法 : 불교)의 평등과 다른 것이다.(以上下左右前後言, 則我當其中. 上之使我, 猶我之使下, 下之事我, 猶我之事上. 至於左右前後皆然, 故皆不當以所惡者及之. 然以上之使我者使下, 而不以事上, 以下之事我者事上, 而不以使下, 則上下之分殊矣. 以前之先我者先後, 而不以從前以後之. 從我者從前, 而不以先後, 則前後之分殊矣. 是理一之中, 又有分殊者存, 此所以異於墨氏之兼愛佛法之平等也.)"라고 되어 있다.

66) 호광 편(胡廣 編), 『대학장구대전(大學章句大全)』.

는지 없는지의 득실을 제시하며 이었으니, 모두 여기의 한 구절로부터 미루어 넓힌 것이다."

◯ 按 : 此句與章下註, 皆推言絜矩, 正相爲呼應. 其間註凡五提'絜矩'.

내가 생각하건대, 이 구절과 단락 아래의 주석에서는 모두 자로 재는 일을 미루어 말하였는데, 바로 서로 호응한다. 그 사이의 주석에서는 모두 다섯 번 '자로 잰다.'라는 뜻을 제시하였다.

◯ 朱子曰 : "絜矩是前章所謂恕者也, 恕必以忠爲本. 程子言忠恕如形影, 欲去其一而不可得."67)

주자(朱子)가 말하였다. "자로 재는 일은 앞 장에서 말한 서(恕)인데, 서는 반드시 충(忠)을 근본으로 한다. 정자는 '충과 서를 형체와 그림자와 같아 그 하나를 없애려고 해도 할 수 없다'."라고 하였다."68)

---

67) 주희(朱熹), 『대학혹문(大學或問)』 권2, 「대학(大學) · 전(傳)10장」.

68) "자로 재는 일은 앞 장에서 말한 서(恕)인데 …… 없애려고 해도 할 수 없다."라고 하였다 : 주희(朱熹), 『대학혹문(大學或問)』 권2, 「대학(大學) · 전(傳)10장」에는 "이 때문에 성현이 서(恕)를 말할 경우에는 또 반드시 충(忠)을 근본으로 하였다. 그런데 정자(程子)도 '충과 서는 양쪽으로 형체와 그림자와 같아 그 하나를 없애려고 해도 할 수 없다.'라고 하였다. 오직 충한 다음에 같게 여기는 마음이 비로소 바름을 얻으니, 또한 이 편에서 선후(先後)와 본말(本末)의 의미이다.(是以聖賢凡言恕者, 又必以忠爲本, 而程子亦言忠恕, 兩言如形與影, 欲去其一而不可得. 蓋唯忠而後所如之心始得其正, 是亦此篇先後本末之意也.)"라고 되어 있다. 『주자어류(朱子語類)』 권16, 「대학3(大學三) 205조목에는 충서(忠庶)의 관계를 다음과 같이 설명한다. "물었다. ''자신의 몸에 간직하고 있는 것이 자신을 미루어서 다른 사람에게 미치지 못한다.'고 한 것에서 '서(恕)'자는 또한 사물과 접촉하는 측면에서 말한 것인데, 어떻습니까?' 주희가 말하였다. '사물과 접촉하는 측면에서 깨우친 것이다. 충(忠)은 실심(實心)이니, 곧바로 진실하여 거짓되지 않은 것이다. 사물에 접촉하여 또한 이러한 마음을 미루어 나가는 일이다. 진정으로 충이라야 비로소 자신을 미루어서 다른 사람에게 미칠 수 있다. 충이 아니라면 본령이 없는 것이니, 다시 무엇을 잡아서 사물에 미치겠는가! 정자가 '하늘의 명은 아! 심원하여 그치지 않는다.'라고 말한 것은 충이니, 곧 실제의 이치가 유행한 것이다. 건도(乾道)가 변화하여 각기 성명(性命)을 바르게 하는 것은 서이니, 곧 실제의 이치가 사물에 미치는 것이다. 이수약(李守約)이 '이렇게 말하면, 또한 '공자의 도는 충서일 따름이다.'에서 '충서'와 서로 비슷합니다.'라고 묻자, 주희가 말하였다. '단지 하나의 충서이니, 어떻게 둘로 나눌 수 있겠는가? 성인과 일반 사람들의 충서는 크게 서로 멀지 않다.' 또 말하였다. '자기를 다하는 일[盡己]은 나 자신의 실제의 이치를 다하는 일을 말하는 것이 아니고, 스스로 다하는 일[自盡]이 곧 실제의 이치이다.'(問 : ''所藏乎身不恕'處, '恕'字還只就接物上說, 如何?' 曰 : '是就接物上見得. 忠, 只是實心, 直是眞實不僞. 到應接事物, 也只是推這箇心去. 直是忠, 方能恕. 若不忠, 便無本領了, 更把甚麼去及物! 程子說 : ''維天之命, 於穆不已', 忠也, 便是實理流行 ; '乾道變化, 各正性命', 恕也, 便是實理及物.'' 守約

○ 又曰 : "絜矩之大者在於財. 財者, 人之所同好也, 所以後面只說財."[69]

주자(朱子)가 또 말하였다. "자로 재는 일의 큰 것은 재물에 있다. 재물은 사람들이 똑같이 좋아하는 것이기 때문에 뒤에서 재물에 대해 설명하는 것이다."[70]

○ 雲峰胡氏曰 : "右第二節言'此之謂絜矩之道', 須看'是以有''此之謂'六字."[71]

운봉 호씨(雲峯胡氏 : 胡炳文)가 말하였다. "앞의 2절에서는 '이것을 자로 재는 방법이라고 한다.'[72]에 대해 말하였으니, '시이유(是以有 : 이 때문에 (군자는 자로 재는 방법이) 있는 것이다).'[73]라는 말과 '차지위(此之謂 : 이것을 (자로 재는 방법이라고) 한다).'라는 '시이유 차지위(是以有 此之謂)'의 여섯 글자를 반드시 봐야 한다."[74]

問 : '恁地說, 又與'夫子之道, 忠恕而已矣'之'忠恕'相似.' 曰 : '只是一箇忠恕, 豈有二分! 聖人與常人忠恕也不甚相遠.' 又曰 : '盡己, 不是說盡吾身之實理, 自盡便是實理.')"

69) 호광 편(胡廣 編), 『대학장구대전(大學章句大全)』.

70) 자로 재는 일의 큰 것은 재물에 있다 …… 뒤에서 재물에 대해 설명하는 것이다 : 호광 편(胡廣 編), 『대학장구대전(大學章句大全)』「전(傳)」10장에는 "이 장의 대략은 전적으로 자로 재는 일에 종사하는 것이다. 재물은 사람들이 똑같이 좋아하는 것인데, 내가 그 이로움을 독차지하려고 하면 백성들은 좋아하는 것을 얻지 못하게 된다. 대체로 나라가 있고 집안이 있기 때문에 재난과 혼란이 생기는 것은 모두 이 때문이다.(此章大槩, 是專從絜矩上來. 蓋財者, 人之所同好也, 而我欲專其利, 則民有不得其所好者矣. 大抵有國有家, 所以生起禍亂, 皆是從這裏來.)"라고 되어 있다.

71) 호광 편(胡廣 編), 『대학장구대전(大學章句大全)』.

72) 이것을 자로 재는 방법이라고 한다 : 『대학장구(大學章句)』「전(傳)」10장에 "윗사람에게서 싫었던 것으로써 아랫사람을 부리지 말고, 아랫사람에게서 싫었던 것으로써 윗사람을 섬기지 말며, 앞사람에게서 싫었던 것으로써 뒷사람에게 앞서지 말고, 뒷사람에게서 싫었던 것으로써 앞사람에게 따르지 말며, 오른쪽에게서 싫었던 것으로써 왼쪽에게 사귀지 말고, 왼쪽에게서 싫었던 것으로써 오른쪽에게 사귀지 말 것이니, 이것을 자로 재는 방법이라고 한다.(所惡於上, 毋以使下, 所惡於下, 毋以事上. 所惡於前, 毋以先後, 所惡於後, 毋以從前. 所惡於右, 毋以交於左, 所惡於左, 毋以交於右. 此之謂絜矩之道.)"라는 말이 있다.

73) 이 때문에 군자는 자로 재는 방법이 있는 것이다 : 『대학장구(大學章句)』「전(傳)」10장에 "이른바 천하를 바로잡음이 그 나라를 다스림에 있다는 것은, 윗사람이 노인을 노인으로 대우함에 백성들이 효도를 일으키고, 윗사람이 어른을 어른으로 대우함에 백성들이 공손함을 일으키며, 윗사람이 고아를 구휼함에 백성들이 저버리지 않는 것이다. 이 때문에 군자는 자로 재는 방법이 있는 것이다.(所謂平天下在治其國者, 上老老而民興孝, 上長長而民興弟, 上恤孤而民不倍, 是以君子有絜矩之道也.)"라고 하였다.

74) 앞의 2절에서는 '이것을 자로 재는 …… 말을 반드시 봐야 한다 : 호광 편(胡廣 編), 『대학장구대전(大學章句大全)』「전(傳)」10장에는 "앞의 2절에서는 '이것을 자로 재는 방법이라고 한다.'에 대해 말하였으니, '이 때문에 군자는 자로 재는 방법이 있는 것이다.'라는 말과 '이것을 자로 재는 방법이라고 한다.'라는 말을 반드시 봐야 한다. 남들의 마음이 본래 자신과 간격이 없기

[傳10-3]

『詩』云 : "樂只君子, 民之父母." 民之所好好之, 民之所惡惡之, 此之謂民之父母.

『시경(詩經)』에서 "즐거운 군자여, 백성의 부모이다."라고 하였으니, 백성들이 좋아하는 것을 좋아하고, 백성들이 싫어하는 것을 싫어함, 이것을 백성들의 부모라고 한다.

朱註

樂, 音洛. 只, 音紙. 好惡, 幷去聲, 下幷同.

'락지군자(樂只君子)'에서 '락(樂 : 즐겁다)'자는 음이 '락(洛 : 강이름)'이고, '지(只)'자는 음이 '지(紙 : 종이)'이다. '민지소호호지(民之所好好之)'에서 '호(好 : 좋아하다)'자와 '민지소오오지(民之所惡惡之)'에서 '오(惡 : 미워하다)'자는 함께 거성이고, 아래에서도 아울러서 같다.

詳說

○ 君子, 指君.

군자는 임금을 가리킨다.

朱註

『詩』「小雅 · 南山有臺」之篇. 只, 語助辭. 言能絜矩, 而以民心爲己心, 則是愛民如子, 而民愛之如父母矣.

『시경(詩經)』은 「소아(小雅) · 남산유대(南山有臺)」편이다. '지(只)'는 어조사이다. 자로 잴 수 있어 백성들의 마음을 자신의 마음으로 여긴다면, 바로 백성들을 자식처럼 사랑하는 일이어서 백성들이 부모처럼 사랑할 것이다.

詳說

○ 一提'絜矩.'

때문에 자로 재는 방법이 있고, 자신의 마음이 남들과 간격이 없을 수 있으니, 이것을 자로 재는 방법이라고 한다.(右第二節, 言此之謂絜矩之道, 須看是以有此之謂六字. 人之心本無間於己, 是以有絜矩之道, 己之心能不間於人, 此之謂絜矩之道.)"라고 되어 있다.

'능혈구(能絜矩)'에서 '혈구(絜矩)'는 첫 번째로 '자로 잰다.'는 뜻을 제시하였다.

○ 承上節惡字而幷言'好'.

앞 절의 '싫어하다'는 말[75]을 이어 아울러서 '좋아하다'는 말을 하였다.

○ 朱子曰 : "'所好'與之聚之, '所惡'不以施焉."

주자(朱子)가 말하였다. "'좋아하는 것'을 주어 모여드니, '싫어하는 것'을 베풀지 않는다."

○ '此之謂'三字承上節末文勢而來.

'이것을 ~라고 한다.'라는 말은 앞 절 끝의 문장 흐름을 이어서 표현한 것이다.[76]

○『大全』曰 : "此言能絜矩之效."[77]

『대학장구대전(大學章句大全)』에서 말하였다. "여기에서는 자로 재는 효과를 말하였다."

○ 補此句.

'민애지여부모의(民愛之如父母矣 : 백성들이 부모처럼 사랑할 것이다)'의 경우, 이 구절은 보충한 부분이다.

---

75) 앞 절의 '싫어하다'는 말 :『대학장구(大學章句)』「전(傳)」10장에 "윗사람에게서 싫었던 것으로써 아랫사람을 부리지 말고, 아랫사람에게서 싫었던 것으로써 윗사람을 섬기지 말며, 앞사람에게서 싫었던 것으로써 뒷사람에게 앞서지 말고, 뒷사람에게서 싫었던 것으로써 앞사람에게 따르지 말며, 오른쪽에게서 싫었던 것으로써 왼쪽에게 사귀지 말고, 왼쪽에게서 싫었던 것으로써 오른쪽에게 사귀지 말 것이니, 이것을 자로 재는 방법이라고 한다.(所惡於上, 毋以使下, 所惡於下, 毋以事上. 所惡於前, 毋以先後, 所惡於後, 毋以從前. 所惡於右, 毋以交於左, 所惡於左, 毋以交於右. 此之謂絜矩之道.)"라고 하였다.

76) '이것을 ~라고 한다.'라는 말은 앞 절 끝의 문장 흐름을 이어서 표현한 것이다 :『대학장구(大學章句)』「전(傳)」10장에 "윗사람에게서 싫었던 것으로써 아랫사람을 부리지 말고, 아랫사람에게서 싫었던 것으로써 윗사람을 섬기지 말며, 앞사람에게서 싫었던 것으로써 뒷사람에게 앞서지 말고, 뒷사람에게서 싫었던 것으로써 앞사람에게 따르지 말며, 오른쪽에게서 싫었던 것으로써 왼쪽에게 사귀지 말고, 왼쪽에게서 싫었던 것으로써 오른쪽에게 사귀지 말 것이니, 이것을 자로 재는 방법이라고 하는 것이다.(所惡於上, 毋以使下, 所惡於下, 毋以事上. 所惡於前, 毋以先後, 所惡於後, 毋以從前. 所惡於右, 毋以交於左, 所惡於左, 毋以交於右. 此之謂絜矩之道.)"라고 하였다.

77) 호광 편(胡廣 編),『대학장구대전(大學章句大全)』「전(傳)」10장에 실려 있다.

[傳10-4]

『詩』云 : “節彼南山, 維石巖巖. 赫赫師尹, 民具爾瞻.” 有國者不可以不愼, 辟則爲天下僇矣.

『시경(詩經)』에서 “깎아지른 저 남산이여, 바위가 가파르구나! 빛나는 사윤(師尹)이여, 백성들이 모두 너를 본다.”라고 하였다. 나라를 소유한 자는 삼가지 않으면 안 되니, 편벽되면 천하의 죽임이 되는 것이다.

朱註

節, 讀爲截. 辟, 讀爲僻. 僇, 與戮同. 『詩』「小雅 · 節南山」之篇. 節, 截然, 高大貌. 師尹, 周太師尹氏也. 具, 俱也. 辟, 偏也. 言在上者, 人所瞻仰, 不可不謹.

‘절피남산(節彼南山)’에서 ‘절(節 : 높이 가파르다)’자는 ‘절(截 : 끊어지다)’자로 읽는다. ‘벽즉위천하륙의(辟則爲天下僇矣)’에서 ‘벽(辟 : 치우치다)’자는 ‘벽(僻 : 치우치다)’자로 읽고, ‘륙(僇 : 죽이다)’자는 ‘륙(戮 : 죽이다)’자와 같다. 『시경(詩經)』은 「소아(小雅) · 절남산(節南山)」 편이다. ‘높이 가파르다[節]는 것은 깎아지른 듯이 높고 큰 모양이다. 사윤(師尹)은 주(周)나라 태사(太師)인 윤씨(尹氏)이다. 구(具)는 모두이고, ‘벽(辟 : 치우치다)’은 편벽됨이다. 윗자리에 있는 사람은 사람들이 보고 우러러보는 것이어서 삼가지 않을 수 없다.

詳說

○ 巀通.

‘절남산(節南山)’에서 ‘절(節 : 높이 가파르다)’자는 ‘절(巀 : 높고 험하다)’자와 통한다.

○ 赫赫, 顯盛貌.

‘혁혁사윤(赫赫師尹)’에서 빛난다[赫赫]’는 것은 드러나고 성대한 모양이다.

○ 蒙前章註而去猶字.

앞 장의 주석을 이어서 같은 말은 없앴다.

○ 太師, 位在百僚上.

‘재상자(在上者)’에서 볼 때, 태사는 지위가 모든 관료들의 위에 있다.

○ 如南山之高大.

‘재상자(在上者)’는 남산이 높고 큰 것과 같다.

朱註

若不能絜矩, 而好惡徇於一己之偏, 則身弑國亡, 爲天下之大戮矣.
만일 자로 잴 수 없어 좋아함과 싫어함을 자신 한 몸의 편벽됨에 따르게 되면, 자신이 시해를 당하고 나라가 망하여 천하의 큰 죽임이 된다는 말이다.

詳說

○ 二提'絜矩'.
'불능혈구(不能絜矩)'에서 '혈구(絜矩)'는 두 번째로 '자로 잰다.'는 뜻을 제시하였다.

○ 承上節補'好惡'字.
'호오순어일기지편(好惡徇於一己之偏 : 좋아함과 싫어함을 자신 한 몸의 편벽됨에 따르게 되면)'의 경우, 앞 절을 이어받아 '호오(好惡 : 좋아함과 싫어함)'라는 글자를 보충하였다.

○ 出『孟子』「離婁」.
'신시국망(身弑國亡 : 자신이 시해를 당하고 나라가 망하여)'은 『맹자(孟子)』「이루」에 나온다.[78]

○ 天下共誅之, 是大戮也.
'위천하지대륙의(爲天下之大戮矣 : 천하의 큰 죽임이 된다)의 경우, 천하[세상 사람]가 함께 죽이는 것이 큰 죽임이다.

○ 『大全』曰 : "此言不能絜矩之禍, 與上節正相反."[79]
『대학장구대전(大學章句大全)』에서 말하였다. "여기에서는 자로 잴 수 없는 재앙에 대해 말하였으니, 앞의 구절과는 정반대이다."

○ 上下節言君, 此節言相, 蓋以平天下是君相之責故也.
위 아래의 구절에서 임금을 말하였고, 이 구절에서는 재상을 말하였으니, 천하를 바로잡는 것이 임금과 재상의 귀함이기 때문이다.

---

78) 『맹자(孟子)』「이루」에 나온다 : 『맹자(孟子)』「이루상(離婁上)」에 "백성을 포악하게 함이 심하면 자신이 시해를 당하고 나라가 망하며, 심하지 않으면 몸이 위태롭고 나라가 줄어든다.(暴其民, 甚, 則身弑國亡, 不甚, 則身危國削.)"라는 말이 있다.

79) 호광 편(胡廣 編), 『대학장구대전(大學章句大全)』. "此言不能絜矩之禍, 與上一節, 正相反者也."

[傳10-5]

『詩』云 : "殷之未喪師, 克配上帝, 儀監于殷. 峻命不易." 道得衆則得國, 失衆則失國.

『시경(詩經)』에서 "은(殷)나라가 민중[백성]을 잃지 않았을 때는 상제에게 잘 짝했으니 은나라를 거울로 삼아야 한다. 높은 명은 보존하기가 쉽지 않다."라고 하였으니, 민중을 얻으면 나라를 얻고, 민중을 잃으면 나라를 잃는다는 말이다.

朱註

喪, 去聲. 儀, 『詩』作宜. 峻, 『詩』作駿. 易, 去聲. 『詩』, 「文王」篇. 師, 衆也.

'은지미상사(殷之未喪師)'에서 '상(喪 : 잃다)'자는 거성이다. '의감우은(儀監于殷)'에서 '의(儀 : 위의)'자는 『시경(詩經)』에 '의(宜 : 마땅하다)'자로 되어 있다. '준명불이(峻命不易)'에서 '준(峻 : 높다)'자는 『시경(詩經)』에는 '준(駿 : 빼어나다)'자로 되어 있다. '이(易 : 쉽다)'자는 거성이다. 『시경(詩經)』은 「문왕(文王)」편이다. 민중[師]은 무리이다.

詳說

○ '「大雅」'二字蒙前章註.

'「대아(大雅)」'라는 말은 앞 장의 주석을 이어받은 것이다.

○ 喪師, 卽失衆也. '未喪師', 本爲紂之喪師而言, 故末句幷及失衆.

'민중을 잃었다.'라는 것은 바로 백성들을 잃었다는 말이다. '민중을 잃지 않았을 때'는 본래 주왕(紂王)이 민중을 잃었기 때문에 말한 것이므로 끝의 구절에서 아울러 민중을 잃었다고 언급하였다.

○ 玉溪盧氏曰 : "未喪師, 先王之得人心也."[80]

옥계 노씨(玉溪盧氏 : 盧孝孫)[81]가 말하였다. "민중을 잃지 않았을 때는 선왕(先王)

80) 호광 편(胡廣 編), 『대학장구대전(大學章句大全)』.

81) 노효손(盧孝孫) : 자는 신지(新之)이고 호는 옥계(玉溪)이며, 귀계(貴溪) 사람이다. 진덕수(陳德秀)의 문하에서 학문을 배워, 가태(嘉泰 : 1201~1204) 연간에 진사에 급제하였다. 벼슬은 태학박사(太學博士)에 이르렀다. 벼슬을 그만둔 뒤 옥계서원(玉溪書院)에서 주로 강학하였다. 저서에는 송 이종(理宗)에게 진상한 『사서집의(四書集義)』 1백 권이 있다.

이 인심을 얻었을 때이다."[82]

朱註

配, 對也, 配上帝, 言其爲天下君, 而對乎上帝也. 監, 視也. 峻, 大也. 不易, 言難保也. 道, 言也.

'짝하다[配]'는 대한다는 말이니, '상제를 대한다[配上帝]'는 천하의 군주가 되어 상제께 대함을 말한다. '거울로 삼는다[監]'는 본다는 말이다. '높다[峻]'는 크다는 뜻이다. '쉽지 않다[不易]'는 보존하기 어렵다는 말이다. '말했다[道]'는 '말했다[言]'는 뜻이다.

詳說

○ 與上帝爲敵偶也, 主言紂之不能然也.
상제와 짝이 되는 것은 주(紂)가 그렇게 할 수 없었다는 뜻을 중심으로 말한 것이다.

○ 卽'殷監不遠, 在夏后之世'之意, 謂宜監紂之失國, 以爲戒也.
'감, 시야(監, 視也 : '거울로 삼는다[監]'는 본다는 말이다)'의 경우, 곧 은나라에서 거울로 삼은 것이 멀리 있지 않아 하나라 임금의 시대에 있다는 의미인데, 주(紂)의 나라 잃음을 거울삼아야 하는 것으로 경계해야 한다는 말이다.

○ 主言紂, 故只言難保, 而不言難得.
'불이, 언난보야(不易, 言難保也 : '쉽지 않다[不易]'는 보존하기 어렵다는 말이다)'의

---

82) 민중을 잃지 않았을 때는 선왕(先王)이 인심을 얻었을 때이다 : 호광 편(胡廣 編), 『대학장구대전(大學章句大全)』「전(傳)」10장에는 "'은나라가 민중을 잃었다.'라는 것은 주(紂)가 인심을 잃었다는 말이다. '민중을 잃지 않았을 때'는 선왕이 인심을 얻었을 때이다. 인심을 얻었기 때문에 상제를 짝하였고, 인심을 잃었기 때문에 할 수 없었다. 천명이 떠나고 머무름은 인심의 향배로 구별할 수 있고, 인심의 향배는 또 임금이 자로 재는 여부에 있을 뿐이다. 민중을 얻으면 나라를 얻는다는 것은 「남산유대」편의 의미에 호응하고, 민중을 잃으면 나라를 잃는다는 것은 「절남산」편의 의미에 호응한다. 이것을 보존하여 잃지 않는 것이 밝은 덕의 본체를 세우는 일이고, 자로 재어 백성들과 원하는 것을 똑 같이 하는 일이 밝은 덕의 효용을 행하는 것이다.(殷之喪師, 紂之失人心也. 其未喪師, 先王之得人心也. 得人心, 所以配上帝, 失人心, 所以不能, 天命之去留, 判於人心之向背, 人心之向背, 又在君之能絜矩與否而已. 得衆得國, 應「南山有臺」之意, 失衆失國, 應「節南山」之意. 存此而不失, 明德之體, 所以立. 絜矩, 而與民同欲, 明德之用, 所以行.)"라고 되어 있다.

경우, 주(紂)를 중심으로 말했기 때문에 보존하기 어렵다고만 말하고 얻기 어렵다고 말하지는 않았다.

朱註

引『詩』而言此, 以結上文兩節之意.

『시경(詩經)』을 인용하고 이것을 말하여 위 글에서 두 구절의 뜻을 매듭지었다.

詳說

○ 指末二句.

'언차(言此 : 이것을 말하여)'는 끝의 두 구절을 가리킨다.

○ 朱子曰 : "能絜矩, 則民父母之, 而得衆得國, 不能絜矩, 則爲天下僇, 而失衆失國."[83)]

주자(朱子)가 말하였다. "자로 잴 수 있으면 백성들이 부모로 여겨서 민중을 얻고 나라를 얻으며, 그렇게 하지 못하면 천하의 죽임이 되어 민중을 잃고 나라를 잃는다."[84)]

朱註

有天下者, 能存此心而不失, 則所以絜矩, 而與民同欲者, 自不能已矣.

천하를 소유한 자가 이 마음을 보존하고 잃지 않을 수 있으면, 자로 재서 백성들과 함께 하려는 일을 저절로 그만둘 수 없을 것이다.

詳說

○ 以得衆得國失衆失國, 存於心而不忘. 或曰 : '卽上註所同之心推廣者, 及以民心爲心者', 恐太闊矣.

'유천하자, 능존차심이부실(有天下者, 能存此心而不失 : 천하를 소유한 자가 이 마음을 보존하고 잃지 않을 수 있으면)'이라는 구절은 민중을 얻고 나라를 얻으며 민중

83) 주희(朱熹), 『대학혹문(大學或問)』 권2, 「대학(大學) · 전(傳)10장」.

84) 자로 잴 수 있으면 백성들이 부모로 여겨서 …… 민중을 잃고 나라를 잃는다 : 주희(朱熹), 『대학혹문(大學或問)』 권2, 「대학(大學) · 전(傳)10장」에서 "물었다. '민중을 얻고 나라를 얻으며, 민중을 잃고 나라를 잃는 것은 무엇 때문입니까?' 답하였다. '자로 잴 수 있으면 백성들이 부모로 여겨서 민중을 얻고 나라를 얻으며, 그렇게 하지 못하면 천하의 죽임이 되어 민중을 잃고 나라를 잃습니다.'(曰 : '得衆得國, 失衆失國, 何也.' 曰 : '言能絜矩, 則民父母之, 而得衆得國矣. 不能絜矩, 則爲天下僇, 而失衆失國矣.')"라고 하였다.

을 잃고 나라를 잃는 일을 마음에 담아두어 잃지 않는 것이다. 어떤 이가 '위의 주석에서 똑같은 마음으로 미루어 넓힌 자는 백성들의 마음으로 마음을 삼는다는 경우이다.'라고 하였으니, 너무 거친 것 같다.

○ 三提'絜矩'.

'소이혈구(所以絜矩)'에서 '혈구(絜矩)'는 세 번째로 '자로 잰다.'는 뜻을 제시하였다.

○ 所好好之, 所惡惡之.

'여민동욕자(與民同欲者 : 백성들과 함께 하려는 일을)'는 좋아하는 것을 좋아하고 싫어하는 것을 싫어한다는 말이다.

○ 有字以下, 又歸重於上一節之意, 而申論之.

'유(有 : 소유하다)'라는 글자 아래로는 또 위의 한 구절의 의미를 돌려서 거듭 펼쳐 논의한 것이다.

○ 玉溪盧氏曰 : "存此而不失, 明德之體, 所以立, 絜矩而與民同欲, 明德之用, 所以行."[85]

옥계 노씨(玉溪盧氏 : 盧孝孫[86])가 말하였다. "이것을 보존하여 잃지 않는 것이 밝은 덕의 본체를 세우는 일이고, 자로 재어 백성들과 원하는 것을 똑같이 하는 일이 밝은 덕의 효용을 행하는 것이다."[87]

---

85) 호광 편(胡廣 編), 『대학장구대전(大學章句大全)』.

86) 호병문(胡炳文, 1250~1333) : 자는 중호(仲虎)이고, 호는 운봉(雲峯)이다. 원(元) 나라 때의 경학자로 휘주 무원(徽州 婺源 : 현 안휘성 소속) 사람이다. 주희(朱熹)의 종손(宗孫)에게 『주역(周易)』과 『서경(書經)』을 배워 주자학에 잠심했으며, 특히 『주역(周易)』에 뛰어났다. 신주(信州) 도일서원(道一書院) 산장(山長)을 지내고, 난계주학정(蘭溪州學正)이 되었는데 취임하지 않았다. 주자의 『주역본의(周易本義)』를 근거로 여러 설을 절충·시정하여 『주역본의통석(周易本義通釋)』 12권을 지었다. 처음 이름은 『주역본의정의(周易本義精義)』였고, 『통지당경해(通志堂經解)』에 들어있다. 이밖에 『서집해(書集解)』, 『춘추집해(春秋集解)』, 『예서찬술(禮書纂述)』, 『사서통(四書通)』, 『대학지장도(大學指掌圖)』, 『오경회의(五經會義)』, 『이아운어(爾雅韻語)』 등이 있다.

87) 이것을 보존하여 잃지 않는 것이 …… 밝은 덕의 효용을 행하는 것이다 : 호광 편(胡廣 編), 『대학장구대전(大學章句大全)』「전(傳)」10장에는 "'은나라가 민중을 잃었다.'라는 것은 주(紂)가 인심을 잃었다는 말이다. '민중을 잃지 않았을 때'는 선왕이 인심을 얻었을 때이다. 인심을 얻었기 때문에 상제를 짝하였고, 인심을 잃었기 때문에 할 수 없었다. 천명이 떠나고 머무름은 인심의 향배로 구별할 수 있고, 인심의 향배는 또 임금이 자로 재는 여부에 있을 뿐이다. 민중을 얻으면 나라를 얻는다는 것은 「남산유대」편의 의미에 호응하고, 민중을 잃으면 나라를 잃는다는 것은 「절남산」편의 의미에 호응한다. 이것을 보존하여 잃지 않는 것이 밝은 덕의 본체를

○ 雲峯胡氏曰："右第三節就好惡言絜矩. 好惡二字已見誠修二章. '誠意章'是好惡其在己者, '修身章'推之以好惡其在人者, 此章又推之以好惡天下之人者也. '修身章'言不能愼獨, 則好惡之辟不足以齊其家, 此章言不能絜矩, 則好惡之辟不足以平天下. 所謂血脈貫通者, 又於此見之."[88]

운봉 호씨(雲峯胡氏 : 胡炳文)[89]가 말하였다. "앞의 세 구절은 좋아하고 싫어하는 것으로 자로 재는 것을 말하였다. '좋아하고 싫어한다.'는 말은 이미 '성의장(誠意章)'과 '수신장(修身章)' 두 장에 있다.[90] 성의장은 좋아하고 싫어하는 것이 자신에게 있다는 말이고, 수신장은 미루어서 남에게 있는 것을 좋아하고 싫어하는 것이며, 이 장은 또 미루어서 천하의 사람들을 좋아하고 싫어하는 것이다. 수신장에서 홀로를 삼갈 수 없는 것을 말하였으니, 좋아하고 미워하는 치우침은 그 집안을 가지런히 하기에 부족하다는 뜻이고, 이 장에서 자로 잴 수 없는 것을 말하였으니, 좋아하고 미워하는 치우침은 천하를 바로잡는 일에 부족하다는 뜻이다. 이른바 문맥이 관통하는 것을 또 여기에서 알 수 있다."[91]

세우는 일이고, 자로 재어 백성들과 원하는 것을 똑 같이 하는 일이 밝은 덕의 효용을 행하는 것이다.(殷之喪師, 紂之失人心也. 其未喪師, 先王之得人心也. 得人心, 所以配上帝, 失人心, 所以不能, 天命之去留, 判於人心之向背, 人心之向背, 又在君之能絜矩與否而已. 得衆得國, 應「南山有臺」之意, 失衆失國, 應「節南山」之意. 存此而不失, 明德之體, 所以立. 絜矩, 而與民同欲, 明德之用, 所以行.)"라고 되어 있다.

88) 호광 편(胡廣 編), 『대학장구대전(大學章句大全)』.

89) 호병문(胡炳文, 1250~1333) : 자는 중호(仲虎)이고, 호는 운봉(雲峯)이다. 원(元) 나라 때의 경학자로 휘주 무원(徽州 婺源 : 현 안휘성 소속) 사람이다. 주희(朱熹)의 종손(宗孫)에게 『주역(周易)』과 『서경(書經)』을 배워 주자학에 잠심했으며, 특히 『주역(周易)』에 뛰어났다. 신주(信州) 도일서원(道一書院) 산장(山長)을 지내고, 난계주학정(蘭溪州學正)이 되었는데 취임하지 않았다. 주자의 『주역본의(周易本義)』를 근거로 여러 설을 절충·시정하여 『주역본의통석(周易本義通釋)』 12권을 지었다. 처음 이름은 『주역본의정의(周易本義精義)』였고, 『통지당경해(通志堂經解)』에 들어있다. 이밖에 『서집해(書集解)』, 『춘추집해(春秋集解)』, 『예서찬술(禮書纂述)』, 『사서통(四書通)』, 『대학지장도(大學指掌圖)』, 『오경회의(五經會義)』, 『이아운어(爾雅韻語)』 등이 있다.

90) '좋아하고 싫어한다.'는 말은 이미 '성의장(誠意章)'과 '수신장(修身章)' 두 장에 있다 : 『대학장구(大學章句)』「전(傳)」6장에서 "이른바 그 뜻을 성실히 한다는 것은 스스로 속이지 않는 일이니, 악(惡)을 싫어하기를 악취(惡臭)를 싫어하는 것과 같이 하고, 선(善)을 좋아하기를 여색 좋아하는 것과 같이 하여야 하니, 이를 자겸(自慊)이라 이른다. 그러므로 군자는 반드시 그 홀로를 삼가는 것이다.(所謂誠其意者, 毋自欺也, 如惡惡臭, 如好好色, 故君子必愼其獨也.)"라 하였고, 「전(傳)」8장에서 "그러므로 좋아하면서도 그의 나쁨을 알며, 미워하면서도 그의 아름다움을 아는 자는 천하에 적은 것이다.(故好而知其惡, 惡而知其美者, 天下鮮矣.)"라고 하였다.

○ 沙溪曰 : "雲峰說牽合."

사계(沙溪 : 金長生)가 말하였다. "운봉의 설명은 억지로 합한다."

○ 人情之所好莫如財, 故好惡節之下遂說出財字. 蓋得衆之道在乎足財, 孟子制産而王亦此意也.

사람이 마음으로 좋아하는 것들로는 재물만 한 것이 없기 때문에 '좋아하고 싫어한다.'라는 구절의 아래에서 마침내 재물이라는 말로 설명하였다. 민중을 얻는 방법은 재물을 풍족하게 해 주는 데 있으니, 맹자가 재물을 다스려서 왕 노릇한다는 것도 이런 의미이다.

[傳10-6]

是故, 君子先愼乎德. 有德此有人, 有人此有土, 有土此有財, 有財此有用.
이렇기 때문에 군자는 먼저 덕을 삼간다. 덕이 있으면 이 인민[백성]이 있고, 인민이 있으면 이 토지가 있으며, 토지가 있으면 이 재물이 있고, 재물이 있으면 이 쓰임이 있다.

---

91) 앞의 세 구절은 좋아하고 싫어하는 것으로 자로 재는 것을 …… 관통하는 것을 또 여기에서 알 수 있다 : 호광 편(胡廣 編), 『대학장구대전(大學章句大全)』「전(傳)」10장에는 "앞의 세 구절은 좋아하고 싫어하는 것으로 자로 재는 것을 말하였다. '좋아하고 싫어한다.'라는 말은 이미 성의장과 수신장의 두 장에 있다. 다만 성의장은 좋아하고 싫어하는 것이 자신에게 있다는 말이고, 수신장은 미루어서 남에게 있는 것을 좋아하고 싫어하는 것이며, 이 장은 또 미루어서 천하의 사람들을 좋아하고 싫어하는 것이다. 성의장에서 홀로를 삼가는 것을 중심으로 하였으니, 그 좋아하고 싫어함은 한결같이 진실이고 가식이 없는 뜻이고, 이 장에서 자로 재는 것을 중심으로 그 좋아하고 싫어함이 한결같이 공평하고 사사로움이 없는 것이다. 수신장에서 홀로를 삼갈 수 없는 것을 말하였으니, 좋아하고 미워하는 치우침은 그 집안을 가지런히 하기에 부족하다는 뜻이고, 이 장에서 자로 잴 수 없는 것을 말하였으니, 좋아하고 미워하는 치우침은 천하를 바로잡는 일에 부족하다는 뜻이다. 이른바 문맥이 관통하는 것을 또 여기에서 알 수 있으니 자세히 음미하지 않아서는 안 된다. 홀로를 삼가는 것은 경으로 안을 바르게 하는 일이고, 자로 재는 것은 의로 밖을 방정하게 하는 일이다.(右第三節, 就好惡言絜矩. 蓋好惡二字已見誠意脩身二章, 特誠意章, 是好惡其在己者, 脩身章推之以好惡其在人者, 此章又推之以好惡天下之人者也. 誠意章主愼獨, 其爲好惡也, 一誠無僞, 此章主絜矩, 其爲好惡也, 一公無私. 脩身章, 是言不能愼獨, 則好惡之辟, 不足以齊其家, 此章是言不能絜矩, 則好惡之辟, 不足以平天下. 所謂血脈貫通者, 又於此見之, 不可不詳味也. 愼獨, 是敬以直內, 絜矩, 是義以方外.)"라고 되어 있다.

朱註

"先愼乎德", 承上文'不可不謹'而言. 德卽所謂明德.

먼저 덕(德)을 삼간다는 것은 위 글의 '삼가지 않을 수 없다[不可不謹]'는 구절을 이어서 말한 것이다. 덕(德)은 곧 이른바 '밝은 덕[明德]'이다.

詳說

○ 一作謹.

'선신호덕(先愼乎德)'에서 '신(愼 : 삼간다)'자는 어떤 판본에는 '근(謹 : 삼간다)'자로 되어 있다.

○ 照「經」首.

'덕즉소위명덕(德卽所謂明德 : 덕(德)은 곧 이른바 '밝은 덕[明德]'이다)'의 경우, 「경(經)」의 머리 부분을 비추어 본 것이다.

○ 朱子曰 : "所以謹之, 亦曰格致誠正以修其身而已."

주자(朱子)가 말하였다. "삼가는 것도 사물의 이치를 궁구하고 지식을 지극하게 하며 뜻을 진실하게 하고 뜻을 바르게 해서 자신을 닦는 일일 뿐이다."

朱註

有人謂得衆, 有土謂得國, 有國則不患無財用矣.

'인민이 있다[有人]'는 것은 민중[백성]을 얻음을 말하고, '토지가 있다[有土]'는 것은 나라를 얻음을 말한다. 나라가 있으면 재물의 쓰임이 없음을 걱정할 필요가 없다.

詳說

○『大全』曰 : "應上文'得衆則得國'."[92]

'유인위득중, 유토위득국(有人謂得衆, 有土謂得國 : '인민이 있다[有人]'는 것은 민중을 얻음을 말하고, '토지가 있다[有土]'는 것은 나라를 얻음을 말한다)'에 대해, 『대학장구대전(大學章句大全)』에서 말하였다. "앞의 글 '민중을 얻으면 나라를 얻는다.'는 말과 호응한다."

92) 호광 편(胡廣 編), 『대학장구대전(大學章句大全)』.

○ 財是土地所出者.

재물은 토지에서 나오는 것이다.

○ 按 : 饒氏以爲"此"猶"斯"也者, 得之. 斯字有則字義, 註中一則字, 所以該四此字也.

내가 생각하건대, 요씨는 '차(此 : 이)'자를 '사(斯)'자와 같다고 여겼는데, 옳다. '사(斯)'에는 '즉(則 : ~하면)'이라는 의미가 있다. 주석에서 '즉(則 : ~하면)'자는 네 번의 '차(此 : 此有人, 此有土, 此有財, 此有用)'자를 갖추기 위한 것이다.

○ 栗谷曰 : "柳眉巖云'用, 器用也', 不是."

율곡(栗谷 : 李珥)이 말하였다. "유미엄(柳眉巖)이 '쓰임은 기물의 쓰임이다.'라고 했는데 옳지 않다."

○ 按, 卽後節'用之者舒'之用.

내가 생각하건대, 곧 뒷 구절의 '쓰임을 느리게 한다.'라고 할 때의 쓰임이다.

○ 新安陳氏曰 : "此章言財用始於此. 財用本於明德而有之, 非私有也."[93]

신안 진씨(新安陳氏 : 陳櫟)가 말하였다. "이 장에서 '재물의 쓰임이 여기에서 시작된다는 것은 그것이 밝은 덕에 근본해 있다는 뜻이지 사사롭게 소유하는 것이 아니라는 말이다."[94]

[傳10-7]

德者, 本也, 財者, 末也.

덕(德)은 근본이고, 재물은 말단이니,

---

93) 호광 편(胡廣 編), 『대학장구대전(大學章句大全)』.

94) 이 장에서 '재물의 쓰임이 여기에서 …… 사사롭게 소유하는 것이 아니라는 말이다 : 호광 편(胡廣 編), 『대학장구대전(大學章句大全)』「전(傳)」10장에는 "밝은 덕[明德]을 들어서 여기의 덕(德)자를 풀이하면, 밝은 덕을 밝히는 일이 『대학(大學)』이라는 책에서 강령임을 안다. 이 장에서 재물의 쓰임이 여기에서 시작된다는 것은 그것이 덕을 삼가는 덕에 근본해서 있다는 뜻이지 사사롭게 소유하는 것이 아니라는 말이다.(揭明德, 訓此德字, 見明明德, 爲『大學』一書之綱領. 此章言財用始於此, 財用之有本於愼德而有之, 非私有也.)"라고 되어 있다.

朱註

本上文而言.

앞의 글을 근본으로 하여 말하였다.

詳說

○ 新安陳氏曰:“有德而後有人有土, 有土而後方有財, 可見德爲本而財爲末矣.”[95]

신안 진씨(新安陳氏:陳櫟)[96]가 말하였다. “덕이 있는 다음에 인민이 있고, 인민이 있는 다음에 토지가 있으며, 토지가 있는 다음에 재물이 있으니, 덕이 근본이고 재물이 말단임을 알 수 있다.”

[傳10-8]

外本內末, 爭民施奪.

근본을 밖으로 하고 말단을 안으로 하면, 백성을 다투게 하여 겁탈하는 가르침을 베푸는 것이다.

朱註

人君以德爲外, 以財爲內, 則是爭鬪其民, 而施之以劫奪之敎也.

임금이 덕을 밖으로 여기고 재물을 안으로 여긴다면, 백성을 다투고 싸우게 하여 겁탈하는 가르침을 베푸는 것이다.

95) 호광 편(胡廣 編), 『대학장구대전(大學章句大全)』.

96) 진력(陳櫟, 1252~1334):자는 수옹(壽翁)이고, 호는 정우(定宇) 또는 동부노인(東阜老人)이다. 송말원초 때 휘주(徽州) 휴녕(休寧) 사람이다. 송나라가 망하자 은거하여 학문과 제자 양성에 힘썼다. 학문 성향은 주희(朱熹)의 학문을 위주로 하면서 육구연(陸九淵)의 심학(心學)을 아울러 취하려 하였다. 인종(仁宗) 연우(延祐) 초에 향시(鄕試)에 급제했지만 예부시(禮部試)에 나가지 않고 집에서 학생들을 가르쳤다. 효성과 우애가 지극했고, 세력이나 이익에 휩쓸리지 않았다. 주희와 여러 학자의 학설을 채집하고 자신의 견해를 덧붙여 『상서집전찬소(尙書集傳纂疏)』를 저술하였다. 그 밖의 저서에 『사서발명(四書發明)』, 『예기집의(禮記集義)』, 『역조통략(歷朝通略)』, 『근유당수록(勤有堂隨錄)』, 『정우집(定宇集)』 등이 있다.

詳說

◯ 猶言後義而先利.

'이덕위외, 이재위내(以德爲外, 以財爲內 : 덕을 밖으로 여기고 재물을 안으로 여긴다면)'은 '의리를 뒤로 하고 이익을 앞세운다.'[97]라고 말하는 것과 같다.

◯ 使民鬪也.

'쟁투기민(爭鬪其民 : 백성을 다투고 싸우게 하여)'은 백성들에게 싸우게 만들도록 한다는 말이다.

◯ 添'敎'字.

'시지이겁탈지교야(施之以劫奪之敎也)'의 경우, '교(敎 : 가르침)'라는 글자를 더하였다.

◯ '爭民施奪'一句, 古人之語, 奧簡.

'쟁투기민, 이시지이겁탈(爭鬪其民, 而施之以劫奪 : 백성을 다투고 싸우게 하여 겁탈하는 가르침을 베푸는 것이다.)'라는 구절을 줄인 '쟁민시탈(爭民施奪)'이라는 한 문구는 옛사람의 말로 심오하면서 간결하다.

朱註

蓋財者, 人之所同欲, 不能絜矩, 而欲專之, 則民亦起而爭奪矣.

대개 재물은 사람들이 똑같이 원하는 것이니, 자로 재지 못해 독차지하려고 한다면 백성들 또한 일어나 다투어 빼앗게 될 것이다.

---

97) 의리를 뒤로 하고 이익을 앞세운다 : 『맹자(孟子)』「양혜왕상(梁惠王上)」에서 "왕께서 '어떻게 하면 내 나라를 이롭게 할까?'라고 하시면, 대부들은 '어떻게 하면 내 집안을 이롭게 할까?'라 하고, 사(士) · 서인(庶人)들은 '어떻게 하면 내 몸을 이롭게 할까'라고 하면서 윗사람과 아랫사람이 서로 이익을 취하게 되어 나라가 위태로울 것입니다. 만승의 나라에 그 임금을 시해하는 자는 반드시 천승을 가진 공경의 집안이고, 천승의 나라에 그 임금을 시해하는 자는 반드시 백승을 가진 대부의 집안이니, 만승에 천승을 취하고 천승에 백승을 취함이 많지 않은 것은 아니지만, 만일 의리를 뒤로 하고 이익을 앞세우면, 빼앗지 않으면 만족해하지 않습니다.(王曰'何以利吾國', 大夫曰'何以利吾家,' 士庶人曰'何以利吾身,' 上下交征利, 而國危矣. 萬乘之國, 弒其君者, 必千乘之家, 千乘之國, 弒其君者, 必百乘之家, 萬取千焉, 千取百焉, 不爲不多矣. 苟爲後義而先利, 不奪不饜.)"라고 하였다.

詳說

○ 照前節註.

'인지소동욕(人之所同欲)'의 경우, 앞 절의 주석에 비춰 보아야 한다.

○ 四提'絜矩'.

'불능혈구(不能絜矩)'에서 '혈구(絜矩)'는 네 번째로 '자로 잰다.'는 뜻을 제시하였다.

○ 三山陳氏曰 : "上欲專之則不均平, 便是不能絜矩."[98]

'욕전지(欲專之 : 독차지하려고 한다면)'에 대해, 삼산 진씨(三山陳氏 : 陳孔碩[99])가 말하였다. "위에서 독차지하려고 한다면, 고르게 바로잡히지 않으니, 자로 잴 수 없다."[100]

○ 朱子曰 : "民效尤相攘奪."[101]

'민역기이쟁탈의(民亦起而爭奪矣 : 백성들 또한 일어나 다투어 빼앗게 될 것이다)'에 대해, 주자(朱子)가 말하였다. "백성들이 바로 본받아 더욱 서로 노략질하고 빼앗는다."[102]

○ 蓋字以下申論本文二句之意.

'개(蓋 : 대개)'라는 글자 아래로는 본문 두 구절의 의미를 펼쳐서 논의하였다.

---

98) 호광 편(胡廣 編), 『대학장구대전(大學章句大全)』.

99) 진공석(陳孔碩) : 자는 부중(膚仲)·숭청(崇清)이고 송(宋)나라 때 후관현(侯官縣 : 현 복건성 복주시(福州市)) 사람이다. 순희(淳熙) 2년(1175년)에 진사에 급제하여 무주호조(婺州戶曹), 예부랑중(禮部郎中), 비각수찬(秘閣修撰)을 역임하였다. 처음에는 장식(張栻), 여조겸(呂祖謙)에게서 배우다가 뒤에 주자에게 배웠다. 저서에 『대학강의(大學講義)』, 『중용강의(中庸講義)』, 『용학강록(庸學講錄)』 등이 있다.

100) 위에서 독차지하려 한다면, 고르게 바로잡히지 않으니, 자로 잴 수 없다 : 호광 편(胡廣 編), 『대학장구대전(大學章句大全)』「전(傳)」10장에는 "재물은 사람들이 똑같이 원하는 것인데, 위에서 독차지하려고 한다면, 고르게 바로잡히지 않으니, 자로 잴 수 없다.(財人所同欲, 上欲專之則不均平, 便是不能絜矩.)"라고 되어 있다.

101) 호광 편(胡廣 編), 『대학장구대전(大學章句大全)』.

102) 백성들이 바로 본받아 더욱 서로 노략질하고 빼앗는다 : 호광 편(胡廣 編), 『대학장구대전(大學章句大全)』「전(傳)」10장에는 "백성들은 본래 다투어 빼앗을 필요가 있는 것이 아니다. 오직 위에 있는 사람들이 덕을 바깥으로 여겨 사납게 빼앗고 횡포하게 취하면, 백성들이 바로 본받아 더욱 서로 노략질하고 서로 빼앗으니, 위에서 교화가 이처럼 그들을 얻게 한다는 뜻이다.(民本不是要爭奪. 惟上之人以德爲外, 而暴征橫斂, 民便效尤相攘相奪, 是上教得他如此.)"라고 되어 있다.

[傳10-9]

是故, 財聚則民散, 財散則民聚.
이렇기 때문에 재물이 모이면 백성이 흩어지고, 재물이 흩어지면 백성들이 모인다.

朱註

外本內末, 故財聚, 爭民施奪, 故民散. 反是則有德而有人矣.
근본을 밖으로 하고, 말단을 안으로 하기 때문에 재물이 모이고, 백성을 다투게 하여 겁탈하는 가르침을 베풀기 때문에 백성이 흩어진다. 이와 반대로 하면 덕이 있어서 인민[백성]이 있게 될 것이다.

詳說

○ 承上節而釋上句.
'외본내말, 고재취, 쟁민시탈, 고민산(外本內末, 故財聚, 爭民施奪, 故民散)'은 앞의 구절을 이어받아 위의 구절을 해석하였다.

○ 承前節而釋下句.
'반시칙유덕이유인의(反是則有德而有人矣)'는 앞의 구절을 이어받아 아래 구절을 해석하였다.

○ 東陽許氏曰 : "散財不是上之人把財與人, 只取於民有制."[103]
동양 허씨(東陽許氏 : 許謙)[104]가 말하였다. "'재물이 흩어진다.'는 말은 윗사람들이 재물을 인민들에게 준다는 것이 아니라, 단지 백성들에게 취함에 다스림이 있는 것일 뿐이다."[105]

---

103) 호광 편(胡廣 編), 『대학장구대전(大學章句大全)』.

104) 허겸(許謙 : 1269~1337) : 원나라 때 학자로, 자가 익지(益之)이고, 호가 백운산인(白雲山人)이고, 시호가 문의(文懿)이며, 절강성 동양(東陽) 사람이다. 어려서 아버지가 돌아가시자 어머니 도씨(陶氏)가 직접 『효경(孝經)』·『논어(論語)』를 가르쳤다. 원 대 말기에 이르러 금화(金華)에 하기(何基)·왕백(王柏)·김이상(金履祥)·허겸(許謙)의 사현서원(四賢書院)을 세웠다. 저서로는 『백운집』 외에 『사서총설』·『시집전명물초(詩集傳名物鈔)』·『관사치홀기미(觀史治忽機微)』 등이 있다.

105) '재물이 흩어진다.'는 말은 윗사람들이 재물을 …… 취함에 다스림이 있는 것일 뿐이다 : 호광 편(胡廣 編), 『대학장구대전(大學章句大全)』「전(傳)」10장에는 "'재물이 모이면 백성이 흩어진

[傳10-10]

是故, 言悖而出者, 亦悖而入, 貨悖而入者, 亦悖而出.
이렇기 때문에 말이 도리에 어긋나게 나간 것은 또한 도리에 어긋나게 들어오고, 재물이 도리에 어긋나게 들어온 것은 또한 도리에 어긋나게 나간다.

朱註

悖, 布內反. 悖, 逆也. 此以言之出入, 明貨之出入也. 自'先愼乎德'以下至此, 又因財貨以明能絜矩, 與不能者之得失也.

'시고언패이출자(是故言悖而出者)'에서 '패(悖 : 어긋나다)'자는 '포(布)'와 '내(內)'의 반절이다. '어긋나다[悖]'는 어그러졌다는 말이다. 이는 말의 나가고 들어옴을 가지고 재물의 나가고 들어옴을 밝힌 것이다. '먼저 덕을 삼간다[先謹乎德]'는 구절 아래로부터 여기까지는 또한 재화(財貨)를 가지고 잴 수 있는 것과 잴 수 없는 것의 득실을 밝혔다.

詳說

○ 三山陳氏曰 : "言與貨, 其出入雖不同, 其爲不可悖, 一也."[106)]

'언지출입, 명화지출입야(言之出入, 明貨之出入也 : 말의 나가고 들어옴을 가지고 재물의 나가고 들어옴을 밝힌 것이다)'에 대해, 삼산 진씨(三山陳氏 : 陳孔碩)[107)]가 말하였다. "말과 재화는 그 나가고 들어옴이 같지 않을지라도 그것이 어긋나지 않

다.'라는 말은 자로 잴 수 없어 백성들에게 취함에 다스림이 없는 해로움이라는 말이다. '재물이 흩어지면 백성들이 모인다.'라는 말은 자로 잴 수 있어 백성들에게 취함에 다스림이 있는 이로움이라는 말이다. 재물이 흩어지게 하는 것은 윗사람들이 재물을 인민들에게 주게 하는 것이 아니라 얻어야 할 것을 취하는 일에 불과할 뿐이다. 대개 토지에서 나오는 것은 허다한 것들이 있는데, 위에서 취하는 것이 많으면 아래에서 적게 된다.(財聚民散, 言不能絜矩, 取於民, 無制之害. 財散民聚, 言能絜矩, 取於民, 有制之利, 散財不是要上之人把財與人, 只是取其當得者而不過. 蓋土地所生, 只有許多數目, 上取之多, 則在下少.)"라고 되어 있다.

106) 호광 편(胡廣 編), 『대학장구대전(大學章句大全)』.

107) 진공석(陳孔碩) : 자는 부중(膚仲) · 숭청(崇淸)이고 송(宋)나라 때 후관현(侯官縣 : 현 복건성 복주시(福州市)) 사람이다. 순희(淳熙) 2년(1175년)에 진사에 급제하여 무주호조(婺州戶曹), 예부랑중(禮部郎中), 비각수찬(秘閣修撰)을 역임하였다. 처음에는 장식(張栻), 여조겸(呂祖謙)에게서 배우다가 뒤에 주자에게 배웠다. 저서에 『대학강의(大學講義)』, 『중용강의(中庸講義)』, 『용학강록(庸學講錄)』 등이 있다.

아야 하는 측면에서는 마찬가지이다."[108)]

○ 一作謹.

'선신호덕(先愼乎德)'에서 '신(愼 : 삼가다)'자는 어떤 판본에는 '근(謹 : 삼가다)'자로 되어 있다.

○ 五提'絜矩'.

'명능혈구(明能絜矩)'에서 '혈구(絜矩)'는 다섯 번째로 '자로 잰다.'는 뜻을 제시하였다.

○ 總五節而論之. 本文凡三言'是故'字, 正相照應.

다섯 구절을 총괄해서 말하였다. 본문에서 모두 세 번 '시고(是故 : 이렇기 때문에)'라는 글자로 말을 했으니, 바로 서로 비추어 호응하는 것들이다.

[傳10-11]

「康誥」曰 : "惟命不于常." 道善則得之, 不善則失之矣.

「강고(康誥)」에서 "천명은 일정한 곳에 하지 않는다."라고 하였으니, 선하면 얻고, 선하지 못하면 잃는다는 말이다.

朱註

道, 言也. 因上文引「文王」詩之意而申言之, 其丁寧反覆之意益深切矣.

'말이다[道]'는 '말한다'는 뜻이다. 위의 글에서 「문왕(文王)」 시의 뜻을 인용한 것으로 말미암아 거듭 말하였으니, 그 간곡하게 반복하는 뜻이 더욱 깊고 간절하다.

---

108) 말과 재화는 그 나가고 들어옴이 …… 어긋나지 않아야 하는 측면에서는 마찬가지이다 : 호광 편(胡廣 編), 『대학장구대전(大學章句大全)』「전(傳)」10장에는 "싫은 소리를 사람들에게 하면 그 사람도 자신에게 똑같이 하고, 도리가 아닌 것으로 사람들의 재물을 취하면 그 사람도 자신에게 똑같이 빼앗아 간다. 말과 재화는 그 나가고 들어옴이 같지 않을지라도 모두 이치로 귀결되니, 그것들이 어긋나지 않게 해야 하는 측면은 마찬가지이다.(以惡聲加人, 人必以惡聲加己, 以非道取人之財, 人必以非道奪之. 言與貨, 其出入雖不同, 而皆歸諸理, 其爲不可悖一也.)"라고 되어 있다.

詳說

◯ **玉溪盧氏曰："'命不于常', 卽'駿命不易'之意. 善則得, 不善則失, 卽得國、失國之意. 善, 卽'止至善'之善."**[109]

옥계 노씨(玉溪盧氏 : 盧孝孫)[110]가 말하였다. "'천명은 일정한 곳에 하지 않는다.' 라는 말은 곧 '높은 명은 보존하기가 쉽지 않다.'라는 의미이다. '선하면 얻고 선하지 못하면 잃는다.'라는 것은 곧 '나라를 얻고 나라를 잃는다.'라는 의미이다."[111]

◯ **音福.**

'정녕반복(丁寧反覆)'에서 '복(覆 : 반복하다)'자의 음은 '복(福 : 복)'이다.

◯ **玉溪盧氏曰："此引『書』以結前五節之意."**[112]

옥계 노씨(玉溪盧氏 : 盧孝孫)가 말하였다. "여기에서는『서경(書經)』의 글을 인용하여 앞의 다섯 구절[단락]의 뜻을 매듭지었다."[113]

---

109) 호광 편(胡廣 編),『대학장구대전(大學章句大全)』.

110) 노효손(盧孝孫) : 자는 신지(新之)이고 호는 옥계(玉溪)이며, 귀계(貴溪) 사람이다. 진덕수(陳德秀)의 문하에서 학문을 배워, 가태(嘉泰 : 1201~1204) 연간에 진사에 급제하였다. 벼슬은 태학박사(太學博士)에 이르렀다. 벼슬을 그만둔 뒤 옥계서원(玉溪書院)에서 주로 강학하였다. 저서에는 송 이종(理宗)에게 진상한『사서집의(四書集義)』1백 권이 있다.

111) '천명은 일정한 곳에 하지 않는다.'라는 말은 …… '나라를 얻고 나라를 잃는다.'라는 의미이다 : 호광 편(胡廣 編),『대학장구대전(大學章句大全)』「전(傳)」10장에는 "덕이 있으면 자로 잴 수 있어 이것을 선함이라고 하니, 사람들의 마음을 얻을 수 있는 것이 여기에 있기 때문이고 천명을 얻을 수 있는 것도 여기에 있기 때문이다. 덕이 없으면 자로 잴 수 없어 이것을 선하지 않음이라고 하니, 사람들의 마음을 잃는 것이 여기에 있기 때문이고, 천명을 잃는 것도 여기에 있기 때문이다. 사람들의 마음이 돌아오면 천명도 돌아오고, 사람들의 마음이 떠나가면 천명도 떠나가니, 천명이 일정하지 않다는 말인데, 바로 천명은 일정하다는 뜻이다. 여기에서는「강고」의 글을 인용하여 앞의 다섯 구절[단락]의 뜻을 매듭지었는데,「문왕」시를 인용한 것과 서로 상응한다. '천명은 일정한 곳에 하지 않는다.'라는 말은 곧 '높은 명은 보존하기가 쉽지 않다.'라는 의미이다. '선하면 얻고 선하지 못하면 잃는다.'라는 것은 곧 '나라를 얻고 나라를 잃는다.'라는 의미이다. 그러니 여기에서 말한 선은 지극한 선에 머문다고 할 때의 선이다.(有德則能絜矩, 是之謂善, 所以得人心在此, 所以得天命亦在此. 無德則不能絜矩, 是謂不善, 所以失人心在此, 所以失天命亦在此. 人心歸則天命歸, 人心去則天命去, 是天命之不常, 乃所以爲有常也. 此引康誥之書, 以結前五節之意, 與前引「文王」詩相應. 命不于常, 卽峻命不易之理, 善則得, 不善則失, 卽得國失國之意. 此所謂善卽止至善之善.)"라고 되어 있다.

112) 호광 편(胡廣 編),『대학장구대전(大學章句大全)』.

113) 여기에서는『서경(書經)』의 글을 인용하여 앞의 다섯 구절[단락]의 뜻을 매듭지었다 : 호광 편(胡廣 編),『대학장구대전(大學章句大全)』「전(傳)」10장에는 "사람들의 마음이 돌아오면 천명

○ 雲峰胡氏曰："右第四節，就財用言絜矩."[114]

운봉 호씨(雲峯胡氏 : 胡炳文)[115]가 말하였다. "앞의 네 구절[단락]에서는 재화의 쓰임을 가지고 자로 재는 일을 말하였다."[116]

도 돌아오고, 사람들의 마음이 떠나가면 천명도 떠나가니, 천명이 일정하지 않다는 말인데, 바로 천명은 일정하다는 뜻이다. 여기에서는 「강고」의 글을 인용하여 앞의 다섯 구절[단락]의 뜻을 매듭지었는데, 「문왕」 시를 인용한 것과 서로 상응한다. '천명은 일정한 곳에 하지 않는다.'라는 말은 곧 '높은 명은 보존하기가 쉽지 않다.'라는 의미이다. '선하면 얻고 선하지 못하면 잃는다.'라는 것은 곧 '나라를 얻고 나라를 잃는다.'라는 의미이다. 그러니 여기에서 말한 선은 지극한 선에 머문다고 할 때의 선이다.(人心歸則天命歸, 人心去則天命去, 是天命之不常, 乃所以爲有常也. 此引「康誥」之書, 以結前五節之意, 與前引「文王」詩相應. 命不于常, 卽峻命不易之理, 善則得, 不善則失, 卽得國失國之意. 此所謂善卽止至善之善.)"라고 되어 있다.

114) 호광 편(胡廣 編), 『대학장구대전(大學章句大全)』.

115) 호병문(胡炳文, 1250~1333) : 자는 중호(仲虎)이고, 호는 운봉(雲峯)이다. 원(元) 나라 때의 경학자로 휘주 무원(徽州 婺源 : 현 안휘성 소속) 사람이다. 주희(朱熹)의 종손(宗孫)에게 『주역(周易)』과 『서경(書經)』을 배워 주자학에 잠심했으며, 특히 『주역(周易)』에 뛰어났다. 신주(信州) 도일서원(道一書院) 산장(山長)을 지내고, 난계주학정(蘭溪州學正)이 되었는데 취임하지 않았다. 주자의 『주역본의(周易本義)』를 근거로 여러 설을 절충·시정하여 『주역본의통석(周易本義通釋)』 12권을 지었다. 처음 이름은 『주역본의정의(周易本義精義)』였고, 『통지당경해(通志堂經解)』에 들어있다. 이밖에 『서집해(書集解)』, 『춘추집해(春秋集解)』, 『예서찬술(禮書纂述)』, 『사서통(四書通)』, 『대학지장도(大學指掌圖)』, 『오경회의(五經會義)』, 『이아운어(爾雅韻語)』 등이 있다.

116) 앞의 네 구절[단락]에서는 재화의 쓰임을 가지고 자로 재는 일을 말하였다 : 호광 편(胡廣 編), 『대학장구대전(大學章句大全)』「전(傳)」10장에는 "앞의 네 구절[단락]에서는 재화의 쓰임을 가지고 자로 재는 일을 말하였다. 좋아하고 싫어함을 자로 잴 수 없어 자신에게 맡긴 것을 사사롭게 하면 천하를 바로잡을 수 없다. 재화의 쓰임을 자로 잴 수 없어 백성들을 피폐하게 하고 자신을 살찌우면 또한 천하를 바로잡을 수 없다. 천하를 바로잡고자 할 경우에는 깊이 경계하고 반성하지 않아서는 안 된다.(右第四節, 就財用言絜矩. 若好惡不能絜矩, 任己自私, 不可以平天下. 財用不能絜矩, 瘠民自肥, 亦不可以平天下. 欲平天下者, 不可不深自警省也.)"라고 되어 있다.

[傳10-12]

『楚書』曰 : “楚國無以爲寶, 惟善以爲寶.”
『초서(楚書)』에서 “초(楚)나라는 보배로 삼을 것이 없고, 오직 착한 사람을 보배로 삼는다.”라고 하였다.

朱註

『楚書』, 「楚語」.
『초서(楚書)』는 「초어(楚語)」이다.

詳說

○ 『國語』.
‘『초서』, 「초어」(『楚書』, 「楚語」)’는 『국어(國語)』에 들어 있다.

○ 三山陳氏曰 : “楚史官所記之策書.”117)
‘『초서』, 「초어」(『楚書』, 「楚語」)’에 대해, 삼산 진씨(三山陳氏 : 陳孔碩)가 말하였다. “초나라 사관이 기록한 책이다.”

○ 古括鄭氏曰 : “楚昭王時書.”118)
‘『초서』, 「초어」(『楚書』, 「楚語」)’에 대해, 고괄 정씨(古括鄭氏)가 말하였다. “초나라 소왕 당시의 책이다.”

朱註

言不寶金玉而寶善人也.
금(金)이나 옥(玉)을 보배로 여기지 않고 착한 사람[善人]을 보배로 여긴다는 말이다.

詳說

○ 以『國語』考之, 蓋指白珩.
‘불보금옥(不寶金玉 : 금(金)이나 옥(玉)을 보배로 여기지 않고)’에 대해서는 『국어』로써 고찰해 보면 ‘흰 패옥[白珩]’119)을 가리킨다.

---

117) 호광 편(胡廣 編), 『대학장구대전(大學章句大全)』에는 “楚史官所記之策書也.”로 실려 있다.
118) 호광 편(胡廣 編), 『대학장구대전(大學章句大全)』에는 “楚書楚昭王時書也.”로 실려 있다.

詳說

○ 添'人'字.

'보선인야(寶善人也)'의 경우, '인(人 : 사람)'이라는 글자를 더하였다.

○ 以『國語』考之, 蓋指觀射父左史倚相.

『국어』로써 고찰해 보면, '관석보(觀射父)'120)와 '좌사 의상(左史倚相)'121)이다.

---

119) 흰 패옥[白珩] : 『국어(國語)』「초어(楚語)」에 전국 시대 초(楚)나라의 대부(大夫) 왕손어가 진(晉)나라에 사신으로 갔는데, 조간자(趙簡子)가 "초나라의 보배인 백형(白珩)은 아직도 있는가?"라고 묻자, 왕손어는 "그것은 보배가 아닙니다. 우리 초나라에서 보배로 삼는 것은 관석보(觀射父) 등 임금을 도와 정사를 하는 어진 이들입니다."라고 하였다.

120) 관석보(觀射父) : 왕당(王當), 『춘추신전(春秋臣傳)』 권23에 다음과 같이 기록되어 있다. "왕손어가 진나라에 사신으로 가니, 정공이 잔치를 베풀어 주었다. 조간자가 옥을 울리며 거들면서 왕손어에게 물었다. '초나라의 백형은 아직도 있습니까? 그것이 보배가 되는 것이 어느 정도입니까?' 답하였다. '보배로 삼는 것이 없습니다. 초나라에서 보배로 여기는 것은 관석보가 훈사를 지어 제후에게 일을 행하고 저희 임금께 구실로 삼는 사안이 없게 하는 것입니다.'(王孫圉聘于晉, 定公享之. 趙簡子鳴玉以相, 問於王孫圉, 曰 : '楚之白珩猶在乎. 其爲寶也幾何.' 曰 : '未嘗爲寶. 楚之所寶者, 觀射父能作訓辭以行事於諸侯, 使無以寡君爲口實.')".

121) 좌사 의상(左史倚相) : 『국어(國語)』「초어(楚語)」에 다음과 같은 기록이 있다. "좌사(左史) 벼슬에 있던 의상(倚相)이 조정에서 신공(申公)자미(子亹)를 뵙고자 하였는데, 자미가 나오지 아니하여 좌사가 헐뜯는 말을 한 것을 거백(擧伯)이 그대로 고자질하였다. 자미가 성을 내면서 나와 '네가 나를 늙어 정신없는 사람으로 생각하고서 나를 버리고 또 나를 비방하는 것이 아니더냐?'라고 하였다. 좌사가 '어르신께서 늙어 정신이 없는 까닭에 찾아뵙고서 도와 깨우쳐 드리고자 한 것입니다. 만일 어르신께서 한창 장년의 나이로 능히 모든 일을 경영하고 계시면, 의상은 분주히 오가며 일 순서에 따른 지시를 받들기에도 시간이 모자랄 터입니다. 어느 겨를에 뵈러 올 틈이 나겠습니까? 옛날 위무공(衛武公)은 나이가 95세였는데도 오히려 나라 사람들에게 훈계해 '경(卿)으로부터 아래로 대부(大夫)와 여러 사(士)들까지 진실로 조정에서 일하는 자들은 나를 늙어 정신없는 사람이라 여기고서 나를 버리지 말고, 반드시 조정에서 공경하고 조심하고 아침부터 저녁까지 두루두루 나를 경계시켜 주도록 하라. 한두 마디라도 나에 관한 말을 들었거든, 반드시 외워 기억하였다가 나에게 말해 주어서 나를 가르쳐 인도해야 할 것이다.'라고 하시고서 수레에 있을 때는 호위하는 군사들의 간하는 말을 들었고, 위저(位宁)에서는 관아의 으뜸 관원들로부터 전장(典章) 제도에 관한 말을 들었고, 궤에 기대어 있을 때는 궤에 써 둔 악사(樂師)들이 전하는 말을 읽으셨고, 침소에 들어서는 가까이 모시는 신하들에게 간하도록 하였고, 군사 관계 일이나 제사에 임하여서는 악사와 태사(太史)의 지도가 있었고, 한가로이 거처하며 쉬실 적에는 악사가 옛 시(詩)를 읊어 드렸습니다. 사관(史官)은 임금의 말씀을 놓치지 아니하고 모두 기록하고 소경들은 때맞춰 옛 훌륭한 말씀들을 외워 올려 훈계의 말로 인도하였습니다. 이에 의계(懿戒)를 지어서 스스로를 깨우치셨습니다. 그분이 돌아가시자 그를 '슬기롭고 성스러운 무공[叡聖武公]'이라 하였습니다. 어르신께서 참으로 슬기롭거나 성덕을 갖추지 못하였

[傳10-13]

舅犯曰："亡人無以爲寶, 仁親以爲寶."
구범(舅犯)이 말하였다. "도망 온 사람은 보배로 여길 것이 없고, 어버이를 사랑함을 보배로 여깁니다."

朱註

舅犯, 晉文公舅狐偃, 字子犯.
구범(舅犯)은 진(晉)나라 문공(文公)의 외삼촌인 호언(狐偃)으로 자(字)가 자범(子犯)이다.

詳說

○ 九字一句.
'진문공구호언, 자자범(晉文公舅狐偃, 字子犯 : 진(晉)나라 문공(文公)의 외삼촌인 호언(狐偃)으로 자(字)가 자범(子犯)이다)' 아홉 글자가 한 구절이다.

○ 云'舅犯'者, 是晉人之辭.
'구범(舅犯)'이라고 한 것은 진나라 사람의 말이다.

朱註

亡人, 文公時爲公子, 出亡在外也. 仁, 愛也. 事見「檀弓」.
'도망 온 사람[亡人]'은 문공(文公)이 당시 공자(公子)로 나가 망명하여 밖에 있었기 때문이다. '인(仁)'은 '사랑한다[愛]'는 말이다. 이 사실은 『예기』「단궁(檀弓)」에 보인다.

詳說

○ 『大全』曰："名重耳."122)

다 하더라도 저에게야 무슨 해될 일이 있겠습니까? 『주서(周書)』에서 '문왕(文王)께서 해가 중천에 떠서 기울어지기까지 밥 먹을 겨를조차 없이 백성들에게 은혜를 입히며, 정사를 공손히 수행하였다.'라고 했습니다. 문왕께서도 오히려 감히 게을리 하지 못했다 하였습니다. 지금 어르신께서는 초나라의 원로서 스스로를 편안히 하고자 하여 비방하는 자마저 막고자 드시는데 왕께서는 앞으로 어떠하시겠습니까? 만일 늘 이와 같다면, 초나라는 정치가 잘 되기 어려울 것입니다.'라고 하니, 자미가 두려워하며, '나의 잘못이다.'라 하고서, 급히 나와서 좌사를 접견하였다."

‘문공시위공자(文公時爲公子 : 문공(文公)이 당시 공자(公子))’에 대해, 『대학장구대전(大學章句大全)』에서 말하였다. “이름은 중이(重耳)이다.”

○ 未爲君時.

‘문공시위공자(文公時爲公子 : 문공(文公)이 당시 공자(公子))’의 경우, 문공이 아직 임금이 되지 않았을 때이다.

○ 出亡, 故稱‘亡人’.

나가 망명하여 있었기 때문에 ‘도망 온 사람’이라고 하였다.

○ 此‘仁’字輕說.

여기서 ‘인(仁)’이라는 글자는 가볍게 말한 것이다.

○ 音現.

‘사현「단궁」(事見「檀弓」)’에서 ‘현(見 : 드러나다)’자의 음은 ‘현(現 : 드러나다)’이다.

○ 『禮記』.

‘사현「단궁」(事見「檀弓」)’에서 「단궁」은 『예기』의 편명이다.

○ 以「檀弓」考之, 上‘寶’字蓋指國也, ‘親’卽獻公也.

『예기』「단궁」으로 고찰해 보면, 앞에 있는 ‘보배’라는 말은 나라를 가리키고, ‘어버이’라는 말은 곧 헌공(獻公)이다.

○ 古括鄭氏曰 : “時文公亡在翟, 獻公薨, 秦穆公使人弔之, 勸之復國, 犯爲之對此辭.”

고괄 정씨(古括鄭氏)가 말하였다. “당시 문공(文公)은 적(翟) 땅에 망명해 있었는데, 헌공(獻公)이 돌아가자 진목공(秦穆公)이 사람을 시켜 조문하고 나라로 돌아갈 것을 그에게 권했으니, 구범이 그 때문에 이 말로 대답한 것이다.”[123]

122) 호광 편(胡廣 編), 『대학장구대전(大學章句大全)』.

123) 당시 문공(文公)은 적(翟) 땅에 망명해 있었는데 …… 구범이 그 때문에 이 말로 대답한 것이다 : 호광 편(胡廣 編), 『대학장구대전(大學章句大全)』「전(傳)」10장에는 “문공이 당시에 여희의 참소를 피해 적 땅에 망명해 있었는데, 헌공이 돌아가자 진나라 목공이 자현에게 조문하고 나라로 돌아갈 것을 권했는데, 구범이 그 때문에 이 말로 대답한 것이다.(文公時避驪姬之讒, 亡在狄, 而獻公薨, 秦穆公使子顯弔之, 勸之復國, 舅犯爲之對此辭也)”라고 되어 있다.

朱註

此兩節, 又明不外本而內末之意.

이 두 구절에서는 또 근본을 밖으로 하고 말단을 안으로 하지 않는 뜻을 밝혔다.

詳說

○ 前節.

이 두 구절[此兩節]은 앞의 구절[단락]이다.

○ 雲峰胡氏曰 : "右第五節, 當連上文善與不善看. 兩寶字結上文財用善仁, 又起下文之意. 蓋第三節言好惡, 第四節言財用, 此則兼財用好惡言也."[124]

운봉 호씨(雲峯胡氏 : 胡炳文)가 말하였다. "앞의 제5절은 앞의 글 '선하다 · 선하지 않다'와 이어서 봐야 한다. 두 번의 '보배'라는 말은 앞의 글 재물의 쓰임과 선인을 보배로 삼는 것과 어버이를 사랑함을 매듭지으면서 또 아래 글의 의미를 일으킨 것이다. 제3절에서 좋아하고 싫어함을 말하였고, 제4절에서는 재물의 쓰임을 말하였으며, 여기에서는 재물의 쓰임을 겸하여 좋아하고 싫어함을 말하였다."[125]

124) 호광 편(胡廣 編), 『대학장구대전(大學章句大全)』.

125) 앞의 제5절은 앞의 글 '선하다 · 선하지 않다'와 …… 겸하여 좋아하고 싫어함을 말하였다 : 호광 편(胡廣 編), 『대학장구대전(大學章句大全)』「전(傳)」10장에는 "앞의 제5절은 앞의 글 '선하다 · 그렇지 않다'와 이어서 봐야 한다. 나에게서 오직 선한 사람을 보배로 삼는 것일 뿐이라면 그것을 얻어 남에게서도 당연히 오직 선한 사람을 보배로 여길 뿐이다. 여기서의 두 번의 '보배'라는 말은 앞의 글 재물의 쓰임과 오직 선인을 보배로 삼는 것과 어버이를 사랑함을 매듭지으면서 또 아래 글의 의미를 일으켰다. 제3절에서 좋아하고 싫어함을 말하였고, 제4절에서는 재물의 쓰임을 말하였으며, 여기에서는 재물의 쓰임을 겸하여 좋아하고 싫어함을 말하였다.(右第五節, 當連上文善與不善看. 在我者惟善, 則得之, 在人者亦當惟善, 是寶兩寶字結上文財用惟善仁親, 又起下文之意. 蓋第三節言好惡, 第四節言財用, 此則兼財用好惡言也.)"라고 되어 있다.

[傳10-14]

「秦誓」曰 : “若有一个臣, 斷斷兮無他技, 其心休休焉, 其如有容焉. 人之有技, 若己有之, 人之彦聖, 其心好之, 不啻若自其口出, 寔能容之, 以能保我子孫黎民, 尚亦有利哉. 人之有技, 媢疾以惡之, 人之彦聖, 而違之俾不通, 寔不能容, 以不能保我子孫黎民, 亦曰殆哉.”

「진서(秦誓)」에서 말하였다. “어떤 한 신하가 한결같이 성실하고 다른 기예가 없으나 그 마음이 곱고 고와 용납함이 있는 듯하여, 다른 사람이 가지고 있는 기예를 자기가 소유한 것처럼 여기며, 다른 사람의 훌륭함과 '착함[聖]'을 그 마음에 좋아함이 자기 입에서 나온 것보다도 더한다면, 이는 다른 사람을 포용할 수 있어, 나의 자손과 백성을 보전할 수 있으니, 거의 또한 이로움이 있을 것이다. 다른 사람이 가지고 있는 기예를 시기하고 미워하며, 다른 사람의 훌륭함과 착함을 어겨서 통하지 못하게 하면, 이것은 포용할 수 없어, 나의 자손과 백성을 보전할 수 없으니, 또한 위태로울 것이다!”

朱註

个, 古賀反. 『書』作介. 斷, 丁亂反. 媢, 音冒.

'약유일개신(若有一个臣)'에서 '개(个 : 낱)'자는 '고(古)'와 '하(賀)'의 반절이다. 『서경(書經)』에서는 '개(介 : 갑옷)'로 되어 있다. '단단혜무타기(斷斷兮無他技)'에서 '단(斷 : 끊다)'자는 '정(丁)'과 '란(亂)'의 반절이다. '모질이오지(媢疾以惡之)'에서 '모(媢 : 강샘하다)'자는 음이 '모(冒 : 무릅쓰다)'이다.

詳說

○ 个, 『諺』音誤.

'개(个)'자는 『언해』의 음이 잘못되었다.[126)]

126) 『언해』의 음이 잘못되었다 : 『언해』에는 “若약有유一일个개臣신”이라고 되어 있는데, '고(古)'와 '하(賀)'의 반절 이므로 '가'로 읽어야 한다고 생각한 것 같다.

朱註

「秦誓」, 『周書』. 斷斷, 誠一之貌.

「진서(秦誓)」는 『주서(周書)』이다. '한결같이 성실하다[斷斷]'는 정성스럽고 한결같은 모양이다.

詳說

◯ '若有一个臣'一句, 當幷蒙下一人, 蓋利殆兩人, 其各爲'一个臣'均焉.

'어떤 한 신하가'라는 한 구절은 마땅히 아울러 아래의 한결같이 다른 사람이라는 언급에까지 이어져야 하니, 대개 이롭게 되고 위태롭게 되는 두 사람은 각기 '어떤 한 신하'로서 균등한 것이다.

◯ 玉溪盧氏曰: "斷斷無他技, 德有餘而才不足也."127)

'단단, 성일지모(斷斷, 誠一之貌: '한결같이 성실하다[斷斷]'는 정성스럽고 한결같은 모양이다)'에 대해, 옥계 노씨(玉溪盧氏: 盧孝孫)128)가 말하였다. "'한결같이 성실하고 다른 기예가 없다.'라는 말은 덕은 충분하지만 재주가 부족하다는 뜻이다."129)

127) 호광 편(胡廣 編), 『대학장구대전(大學章句大全)』「전(傳)」10장.

128) 노효손(盧孝孫): 자는 신지(新之)이고 호는 옥계(玉溪)이며, 귀계(貴溪) 사람이다. 진덕수(陳德秀)의 문하에서 학문을 배워, 가태(嘉泰: 1201~1204) 연간에 진사에 급제하였다. 벼슬은 태학박사(太學博士)에 이르렀다. 벼슬을 그만둔 뒤 옥계서원(玉溪書院)에서 주로 강학하였다. 저서에는 송 이종(理宗)에게 진상한 『사서집의(四書集義)』 1백 권이 있다.

129) '한결같이 성실하고 다른 기예가 없다.'라는 말은 …… 재주가 부족하다는 뜻이다: 호광 편(胡廣 編), 『대학장구대전(大學章句大全)』「전(傳)」10장에는 "'어떤 한[一个]'이라는 말은 빼어나게 홀로 서 있으면서도 붕당이 없는 것을 말한다. '한결같이 성실하고 다른 기예가 없다.'라는 말은 덕은 충분하지만 재주가 부족하다는 뜻이다. '곱고 곱다.'라는 말은 그 뜻이 심장하고 담담하면서 욕심이 없다는 의미에다가 또 순수하게 지극한 선이라는 의미가 있다. '용납함이 있는 듯하다.'라고 한 것은 그 도량의 큼을 헤아릴 수 없어서 또 어떻게 이름 붙여 말할 수 없다는 말이다. '기예를 가지고 있는 것을 자기가 소유한 것처럼 여긴다.'라는 것은 천하의 재주 있는 사람들을 포용할 수 있으면 천하의 재주가 모두 자신의 재주라는 말이다. '자기가 소유한 것처럼 여긴다.'라는 것은 시기하고 미워하지 않을 뿐만이 아니라는 말이다. '훌륭함과 착함을 그 마음에 좋아함이 자기 입에서 나온 것보다 더한다.'라는 것은 천하의 덕 있는 사람들을 포용할 수 있으면 천하의 덕이 모두 자신의 덕이라는 말이다. '자기 입에서 나온 것보다 더한다.'라는 것은 선을 좋아함이 진실이어서 입으로는 자기의 마음을 다하기에 부족하다는 말이다. 천하의 재주와 덕을 자신의 재주와 덕으로 삼을 수 있다면 그 용납함을 믿을 수 있다. 앞에서는 '용납함이 있는 듯하다.'라고 한 구절과 여기서 '포용할 수 있는 것이다.'라고 한 구절은 서로 호응한다. 임금이 이런 사람을 등용하면 사람들과 나라에 유익함을 알 수 있다. 기

○ 南塘曰："'有容'二字, 卽'休休'之訓詁, 故不更訓."[130]

남당(南塘：韓元震)[131]이 말하였다. "'유용(有容：용납하다)'이라는 두 글자는 곧 '곱고 곱다.'라는 말의 훈고이기 때문에 다시 풀이한 것이다."

○ 按：栗谷『諺解』上焉字不句絕, 南塘蓋得其意.

내가 생각하건대, 율곡(栗谷：李珥)의 『언해』로는 '언(焉)'자에서 끊어서는 안 되니, 남당이 그 뜻을 얻은 것이다.

○ 沙溪曰："'一个臣' '休休' '有容', 玉溪說非本文之意."

사계(沙溪：金長生)[132]가 말하였다. "'어떤 한 신하' '곱고 곱다' '용납함이 있는

예가 있는 것을 미워하고 훌륭함과 착함을 통하지 않게 하는 것은 천하의 재주와 덕을 자신의 재주와 덕으로 삼을 수 없는 것이다. 임금이 이런 사람을 등용하면 국가가 어찌 위태롭게 되지 않겠는가? 용납할 수 있는 자를 등용하면 그 이로움이 이와 같고 용납할 수 없는 자를 등용하면 그 해로움이 이와 같다. 임금이 재상을 선택하는 것은 이 때문이다. 이것이 또 자로 재는 일의 급선무이다.(一个挺然獨立, 而無朋黨之謂. 斷斷無他技, 德有餘而才不足也. 休休二字, 其意深長有淡然無欲之意, 又有粹然至善之意. 曰如有容, 其量之大不可得而測, 亦不可得而名言也. 有技若己有之, 能容天下有才之人, 則天下之才, 皆其才也. 若己有之, 不特不媢疾而已, 彥聖心好, 不啻若自其口出, 能容天下有德之人, 則天下之德, 皆其德也. 不啻若自其口出, 好善有誠, 而口不足以盡其心也. 能以天下之才德爲己之才德, 信乎其能容矣. 前言如有容, 此言寔能容, 二句相應. 人君用此人, 其有益於人國可知. 有技疾惡之, 彥聖俾不通, 不能以天下之才德爲才德. 人君而用此人, 國家豈不危殆. 能容者用之, 其利如此, 不能容者用之, 其害又如此. 人主在擇一相者此也. 此又絜矩之先務也.)"라고 되어 있다.

130) 한원진(韓元震), 『남당선생문집(南塘先生文集)』 권20, 「서(書)」「답김백삼대학문목(答金伯三大學問目)」.

131) 한원진(韓元震, 1682~1751)：자는 덕소(德昭)이고, 호는 남당(南塘)이며, 시호는 문순(文純)이다. 본관은 청주(淸州)이다. 송시열(宋時烈)의 학맥을 이은 서인 산림(山林) 권상하(權尙夏)의 제자로 과거에 뜻을 두지 않고 학문에 전념하였다. 1717년(숙종 43) 학행(學行)으로 천거되어 영릉참봉으로 관직에 나갔다가 경종 때에 노론(老論)이 축출될 때 사직하였다. 1725년(영조 1) 경연관으로 출사하였으나 영조에게 소론을 배척하다가 삭직되었다. 그 뒤 장령·집의에 임명되었지만 취임하지 않았으며, 이조판서에 추증되었다. 같은 문인인 이간(李柬) 등과 호락논쟁(湖洛論爭)을 일으켜, 호서 지역 학자들의 호론(湖論)을 이끌었다. 그 주장의 핵심은 사람이 오상(五常)을 모두 갖추었음에 비해 초목이나 금수와 같은 것은 그것이 치우치게 존재하여, 인성과 물성이 근본적으로 다르다는 것이었다. 이러한 주장은 사람과 금수의 근본적 차이를 강조하여 인간의 존엄성을 높이려는 생각에서 나온 것이다. 문집으로 『남당집(南塘集)』이 있으며, 송시열과 스승 권상하의 사업을 이어받아 50년 만에 『주자언론동이고(朱子言論同異攷)』(1741)를 완성하였다. 그 밖에 『역학답문(易學答問)』, 『의례경전통해보(儀禮經傳通解補)』 등 『주역(周易)』 관련 저술들과 『장자변해(莊子辨解)』 등의 편저들이 있다.

듯하다.'라는 말에 대한 옥계(玉溪)의 설명은 경문의 의미가 아니다."

◯ 農巖曰 : "方氏說未然也."

농암(農巖 : 金昌協)[133]이 말하였다. "방씨(方氏)의 설명은 그렇지 않다."[134]

朱註

彦, 美士也. 聖, 通明也.

'훌륭함[彦]'은 아름다운 선비이고, '착함[聖]'은 두루 미치고 밝음이다.

詳說

◯ 三山陳氏曰 : "聖字專言則爲衆善之極, 對衆善而言, 則止於通明之一端."[135]

삼산 진씨(三山陳氏 : 陳孔碩)가 말하였다. "'착함[聖]'이라는 글자는 오로지 말하

132) 김장생(金長生, 1548~1631) : 본관은 광산(光山)이고, 자는 희원(希元)이며, 호는 사계(沙溪)이고 시호는 문원(文元)이다. 한양 정릉동(貞陵洞 : 현 서울 중구 정동)에서 태어났다. 1560년 송익필(宋翼弼)로부터 사서(四書)와 『근사록(近思錄)』 등을 배웠고, 20세 무렵에 이이(李珥)의 문하에 들어갔다. 1578년 학행(學行)으로 천거되어 창릉참봉(昌陵參奉)이 되고, 성균관 사업(司業), 집의(執義), 공조참의, 형조참판 등을 역임하였다. 인조반정 이후로는 서인의 영수격으로 영향력이 매우 컸다. 학문적으로 송익필, 이이, 성혼(成渾) 등의 영향을 받았다. 이이와 성혼(成渾)을 제향하는 황산서원(黃山書院)을 세웠다. 특히 둘째 아들이 그와 함께 문묘에 종사된 신독재(愼獨齋) 김집(金集, 1574~1656)이다. 저서로는 1583년 첫 저술인 『상례비요(喪禮備要)』 4권을 포함하여, 『가례집람(家禮輯覽)』·『전례문답(典禮問答)』·『의례문해(疑禮問解)』 등 예에 관한 것으로, 조선 예학의 기반을 마련하였다. 스승 이이가 시작한 『소학집주(小學集註)』를 1601년에 완성하고 『근사록석의(近思錄釋疑)』, 『경서변의(經書辨疑)』, 시문집을 모은 『사계선생전서(沙溪先生全書)』가 있다.

133) 김창협(金昌協 : 1651~1708) : 조선 숙종 때 학자로, 자가 중화(仲和)이고, 호가 농암(農巖) 또는 삼주(三洲)이며, 본관이 안동(安東)이다. 좌의정을 지낸 김상헌(金尙憲)의 증손자이고, 영의정을 지낸 김수항(金壽恒)의 아들이며, 또한 영의정을 지낸 김창집(金昌集)의 아우이다. 현종 10년(1669)에 진사시에 합격하고, 숙종 8년(1682)에 증광 문과에서 장원으로 급제한 뒤 벼슬길에 올라 대사간까지 역임하고 기사환국(己巳換局) 때 부친이 죽은 이후로 포천에 은거하면서 학문에 몰두하였다. 저서로는 『주자대전차의문목(朱子大全箚疑問目)』·『논어상설(論語詳說)』·『오자수언(五子粹言)』·『이가시선(二家詩選)』·『농암집(農巖集)』 등이 있다.

134) 방씨(方氏)의 설명은 그렇지 않다 : 호광 편(胡廣 編), 『대학장구대전(大學章句大全)』「전(傳)」10장에 "교봉 방씨가 말하였다. ''용납함이 있는 듯하다.'라는 것은 미심쩍어 하는 말이다. 어떤 사안에 누가 용납함이 있는 것 같다는 말은 누가 크게 용납함이 있다는 것에 미칠 수 없다는 뜻이다.'(蛟峯方氏曰 : '其如有容, 其疑辭也. 有甚物似他有容者, 言無可比他有容之大.')"라는 말이 있다.

135) 호광 편(胡廣 編), 『대학장구대전(大學章句大全)』.

면 모든 선의 극치이고, 모든 선에 상대하여 말하면 통명(通明 : 두루 미치고 밝음)이라는 한 단서에 머문다."

○ **沙溪曰 : "心之所好, 甚於口之所言."**[136]

사계(沙溪 : 金長生)가 말하였다. "마음으로 좋아하는 것은 입으로 말하는 것보다 두텁다."

○ **玉溪盧氏曰 : "口不足以盡其心也. 前言'如有容', 此言'寔能容', 二句相應."**[137]

옥계 노씨(玉溪盧氏 : 盧孝孫)가 말하였다. "입으로는 자기의 마음을 다하기에 부족하다는 것이다. 앞에서 '용납함이 있는 듯하다.'라고 한 구절과 여기서 '포용할 수 있는 것이다.'라고 한 구절은 서로 호응한다."[138]

○ **寔, 實也. 容, 謂容賢也. "人之"至"口出", 是"有容"之註脚而又以"寔能容"收之**

'식(寔 : 이)'은 '진실로'라는 말이다. 용(容)은 현명한 이를 포용하는 일이다. "인지(人之)"에서 "구출(口出)"까지[人之有技, 若己有之, 人之彦聖, 其心好之, 不啻若自其口出]는 "유용(有容)"의 뜻을 풀이하였다. 그리고 또 "이에 사람을 포용할 수 있다(寔能容)"의 뜻을 거두었다.

○ **穆公自我也.**

'통명야(通明也)'에 해당하는 것은 목공(穆公) 자신이다.

---

136) 김간(金榦), 『후재선생집(厚齋先生集)』 권23, 「차기(箚記) · 대학(大學)」.

137) 호광 편(胡廣 編), 『대학장구대전(大學章句大全)』.

138) 입으로는 자기의 마음을 다하기에 …… 한 구절은 서로 호응한다 : 호광 편(胡廣 編), 『대학장구대전(大學章句大全)』「전(傳)」10장에는 "'자기 입에서 나온 것보다 더한다.'라는 것은 선을 좋아함이 진실이어서 입으로는 자기의 마음을 다하기에 부족하다는 뜻이다. 천하의 재주와 덕을 자신의 재주와 덕으로 삼을 수 있다면 그 용납함을 믿을 수 있다. 앞에서 '용납함이 있는 듯하다.'라고 한 구절과 여기서 '포용할 수 있는 것이다.'라고 한 구절은 서로 호응한다. 임금이 이런 사람을 등용하면 사람들과 나라에 유익함을 알 수 있다. 기예가 있는 것을 미워하고 훌륭함과 착함을 통하지 않게 하는 것은 천하의 재주와 덕을 자신의 재주와 덕으로 삼을 수 없는 것이다. 임금이 이런 사람을 등용하면 국가가 어찌 위태롭게 되지 않겠는가? 용납할 수 있는 자를 등용하면 그 이로움이 이와 같고 용납할 수 없는 자를 등용하면 그 해로움이 이와 같다. 임금이 재상을 선택하는 것은 이 때문이다. 이것이 또 자로 재는 일의 급선무이다.(不啻若自其口出, 好善有誠, 而口不足以盡其心也. 能以天下之才德爲己之才德, 信乎其能容矣. 前言如有容, 此言寔能容, 二句相應. 人君用此人, 其有益於人國可知. 有技疾惡之, 彦聖俾不通, 不能以天下之才德爲才德. 人君而用此人, 國家豈不危殆. 能容者用之, 其利如此, 不能容者用之, 其害又如此. 人主在擇一相者此也. 此又絜矩之先務也.)"라고 되어 있다.

○ 沙溪曰 : "孤青以'保我子孫'爲句, 不是."

사계(沙溪 : 金長生)가 말하였다. "고청(孤青 : 徐起)[139]은 '나의 자손과 백성을 보전할 수 있는 것이다.'라는 말을 구절로 여겼는데 옳지 않다."

朱註

尙, 庶幾也. 媢, 忌也. 違, 拂戾也. 殆, 危也.

'거의[尙]'는 '가깝다[庶幾]'는 말이다. '시기하다[媢]'는 꺼린다는 뜻이다. '어긴다[違]'는 거스른다는 말이다. '위태롭다[殆]'는 위급하다는 뜻이다.

詳說

○ 玉溪盧氏曰 : "人君用此人, 其有益於人國可知."[140]

'상, 서기야(尙, 庶幾也 : '거의[尙]'는 '가깝다[庶幾]'는 말이다)'에 대해, 옥계 노씨(玉溪盧氏 : 盧孝孫)가 말하였다. "임금이 이런 사람을 등용하면 사람들과 나라에 유익함을 알 수 있다."[141]

○ '俾不通', 蓋'違之'之註脚.

'위, 불려야(違, 拂戾也 : '어긴다[違]'는 거스른다는 말이다)'로 볼 때, '통하지 못하게 한다.'는 말은 '어기게 하다.'의 뜻을 풀이한 것이다.

---

139) 고청(孤青, 1523~1591) : 본관은 이천(利川), 자는 대가(待可), 호는 고청초로(孤青樵老)·구당(龜堂)·이와(頤窩). 서구령(徐龜齡)의 아들이다. 서경덕(徐敬德)·이중호(李仲虎)·이지함(李之菡)을 사사하였다.

140) 호광 편(胡廣 編), 『대학장구대전(大學章句大全)』.

141) 임금이 이런 사람을 등용하면 사람들과 나라에 유익함을 알 수 있다 : 호광 편(胡廣 編), 『대학장구대전(大學章句大全)』「전(傳)」10장에는 "앞에서 '용납함이 있는 듯하다.'라고 한 구절과 여기서 '포용할 수 있는 것이다.'라고 한 구절은 서로 호응한다. 임금이 이런 사람을 등용하면 사람들과 나라에 유익함을 알 수 있다. 기예가 있는 것을 미워하고 훌륭함과 착함을 통하지 않게 하는 것은 천하의 재주와 덕을 자신의 재주와 덕으로 삼을 수 없는 것이다. 임금이 이런 사람을 등용하면 국가가 어찌 위태롭게 되지 않겠는가? 용납할 수 있는 자를 등용하면 그 이로움이 이와 같고 용납할 수 없는 자를 등용하면 그 해로움이 이와 같다. 임금이 재상을 선택하는 것은 이 때문이다. 이것이 또 자로 재는 일의 급선무이다.(前言如有容, 此言寔能容, 二句相應. 人君用此人, 其有益於人國可知. 有技疾惡之, 彦聖俾不通, 不能以天下之才德爲才德. 人君而用此人, 國家豈不危殆. 能容者用之, 其利如此, 不能容者用之, 其害又如此. 人主在擇一相者此也. 此又絜矩之先務也.)"라고 되어 있다.

○ 不能容賢.

'위, 불려야(違, 拂戾也 : '어긴다[違]'는 거스른다는 말이다)'는 현인을 용납할 수 없다는 뜻이다.

○ 東陽許氏曰 : "此專言爲政者好惡之公私, '利哉'以上言能絜矩, 而以公心好人, 以下言不能絜矩, 而以私心惡人."[142]

동양 허씨(東陽許氏 : 許謙)[143]가 말하였다. "여기에서는 전적으로 위정자의 좋아함과 싫어함의 공평함과 사사로움에 대해 말하였다. '이로움이 있을 것이다'라는 말 위로는 자로 잴 수 있는 사안을 말하였는데, 공평한 마음으로 사람을 좋아한 것이고, 이 아래는 자로 잴 수 없는 사안을 말하였는데, 사사로운 마음으로 사람을 싫어한 것이다."[144]

○ 新安陳氏曰 : "人君能好有容者而用之, 惡娼疾者而舍之, 是又絜矩之大者."[145]

신안 진씨(新安陳氏 : 陳櫟)가 말하였다. "임금이 용납하기 좋아하는 자를 등용하고 시기하고 미워하는 자를 버릴 수 있다면, 이것이 또 자로 재는 큰 일이다."[146]

---

142) 호광 편(胡廣 編), 『대학장구대전(大學章句大全)』.

143) 허겸(許謙 : 1269~1337) : 원나라 때 학자로, 자가 익지(益之)이고, 호가 백운산인(白雲山人)이고, 시호가 문의(文懿)이며, 절강성 동양(東陽) 사람이다. 어려서 아버지가 돌아가시자 어머니 도씨(陶氏)가 직접 『효경(孝經)』·『논어(論語)』를 가르쳤다. 원 대 말기에 이르러 금화(金華)에 하기(何基)·왕백(王柏)·김이상(金履祥)·허겸(許謙)의 사현서원(四賢書院)을 세웠다. 저서로는 『백운집』 외에 『사서총설』·『시집전명물초(詩集傳名物鈔)』·『관사치홀기미(觀史治忽機微)』 등이 있다.

144) 여기에서는 전적으로 위정자의 좋아함과 싫어함의 …… 사사로운 마음으로 사람을 싫어한 것이다 : 호광 편(胡廣 編), 『대학장구대전(大學章句大全)』「전(傳)」10장에는 "여기에서는 전적으로 위정자의 좋아함과 싫어함의 공평함과 사사로움에 대해 말하였다. '거의 또한 이로움이 있을 것이다'라는 말 위로는 단정하여 자로 잴 수 있는 사안을 말하였는데, 공평한 마음으로 사람을 좋아한 것이고, 이 아래는 단정하여 자로 잴 수 없는 사안을 말하였는데, 사사로운 마음으로 사람을 싫어한 것이다.(此專言爲政者好惡之公私. 尙亦有利哉以上, 一截言能絜矩, 而以公心好人, 以下, 一截言不能絜矩, 而以私心惡人.)"라고 되어 있다.

145) 호광 편(胡廣 編), 『대학장구대전(大學章句大全)』.

146) 임금이 용납하기 좋아하는 자를 등용하고 …… 이것이 또 자로 재는 큰 일이다 : 호광 편(胡廣 編), 『대학장구대전(大學章句大全)』「전(傳)」10장에는 "'용납함이 있다.'라는 것은 자로 잴 수 있어 사람들이 똑같이 좋아하는 일이다. '시기하고 미워한다.'라는 것은 자로 잴 수 없어 사람들이 똑같이 싫어하는 일이다. 임금이 용납하기를 좋아하는 자를 등용하고 시기하고 미워하는 자를 버릴 수 있다면, 이것이 또 자로 재는 큰 일이다.(有容者, 能絜矩, 而人所同好者也. 娼疾者, 不能絜矩, 而人所同惡者也. 人君能好有容者而用之, 惡娼疾者而舍之, 是又絜矩之大者.)"라

[傳10-15]

唯仁人放流之, 迸諸四夷, 不與同中國. 此謂唯仁人爲能愛人, 能惡人.
어진 사람만이 이들을 추방하여 유배함에 사방 오랑캐의 땅으로 내쫓아, 나라의 중심부[中國]에 함께 하지 못하게 한다. 이것을 '어진 사람만이 남[사람]을 사랑할 수 있고, 남[사람]을 미워할 수 있다.'라고 한다.

朱註

迸, 讀爲屛, 古字通用.
'병저사이(迸諸四夷)'에서 '병(迸 : 내쫓다)'자는 '병(屛 : 병풍)'으로 읽는데, 옛날 글자로는 통용되었다.

詳說

◯ 屛, 必正反, 除也.
'병(屛 : 병풍)'자는 '필(必 : 반드시)'과 '정(正 : 바로잡다)'의 반절로, '덜어낸다[除]'는 말이다.

朱註

迸, 猶逐也. 言有此媢疾之人, 妨賢而病國,
'내쫓다[迸]'는 '물리치다[逐]'는 말과 같다. 여기에 시기하고 미워하는 사람이 있어 현명한 이를 방해하고 나라를 병들게 하면,

詳說

◯ 不能容.
'방현(妨賢 : 현명한 이를 방해하고)'은 '용납할 수 없다'는 말이다.

◯ 殆.
'병국(病國 : 나라를 병들게 하면)'은 '위태롭게 한다'는 뜻이다.

◯ 玉溪盧氏曰 : "承上節下一截而言."[147)]
옥계 노씨(玉溪盧氏 : 盧孝孫)가 말하였다. "앞의 구절 아래를 이어 단정하여 말

고 되어 있다.
147) 호광 편(胡廣 編), 『대학장구대전(大學章句大全)』.

하였다."[148]

朱註

則仁人必深惡而痛絶之, 以其至公無私, 故能得好惡之正如此也.
어진 사람이 반드시 깊이 미워하고 통렬히 끊으니, 그 지극히 공평하고 사사로움이 없기 때문에 이처럼 좋아하고 미워할 수 있는 올바름을 얻는 것이다.

詳說

○ 仁君.
'인인(仁人 : 어진 사람)'은 '어진 임금'이다.

○ 四字釋仁字.
'지공무사(至公無私 : 지극히 공평하고 사사로움이 없다.)'라는 네 글자는 '인(仁 : 어짊)'자를 풀이한 것이다.

○ 新安陳氏曰 : "引論語孔子之言, 故以'此謂'冠之, 乃引援古語之例."[149]
'능득호오지정여차야(能得好惡之正如此也 : 이처럼 좋아하고 미워할 수 있는 올바름을 얻는 것이다)'에 대해, 신안 진씨(新安陳氏 : 陳櫟)가 말하였다. "『논어(論語)』에 있는 공자의 말[150]을 인용했기 때문에 '이를 ~라고 하는 것이다[此謂]'라는 말을

---

148) 앞의 구절 아래를 이어 단정하여 말하였다 : 호광 편(胡廣 編), 『대학장구대전(大學章句大全)』「전(傳)」10장에는 "앞의 구절 아래를 이어 단정하여 말하였다. 시기하고 미워하는 사람은 이처럼 대해야 하니, 사람을 미워한다고 하는 것은 되는데, 사람을 사랑할 수 있다고 하는 것은 무엇 때문인가? 소인을 제거하지 않으면 군자가 나오지 못한다. 소인을 제거하고 끊을 수 없으면 군자가 나올지라도 편안할 수 없다. 소인을 제거하는 것은 진실로 군자가 나오는 까닭이고, 소인을 끊는 것은 바로 군자를 편안하게 하는 일이다. 나의 위엄은 시기하고 미워하는 사람에게 있고, 나의 은혜는 천하와 후세에 있다. 나의 마음은 천리의 공평함에 순수할 뿐이기 때문에 나의 좋아함과 싫어함은 천하와 공평하니, 이것이 어진 사람이 사람을 사랑하고 미워할 수 있는 근거이다.(此承上節下一截而言. 媢疾之人待之宜如此, 謂之能惡人可也, 而謂之能愛人何也. 蓋小人不去, 則君子不進. 去小人不能絶之, 則雖進君子而不能安之. 去小人固所以進君子, 絶小人, 乃所以安君子. 吾之威在媢疾之人, 吾之恩在天下後世矣. 惟吾心純乎天理之公, 故吾之好惡, 與天下爲公, 此仁人所以能愛惡人也.)"라고 되어 있다.

149) 호광 편(胡廣 編), 『대학장구대전(大學章句大全)』에는 "此引家語孔子之言, 故以此謂冠之, 乃引援古語之例."로 실려 있다.

150) 『논어(論語)』에 있는 공자의 말 : 『논어(論語)』「이인(里仁)」에는 "공자가 말하였다. '어진 자만이 사람을 좋아할 수 있고, 사람을 미워할 수 있다.'(子曰 : '惟仁者, 能好人, 能惡人.')"라고

앞에 두었으니, 바로 옛말을 인용하는 사례이다."

○ 東陽許氏曰："惡人旣去, 則善人方得道. 又以仁人總結之, 言能絜矩者也."[151]
동양 허씨(東陽許氏：許謙)가 말하였다. "나쁜 사람을 제거하고 나면 선한 사람이 도를 얻는다. 또 어진 사람으로 총괄하여 매듭지었으니, 자로 잴 수 있다는 말이다."[152]

○ '此謂'以下, 申結上三句惡人之事而幷及愛人, 擧承上節而起下節.
「전(傳)」의 '차위유인인위능애인(此謂唯仁人爲能愛人)'의 경우, '이를 ~라고 하는 것이다[此謂]'라는 말 아래는 거듭하여 위의 세 구절에서 사람을 미워하는 일을 매듭지으면서, 아울러 사람을 사랑하는 것을 언급하고, 앞의 구절[단락]을 들고 이어받으면서 아래의 구절[단락]을 일으킨 것이다.

[傳10-16]

見賢而不能擧, 擧而不能先, 命也, 見不善而不能退, 退而不能遠, 過也.
현명한 사람을 보고도 들어 쓸 수 없고, 들어 쓰면서도 먼저 하지 못함이 운수이고, 선하지 못한 자를 보고도 물리칠 수 없고, 물리치면서도 멀리하지 못함이 과실이다.

하였고, 『대학장구(大學章句)』「전(傳)」10장에는 "어진 사람만이 이들을 추방하여 유배함에 사방 오랑캐의 땅으로 내쫓아, 나라의 중심부에 함께 하지 못하게 하니, 이를 '어진 사람만이 남을 사랑할 수 있고, 남을 미워할 수 있다.'라고 하는 것이다.(唯仁人放流之, 迸諸四夷, 不與同中國. 此謂唯仁人爲能愛人, 能惡人.)"로 되어 있다. 글이 다소 미세하게 다르지만 같은 구절을 말한 것으로 봐야 할 것이다.

151) 호광 편(胡廣 編), 『대학장구대전(大學章句大全)』.

152) 나쁜 사람을 제거하고 나면 선한 사람이 …… 자로 잴 수 있다는 말이다：호광 편(胡廣 編), 『대학장구대전(大學章句大全)』「전(傳)」10장에는 "자로 잴 수 있어 나쁜 사람을 싫어하고 바름을 얻은 것이 이른바 곧 미워하고 시기하며 현명한 사람을 가리는 것을 추방하여 유배하는 것이다. 조정에서 나쁜 사람을 제거하고 나면 선한 사람이 통할 수 있어 또 어진 사람으로 총괄하여 매듭지었으니, 자로 잴 수 있다는 말이다.(言能絜矩而惡惡, 得其正, 所謂放流卽媢疾蔽賢之人. 朝廷之上, 惡人旣去, 則善人方得通, 又以仁人總結之, 言能絜矩者也.)"라고 되어 있다.

詳說

◯ 先, 去聲.

'거이불능선(擧而不能先)'에서 '선(先 : 먼저 하다)'자는 거성이다.

朱註

命, 鄭氏云"當作慢", 程子云"當作怠", 未詳孰是. 遠, 去聲.

'운수[命]'에 대해 정현은 "'태만함[慢]'으로 해야 한다."라고 했고, 정자는 "게으름으로 해야 한다."라고 하였는데, 누가 옳은지는 자세하지 않다. '퇴이불능원(退而不能遠)'에서 '원(遠 : 멀리하다)'자는 거성이다.

詳說

◯ 蓋引用『禮記』「大學」篇注.

『예기』「대학」편의 주석에서 인용하였다.

◯ 『大全』曰 : "命, 慢聲相近, 近是."

『대학장구대전(大學章句大全)』에서 말하였다. "'명(命 : 운수)'자는 '만(慢 : 태만함)'과 소리가 서로 가까우니 거의 옳다."

◯ 叔子.

'정자운(程子云)'에서 정자(程子)는 동생 정이(程頤)이다.

◯ '命', '怠'字相似者也.

'명(命 : 운수)'은 '태(怠 : 게으름)'라는 글자와 서로 비슷한 것이다.

◯ 此亦本在音訓遠去上, 今姑依『大全』本移置于此.

이는 또한 본래의 음훈과는 거리가 먼 것인데, 이제 잠시 『대학장구대전(大學章句大全)』에 따라 여기에 옮겨 놓은 것이다.

朱註

若此者, 知所愛惡矣, 而未能盡愛惡之道, 蓋君子而未仁者也.

이와 같은 자는 사랑하고 미워할 바를 알면서도 사랑하고 미워하는 도리를 다하지 못한 것이니, 대개 군자이면서도 아직 어질지 못한 자이다.

詳說

◯ 擧退.

'소애오(所愛惡 : 사랑하고 미워하는 바)'는 들어 쓰고 물리치는 일이다.

◯ 新安陳氏曰 : "擧不先, 未盡愛之道. 退不遠, 未盡惡之道."[153]

신안 진씨(新安陳氏 : 陳櫟)[154]가 말하였다. "들어 쓰면서도 먼저 하지 못하는 것은 사랑을 다하지 못하는 도이다. 물리치면서도 멀리하지 않는 것은 싫어함을 다하지 못하는 도이다."[155]

◯ 朱子曰 : "先是早底意, 是不能速用."[156]

주자(朱子)가 말하였다. "먼저 한다는 것은 일찍부터 한다는 의미이니, 경문의 뜻은 빨리 등용할 수 없다는 말이다."

◯ 遠字, 照上節'四夷'.

'멀리 한다'는 말은 앞의 절 '사방 오랑캐[四夷]'에 비춰 보아야 한다.

◯ 見而不擧, 不退, 又其下者也, 不足言, 故註略之.

'보고도 들어 쓰지 못하고, 물리치지 못한다.'[157]라는 구절은 그 아래의 것으로

---

153) 호광 편(胡廣 編), 『대학장구대전(大學章句大全)』.

154) 진력(陳櫟, 1252~1334) : 자는 수옹(壽翁)이고, 호는 정우(定宇) 또는 동부노인(東阜老人)이다. 송말원초 때 휘주(徽州) 휴녕(休寧) 사람이다. 송나라가 망하자 은거하여 학문과 제자 양성에 힘썼다. 학문 성향은 주희(朱熹)의 학문을 위주로 하면서 육구연(陸九淵)의 심학(心學)을 아울러 취하려 하였다. 인종(仁宗) 연우(延祐) 초에 향시(鄕試)에 급제했지만 예부시(禮部試)에 나가지 않고 집에서 학생들을 가르쳤다. 효성과 우애가 지극했고, 세력이나 이익에 휩쓸리지 않았다. 주희와 여러 학자의 학설을 채집하고 자신의 견해를 덧붙여 『상서집전찬소(尙書集傳纂疏)』를 저술하였다. 그 밖의 저서에 『사서발명(四書發明)』, 『예기집의(禮記集義)』, 『역조통략(歷朝通略)』, 『근유당수록(勤有堂隨錄)』, 『정우집(定宇集)』 등이 있다.

155) 들어 쓰면서도 먼저 하지 못하는 것은 …… 싫어함을 다하지 못하는 도이다 : 호광 편(胡廣 編), 『대학장구대전(大學章句大全)』「전(傳)」10장에는 "들어 쓰면서도 먼저 하지 못하는 것은 사랑을 다하지 못하는 도이다. 물리치면서도 멀리하지 않는 것은 싫어함을 다하지 못하는 도이다. 앞의 글에서 사랑하고 미워할 수 있다는 것은 어진 사람이기 때문이고, 여기서 사랑하고 미워하는 도를 다할 수 없는 것은 군자이지만 아직 어질지 못한 자이기 때문이다.(擧不先, 未盡愛之道. 退不遠, 未盡惡之道. 上文能愛惡, 仁人也, 此不能盡愛惡之道, 所以爲君子而未仁者也.)"라고 되어 있다.

156) 호광 편(胡廣 編), 『대학장구대전(大學章句大全)』에는 "先是早底意, 是不能速用之."로 실려 있다.

157) 보고도 들어 쓰지 못하고, 물리치지 못한다 : 호광 편(胡廣 編), 『대학장구대전(大學章句大全)』「전(傳)」10장에 "현명한 사람을 보고도 들어 쓸 수 없고, 들어 쓰면서도 먼저 하지 못함이 운

말할 것도 못 되기 때문에 주석에서 생략하였다.

○ 照上節仁字.

'군자이미인자(君子而未仁者 : 군자이면서도 아직 어질지 못한 것이다)'는 앞 구절의 '어진 사람[仁]'에 비춰 보아야 한다.

[傳10-17]

好人之所惡, 惡人之所好, 是謂拂人之性, 菑必逮夫身.

남이 미워하는 것을 좋아하며, 남이 좋아하는 것을 미워함, 이를 사람의 성품을 어긴다고 하는 것이니, 재앙이 반드시 그 자신에게 미친다.

詳說

○ 菑, 古災字. 夫, 音扶.

'재필체부신(菑必逮夫身)'에서 '재(菑 : 재앙)'는 옛날의 '재(災 : 재앙)'자이고, '부(夫)'자는 음이 '부(夫)'이다.

朱註

拂, 逆也. 好善而惡惡, 人之性也, 至於拂人之性, 則不仁之甚者也.

'어긴다[拂]'는 거스른다는 말이다. 선함을 좋아하고 악함을 미워함은 사람의 성(性)이니, 사람의 성(性)을 어기게 되면 어질지 못함이 심한 것이다.

詳說

○ 如字.

'오악(惡惡 : 악함을 미워하다)'에서 '악(惡 : 악함)'자는 본래의 음으로 읽는다.

○ 先論文上意.

'인지성야(人之性也)'는 먼저 글자의 의미를 말한 것이다.

수이고, 선하지 못한 자를 보고도 물리칠 수 없고, 물리치면서도 멀리하지 못함이 과실이다.(見賢而不能擧, 擧而不能先, 命也, 見不善而不能退, 退而不能遠, 過也.)"라는 말이 있다.

○ 照前節仁字.

'지어불인지성, 칙불인지심자야(至於拂人之性, 則不仁之甚者也 : 사람의 성(性)을 어기게 되면 어질지 못함이 심한 것이다)'는 앞 절의 '어진 사람[仁]'에 비춰 보아야 한다.

○ 以'不'視'未'已有間, 而'甚'又尤辭也.

'지어불인지성, 칙불인지심자야(至於拂人之性, 則不仁之甚者也 : 사람의 성(性)을 어기게 되면 어질지 못함이 심한 것이다)'에서 볼 때, '~하지 못하다[不]'는 것을 '아직 ~이 아니다[未]'라는 말에 비교하면 이미 차이가 있는데, '심하다[甚]'는 것은 또 더욱 ~하다는 말이다.

○ 玉溪盧氏曰 : "'菑必逮身', '爲天下僇', 是也."

'지어불인지성, 칙불인지심자야(至於拂人之性, 則不仁之甚者也 : 사람의 성(性)을 어기게 되면 어질지 못함이 심한 것이다)'에 대해, 옥계 노씨(玉溪盧氏 : 盧孝孫)[158]가 말하였다. "'재앙이 반드시 그 자신에게 미칠 것이다.'라는 말은 '천하의 죽임이 된다.'라는 것이 여기에 해당한다."

朱註

自「秦誓」至此, 又皆以申言好惡公私之極, 以明上文所引「南山有臺」·「節南山」之意.

「진서(秦誓)」에서 여기까지는 또 모두 좋아하고 미워하기를 공평함과 사사로움으로 함의 지극함을 거듭 말해 위 글에 인용한 「남산유대(南山有臺)」와 「절남산(節南山)」의 뜻을 밝힌 것이다.

詳說

○ 玉溪盧氏曰 : "「秦誓」節見君子小人之分, 次節言用舍之能盡其道者, 又次節言用舍之不盡其道者, 此節言用舍之全失其道者."[159]

옥계 노씨(玉溪盧氏 : 盧孝孫)가 말하였다. "「진서」의 구절[단락]에서는 군자와 소

158) 노효손(盧孝孫) : 자는 신지(新之)이고 호는 옥계(玉溪)이며, 귀계(貴溪) 사람이다. 진덕수(陳德秀)의 문하에서 학문을 배워, 가태(嘉泰 : 1201~1204) 연간에 진사에 급제하였다. 벼슬은 태학박사(太學博士)에 이르렀다. 벼슬을 그만둔 뒤 옥계서원(玉溪書院)에서 주로 강학하였다. 저서에는 송 이종(理宗)에게 진상한 『사서집의(四書集義)』 1백 권이 있다.

159) 호광 편(胡廣 編), 『대학장구대전(大學章句大全)』.

인을 구분하여 드러냈고,160) 다음 구절에서는 등용하고 버림에 그 도를 다할 수 있는 것을 말하였으며,161) 또 다음 구절에서는 등용하고 버림에 그 도를 다할 수 없는 것을 말하였고,162) 여기에서는 등용하고 버림에 모두 그 도를 잃은 것을 말하였다."163)

---

160) 「진서」의 구절[단락]에서는 군자와 소인을 구분하여 드러냈고 : 『대학장구(大學章句)』「전(傳)」 10장에 "「진서(秦誓)」에서 말하였다. '어떤 한 신하가 한결같이 성실하고 다른 기예가 없으나, 그 마음이 곱고 고와 용납함이 있는 듯하여, 다른 사람이 가지고 있는 기예를 자기가 소유한 것처럼 여기며, 남의 훌륭함과 착함을 그 마음에 좋아함이 자기 입에서 나온 것보다도 더 한다면, 이는 다른 사람을 포용할 수 있어, 나의 자손과 백성을 보전할 수 있으니, 거의 또한 이로움이 있을 것이다. 다른 사람이 가지고 있는 기예를 시기하고 미워하며, 다른 사람의 훌륭함과 착함을 어겨서 통하지 못하게 하면, 이것은 포용할 수 없어, 나의 자손과 백성을 보전할 수 없으니, 또한 위태로울 것이다!(「秦誓」曰 : 若有一个臣, 斷斷兮無他技, 其心休休焉, 其如有容焉. 人之有技, 若己有之, 人之彦聖, 其心好之, 不啻若自其口出, 寔能容之, 以能保我子孫黎民, 尚亦有利哉. 人之有技, 媢疾以惡之, 人之彦聖, 而違之俾不通, 寔不能容, 以不能保我子孫黎民, 亦曰殆哉.)"라는 말이 있다.

161) 다음 구절에서는 등용하고 버림에 그 도를 다할 수 있는 것을 말하였으며 : 『대학장구(大學章句)』「전(傳)」10장에 "어진 사람만이 이들을 추방하여 유배함에 사방 오랑캐의 땅으로 내쫓아, 나라의 중심부에 함께 하지 못하게 하니, 이것을 '어진 사람만이 남을 사랑할 수 있고, 남을 미워할 수 있다.'라고 하는 것이다.(唯仁人放流之, 迸諸四夷, 不與同中國. 此謂唯仁人爲能愛人, 能惡人.)"라는 말이 있다.

162) 또 다음 구절에서는 등용하고 버림에 그 도를 다할 수 없는 것을 말하였고 : 『대학장구(大學章句)』「전(傳)」10장에 "현명한 사람을 보고도 들어 쓸 수 없고, 들어 쓰면서도 먼저 하지 못함이 운수이고, 선하지 못한 자를 보고도 물리칠 수 없고, 물리치면서도 멀리하지 못함이 과실이다.(見賢而不能擧, 擧而不能先, 命也, 見不善而不能退, 退而不能遠, 過也.)"라는 말이 있다.

163) 「진서」의 구절[단락]에서는 군자와 소인을 구분하여 드러냈고 …… 모두 그 도를 잃은 것을 말하였다 : 호광 편(胡廣 編), 『대학장구대전(大學章句大全)』「전(傳)」10장에는 "사람의 본성은 본래 선함이 있고 악함이 없기 때문에 사람들은 모두 선함을 좋아하고 악함을 미워하니, 어진 사람이 좋아하고 미워할 수 있는 것은 본성을 따른 것에 불과할 뿐이다. 악함을 좋아하고 선함을 싫어해서 사람의 본성을 어긴다면 그 본심을 잃어버린 것이 심하니, 어질지 않음이 심한데 어찌 재앙이 그 자신에게 미치지 않겠는가? 천하의 죽임이 된다는 것이 여기에 해당한다. 옛날부터 천하를 가진 경우에 군자를 등용해서 흥하고 소인을 등용해서 망하지 않은 적이 없다. 사람을 사랑하고 미워할 수 있으면, 군자가 나오고 소인은 물러나 천하가 그 이로움을 입으니, 이것이 자로 잴 수 있는 자가 하는 일이다. 사람들이 싫어하는 것을 좋아하고 사람들이 좋아하는 것을 싫어하면, 군자는 물러나고 소인이 나와 천하가 그 재앙을 당하니, 이것은 자로 잴 수 없는 자가 하는 일이다. 「진서」에서 여기까지는 모두 네 구절[단락]이다. 「진서」 한 구절[단락]에서는 군자와 소인을 구분하여 드러냈고, 다음 구절에서는 등용하고 버림에 그 도를 다할 수 있는 것을 말하였으며, 또 다음 구절에서는 등용하고 버림에 그 도를 다할 수 없

○ 雲峯胡氏曰 : "右第六節, 就用人言. 『大學』於此提出仁字, 而『章句』又以'未仁不仁' 言之, 蓋絜矩是恕之事, 恕所以行仁, 故特以仁結之."[164]

운봉 호씨(雲峯胡氏 : 胡炳文)[165]가 말하였다. "앞의 제6절은 사람을 등용하는 일을 가지고 말하였다. 『대학(大學)』에서는 이런 점에서 어짊이라는 말을 찍어서 드러냈고, 『장구(章句)』에서는 또 '아직 어질지 못함[未仁]'과 '어질지 못함[不仁]'으로 말하였다. 대개 자로 재는 것은 서(恕)의 일이고, 서(恕)는 어짊을 행하는 일이기 때문에 특별히 어짊으로 매듭지었다."[166]

는 것을 말하였고, 여기에서는 등용하고 버림에 모두 그 도를 잃은 것을 말하였는데, 모두 자로 재는 의미에 따라 좋아하고 싫어하는 공평함과 사사로움의 극치를 거듭 밝힘으로써 천하를 바로잡는 중요한 도를 거듭 밝혔다.(人性本有善而無惡, 故人皆好善而惡惡, 仁人之能好惡, 不過順人之性耳. 苟好惡惡善, 而拂人之性, 則失其本心甚矣. 非不仁之甚而何菑必逮身. 爲天下僇, 是也. 自古有天下者, 未嘗不以用君子而興, 用小人而亡. 能愛惡人, 則君子進, 小人退, 而天下蒙其利, 此能絜矩者之所爲也. 好人所惡, 惡人所好, 則君子退, 小人進, 而天下受其禍, 此不能絜矩者之所爲也. 自「秦誓」至此, 凡四節. 「秦誓」一節, 見君子小人之分, 次節言用舍之能盡其道者, 又次節言用舍之不盡其道者, 此節則言用舍之全失其道者, 皆因絜矩之義, 而申明好惡公私之極, 以申明平天下之要道也.)"라고 되어 있다.

164) 호광 편(胡廣 編), 『대학장구대전(大學章句大全)』.

165) 호병문(胡炳文, 1250~1333) : 자는 중호(仲虎)이고, 호는 운봉(雲峯)이다. 원(元) 나라 때의 경학자로 휘주 무원(徽州 婺源 : 현 안휘성 소속) 사람이다. 주희(朱熹)의 종손(宗孫)에게 『주역(周易)』과 『서경(書經)』을 배워 주자학에 잠심했으며, 특히 『주역(周易)』에 뛰어났다. 신주(信州) 도일서원(道一書院) 산장(山長)을 지내고, 난계주학정(蘭溪州學正)이 되었는데 취임하지 않았다. 주자의 『주역본의(周易本義)』를 근거로 여러 설을 절충·시정하여 『주역본의통석(周易本義通釋)』 12권을 지었다. 처음 이름은 『주역본의정의(周易本義精義)』였고, 『통지당경해(通志堂經解)』에 들어있다. 이밖에 『서집해(書集解)』, 『춘추집해(春秋集解)』, 『예서찬술(禮書纂述)』, 『사서통(四書通)』, 『대학지장도(大學指掌圖)』, 『오경회의(五經會義)』, 『이아운어(爾雅韻語)』 등이 있다.

166) 앞의 제6절은 사람을 등용하는 일을 가지고 …… 특별히 어짊으로 매듭지었다 : 호광 편(胡廣 編), 『대학장구대전(大學章句大全)』「전(傳)」10장에는 "앞의 제6절은 사람을 등용하는 일을 가지고 말하였다. 좋아하고 미워하는 것에 대해 『대학(大學)』에서는 이런 점에서 어짊이라는 한마디 말을 제출했고, 『대학장구(大學章句)』에서는 또 '군자가 아직 어질지 못함[未仁]'과 '소인이 어질지 못함[不仁]'으로 말하였다. 대개 자로 재는 것은 서(恕)의 일이고, 서(恕)는 어짊을 행하는 것이기 때문에 특별히 어짊으로 매듭지었다.(右第六節, 就用人言. 好惡『大學』於此提出仁之一字, 而『章句』又以君子之未仁, 小人之不仁者言之, 蓋絜矩是恕之事, 恕所以行仁, 故特以仁結之.)"라고 되어 있다.

[傳10-18]

是故, 君子有大道, 必忠信以得之, 驕泰以失之.
이러므로 군자는 큰 도가 있으니, 반드시 충(忠)과 신(信)으로써 얻고, 교만함과 방자함으로써 잃는다.

朱註

君子, 以位言之.
군자(君子)는 자리[지위]로써 말한 것이다.

詳說

○ 『大全』曰 : "治國平天下之君子."[167)]
『대학장구대전(大學章句大全)』에서 말하였다. "나라를 다스리고 천하를 바로잡는 군자이다."[168)]

○ 上文三'君子'皆兼德位言之, 而此節之得失專以位言, 故特訓之.
앞의 글에서 세 번의 '군자(君子)'[169)]는 모두 덕과 지위를 겸하여 말한 것이고, 이 구절에서 '얻는다'와 '잃는다'는 오로지 지위로 말했기 때문에 특별히 풀이한 것이다.

---

167) 호광 편(胡廣 編), 『대학장구대전(大學章句大全)』.

168) 나라를 다스리고 천하를 바로잡는 '군자'이다 : 호광 편(胡廣 編), 『대학장구대전(大學章句大全)』「전(傳)」10장에는 "이것은 나라를 다스리고 천하를 바로잡는 군자를 말한다.(此謂治國平天下之君子.)"라고 되어 있다.

169) 앞의 글에서 세 번의 '군자' : 『대학장구(大學章句)』「전(傳)」10장에 "이른바 천하를 바로잡음이 그 나라를 다스림에 있다는 것은 윗사람이 노인을 노인으로 대우함에 백성들이 효도를 일으키고, 윗사람이 어른을 어른으로 대우함에 백성들이 공손함을 일으키며, 윗사람이 고아를 구휼함에 백성들이 저버리지 않는 것이다. 이 때문에 군자는 자로 재는 방법이 있는 것이다.(所謂平天下在治其國者, 上老老而民興孝, 上長長而民興弟, 上恤孤而民不倍, 是以君子有絜矩之道也.)"라는 말과 "『시경(詩經)』에서 '즐거운 군자여, 백성의 부모이다.'라고 하였으니, 백성들이 좋아하는 것을 좋아하고, 백성들이 싫어하는 것을 싫어함, 이것을 백성들의 부모라고 하는 것이다.(『詩』云 : '樂只君子, 民之父母.' 民之所好好之, 民之所惡惡之, 此之謂民之父母.)"라는 말과 "이렇기 때문에 군자는 먼저 덕을 삼가는 것이다. 덕이 있으면 이 인민이 있고, 인민이 있으면 이 토지가 있으며, 토지가 있으면 이 재물이 있고, 재물이 있으면 이 쓰임이 있는 것이다.(是故, 君子先愼乎德. 有德此有人, 有人此有土, 有土此有財, 有財此有用.)"라는 세 구절에서의 '군자'를 말한다.

朱註

道, 謂居其位而修己治人之術.

도는 그 지위에 있으면서 자신을 닦고 남을 다스리는 방법을 말한다.

詳說

○ 因上位字.

'거기위(居其位 : 그 지위에 있으면서)'는 앞의 지위라는 말로 말미암은 것이다.

○ 『大全』曰 : "道, 卽大學之道. 修己, 明明德之事, 治人, 新民之事."170)

『대학장구대전(大學章句大全)』에서 말하였다. "도는 곧 대학의 도로 자신을 닦고 밝은 덕을 밝히는 일이고, 남을 다스리는 것은 백성들을 새롭게 하는 일이다."

○ 按 : 謂之『大學』之道者, 以一書言也, 謂之絜矩之道者, 以一事言也. 若以一節言, 則當指忠信. 忠信釋大道, 得字應君子. '驕泰以失之'一句, 只是因"忠信得之"而帶過幷及耳. 蓋下節'有大道'之下卽以其事釋之, 則上下'有大道'之文勢不宜異. 而況註中'修己'襯'發己''治人'襯'循物'者乎.

내가 생각하건대, '『대학(大學)』의 도'라고 하는 것은 하나의 책으로 말하였고, '재는 도'라고 하는 것171)은 하나의 일로 말하였다. 하나의 구절로 말한다면 충과 신을 가리켜야 한다. 충과 신으로 『대학』을 풀이하면, '얻는다'는 것은 군자와 호응한다. '교만함과 방자함으로써 잃는다.'라는 한 구절은 단지 '충과 신으로 얻는다.'라는 말로 말미암아 두르고 가면서 아울러 언급한 것일 뿐이다. 아래의 구절에 '큰 도가 있다.'는 아래에서 곧 그 일로 풀이했다면, 위아래로 '큰 도가 있다.'는 문맥이 달라서는 안 된다. 그리고 하물며 주석에서 '자신을 닦는다.'라는 말은 '몸을 일으킨다.'라는 말과 가깝고, '사람을 다스린다.'라는 말은 '남을 따른다.'라는 말과 가까움에야 말해 무엇하겠는가?

---

170) 호광 편(胡廣 編), 『대학장구대전(大學章句大全)』에는 "道, 卽大學之道, 脩己明明德之事, 治人, 新民之事也."로 실려 있다.

171) '재는 도'라고 하는 것 : 『대학장구(大學章句)』「전(傳)」10장에 "이른바 천하를 바로잡음이 그 나라를 다스림에 있다는 것은 윗사람이 노인을 노인으로 대우함에 백성들이 효도를 일으키고, 윗사람이 어른을 어른으로 대우함에 백성들이 공손함을 일으키며, 윗사람이 고아를 구휼함에 백성들이 저버리지 않는 것이다. 이 때문에 군자는 자로 재는 방법이 있다.(所謂平天下在治其國者, 上老老而民興孝, 上長長而民興弟, 上恤孤而民不倍, 是以君子有絜矩之道也.)"라고 하였다.

朱註

發己自盡爲忠, 循物無違謂信.

자기 마음을 드러내어 스스로 다함이 충(忠)이고, 남을 따라 어김이 없음을 신(信)이라 이른다.

詳說

○ 主忠而曰爲, 主人而曰謂.

충(忠)을 중심으로 해서는 '~이다[爲]'라고 하고, 사람을 중심으로 해서는 '~라고 한다[謂]'라고 하였다.

○ 朱子曰 : "發於己心而自盡, 循於物理而不背, 忠是信之本, 信是忠之發. 伊川見明道此語尙晦, 故更云'盡己之謂忠', '以實之謂信', 便更穩當."172)

주자(朱子)가 말하였다. "자신의 마음을 드러내어 스스로 다하고, 사물의 이치를 따라 어기지 않으니, 충(忠)은 신(信)의 근본이고, 신은 충이 드러난 것이다. 이천(伊川 : 程頤)은 명도(明道 : 程顥)가 이 말에 오히려 어두운 것을 알았기 때문에 다시 '자신의 마음을 다한 것을 충이라 하고, 그것으로 내용이 있게 하는 것을 신이라 한다.'라고 하였으니, 곧 다시 합당하고 적절한 것이다."173)

○ 農巖曰 : "『論語』註用伊川訓, 於此著明道訓, 欲使學者參互以盡其義."

농암(農巖 : 金昌協)이 말하였다. "『논어(論語)』의 주석에서 이천(伊川 : 程頤)의 풀이를 썼는데, 여기에 명도(明道 : 程顥)의 풀이를 드러냈으니, 배우는 자들이 참고하여 서로 그 뜻을 다하게 한 것이다."

---

172) 호광 편(胡廣 編), 『대학장구대전(大學章句大全)』.

173) 자신의 마음을 드러내어 스스로 다하고 …… 곧 다시 합당하고 적절한 것이다 : 호광 편(胡廣 編), 『대학장구대전(大學章句大全)』「전(傳)」10장에는 "자신의 마음을 드러내어 스스로 다하는 것은 충(忠)이고, 사물의 이치를 따라 어기지 않는 것은 신(信)이니, 충은 신의 근본이고, 신은 충이 드러난 것이다. 이천은 명도가 이 말에 오히려 어두운 것을 알았기 때문에 다시 '자신의 마음을 다한 것을 충이라고 하고, 그것으로 내용이 있게 하는 것을 신이라고 한다.'라고 하였으니, 곧 다시 합당하고 적절한 것이다.(發於己心而自盡, 則爲忠, 循於物理而不違背, 則爲信. 忠是信之本, 信是忠之發, 伊川見明道此語尙晦, 故更云'盡己之謂忠, 以實之謂信', 便更穩當.)"라고 되어 있다.

朱註

驕者矜高, 泰者侈肆. 此因上所引「文王」, 「康誥」之意而言. 章內三言得失, 而語益加切, 蓋至此而天理存亡之幾決矣.

교만함[驕]은 자랑하고 높은 체함이고, '방자함[泰]'은 사치하고 마음대로 함이다. 이는 위에서 인용한 「문왕(文王)」 시와 「강고(康誥)」의 뜻을 따라 말한 것이다. 이 장 안에 '얻는다'와 '잃는다'는 것을 세 번 말하였는데[174] 말이 더욱더 간절하니, 이에 도달함에 천리가 보존되고 멸망되는 기미가 결판난다.[175]

詳說

○ 得衆, 得國.

'「문왕」(「文王」)'의 경우, '민중[백성]을 얻고 나라를 얻는다.'[176]는 뜻이다.

174) 이 장 안에 '얻는다'와 '잃는다'는 것을 세 번 말하였는데 : "『시경(詩經)』에서 '은(殷)나라가 민중을 잃지 않았을 때는 상제에게 잘 짝했으니 은나라를 거울로 삼아야 한다. 높은 명은 보존하기가 쉽지 않다.'라고 하였으니, 민중을 얻으면 나라를 얻고, 민중을 잃으면 나라를 잃는다는 말이다.(『詩』云 : '殷之未喪師, 克配上帝, 儀監于殷. 峻命不易.' 道得衆則得國, 失衆則失國.)"라는 말과 "「강고(康誥)」에서 '천명은 일정한 곳에 하지 않는다.'라고 하였으니, 선하면 얻고, 선하지 못하면 잃는다는 말이다.(康誥曰 : '惟命不于常.' 道善則得之, 不善則失之矣.)"라는 말과 "이러므로 군자는 큰 도가 있으니, 반드시 충(忠)과 신(信)으로써 얻고, 교만함과 방자함으로써 잃는다.(是故君子有大道, 必忠信以得之, 驕泰以失之.)"라는 세 번의 '얻는다'와 '잃는다'를 말한다.

175) 이에 도달함에 천리가 보존되고 멸망되는 기미가 결판난다 : 『주자어류(朱子語類)』 권16, 「대학3(大學三) 242조목에는 다음과 같이 설명하고 있다. "조당경(趙唐卿)이 물었다. '10장[治平章]에서 득실(得失)을 세 번 말하였는데, 『대학장구』에서 '이것에 도달함에 천리가 보존되고 멸망되는 기미가 결판난다.'고 한 것은 무엇 때문입니까?' 주희가 말하였다. '그 처음에 또한 백성을 얻고 잃은 것을 말하고, 다시 선과 불선을 말하였으니, 뜻이 이미 절실하다. 충실과 믿음·교만과 방자함으로써 마무리했으니, 분명히 마음의 측면에서 득실(得失)의 이유를 말함으로써 판가름하였다. 충실과 믿음은 천리가 보존되는 까닭이고, 교만과 방자함은 천리가 없어지는 까닭이다.(趙唐卿問 : '十章三言得失, 而『章句』云 : '至此而天理存亡之機決矣!' 何也?' 曰 : '他初且言得衆·失衆, 再言善·不善, 意已切矣. 終之以忠信·驕泰, 分明是就心上說出得失之由以決之. 忠信乃天理之所以存, 驕泰乃天理之所以亡.')"

176) 민중[백성]을 얻고 나라를 얻는다 : 『대학장구(大學章句)』 「전(傳)」 10장의 "『시경(詩經)』에서 '은(殷)나라가 민중을 잃지 않았을 때는 상제에게 잘 짝했으니 은나라를 거울로 삼아야 한다. 높은 명은 보존하기가 쉽지 않다.'라고 하였으니, 민중을 얻으면 나라를 얻고, 민중을 잃으면 나라를 잃는다는 말이다.(『詩』云 : '殷之未喪師, 克配上帝, 儀監于殷. 峻命不易.' 道得衆則得國, 失衆則失國.)"라는 말을 뜻한다.

○ 善則得之.

'「강고」(「康誥」)'의 경우, '선하면 얻는다'.[177]는 말이다.

○ 朱子曰 : "終之以忠信驕泰, 是就心上說出得失之由以決之, 忠信乃天理之所以存, 驕泰乃天理之所以亡."[178]

주자(朱子)가 말하였다. "충과 신과 교만함과 방자함으로 끝내는 것은 마음에서 얻고 잃는 연유를 설명하여 결단한 것이니, 충과 신은 바로 천리를 보존하는 것이고, 교만함과 방자함은 바로 천리를 잃는 것이다."[179]

○ 雲峰胡氏曰 : "右第七節, 不分言好惡與財用之絜矩, 但言'有大道'. 此道字卽章首'絜矩之道'也. 前兩言得失, 人心天命存亡之幾也. 此言得失, 吾心天理存亡之幾也. 『章句』此幾字當與'誠意章'幾字參看."[180]

운봉 호씨(雲峯胡氏 : 胡炳文)가 말하였다. "위는 제7절로 좋아함과 싫어함과 재물의 쓰임에 대해 자로 재는 것을 나눠 말하지 않고, 단지 큰 도가 있을 뿐임을 말하였으니, 여기에서 '도'라는 말은 곧 장 첫머리의 '자로 재는 도'[181]이다. 앞에서 두 번 '얻는다'와 '잃는다'를 말한 것[182]은 사람들의 마음이 천명을 보존하고 없

---

177) 선하면 얻는다 : 『대학장구(大學章句)』「전(傳)」10장의 "「강고(康誥)」에서 '천명은 일정한 곳에 하지 않는다.'라고 하였으니, 선하면 얻고, 선하지 못하면 잃는다.(「康誥」曰 : '惟命不于常.' 道善則得之, 不善則失之矣.)"라는 말을 뜻한다.

178) 호광 편(胡廣 編), 『대학장구대전(大學章句大全)』.

179) 충과 신과 교만함과 방자함으로 끝내는 것은 …… 교만함과 방자함은 바로 천리를 잃는 것이다 : 호광 편(胡廣 編), 『대학장구대전(大學章句大全)』「전(傳)」10장에는 "처음에는 '민중을 얻고 민중을 잃는다.'라고 하였고, 두 번째는 '선하면 얻고 선하지 못하면 잃는다.'라고 하였으니, 이미 절실하다. 그런데 충과 신과 교만함과 방자함으로 끝내는 것은 분명히 마음에서 얻고 잃는 연유를 설명하여 결단한 것이니, 충과 신은 바로 천리를 보존하는 것이고, 교만함과 방자함은 바로 천리를 잃는 것이다.(初言得衆失衆, 再言善則得, 不善則失, 已切矣. 終之以忠信驕泰, 分明是就心上說出得失之由以決之, 忠信乃天理之所以存, 驕泰乃天理之所以亡.)"라고 하였다.

180) 호광 편(胡廣 編), 『대학장구대전(大學章句大全)』.

181) 자로 재는 도 : 『대학장구(大學章句)』「전(傳)」10장에서 "이른바 천하를 바로잡음이 그 나라를 다스림에 있다는 것은 윗사람이 노인을 노인으로 대우함에 백성들이 효도를 일으키고, 윗사람이 어른을 어른으로 대우함에 백성들이 공손함을 일으키며, 윗사람이 고아를 구휼함에 백성들이 저버리지 않는 것이다. 이 때문에 군자는 자로 재는 방법이 있다.(所謂平天下在治其國者, 上老老而民興孝, 上長長而民興弟, 上恤孤而民不倍, 是以君子有絜矩之道也.)"라고 하였다.

182) 앞에서 두 번 '얻는다'와 '잃는다'를 말한 것 : "『시경(詩經)』에서 '은(殷)나라가 민중을 잃지 않았을 때는 상제에게 잘 짝했으니 은나라를 거울로 삼아야 한다. 높은 명은 보존하기가 쉽지 않다.'라고 하였으니, 민중을 얻으면 나라를 얻고, 민중을 잃으면 나라를 잃는다.(『詩』云 : '殷

애는 기틀이기 때문이고, 여기서 '얻는다'와 '잃는다'를 말한 것은 내 마음이 천리를 보존하고 없애는 기미이기 때문이다. 『장구』에서 여기의 '기미'라는 말과 '성의장(誠意章)'의 '기미'[183]라는 말은 참고해서 봐야 한다.[184]

[傳10-19]

生財有大道, 生之者衆, 食之者寡, 爲之者疾, 用之者舒, 則財恒足矣.
재물을 생산함에 큰 도가 있으니, 생산하는 자가 많고 먹는 자가 적으며, 하기를 빨리하고 쓰기를 느리게 하면, 재물이 항상 풍족할 것이다.

之未喪師, 克配上帝, 儀監于殷. 峻命不易.' 道得衆則得國, 失衆則失國.)"라는 말과 "「강고(康誥)」에서 '천명은 일정한 곳에 하지 않는다.'라고 하였으니, 선하면 얻고, 선하지 못하면 잃는다.(「康誥」曰 : '惟命不于常.' 道善則得之, 不善則失之矣.)"라는 말을 뜻한다.

183) '성의장(誠意章)'의 '기미' : 『대학장구(大學章句)』「전(傳)」6장의 주석에서 "그러나 그 성실하고 성실하지 못함은 남은 미처 알지 못하고 자기만이 홀로 아는 데 있다. 그러므로 반드시 이것을 삼가해 그 기미(幾微)를 살펴야 한다.(然其實與不實, 蓋有他人所不及知, 而己獨知之者, 故必謹之於此, 以審其幾焉.)"라고 하였다.

184) 위는 제7절로 좋아함과 싫어함과 재물의 소용에 …… '기미'라는 말은 참고해서 봐야 한다 : 호광 편(胡廣 編), 『대학장구대전(大學章句大全)』「전(傳)」10장에는 "위는 제7절로 좋아함과 싫어함과 재물의 소용에 대해 자로 재는 것을 나눠 말하지 않고, 단지 큰 도가 있을 뿐임을 말하였으니, 여기에서 '도'라는 말은 곧 장 첫머리의 '자로 재는 도'이다. 충(忠)과 신(信)으로 얻는 것은 자신에게 자라는 마음이 있어 자신의 마음을 드러내어 스스로 다하는 것이 충이고, 사물에 자라는 이치가 있어 사물에 따라 어김이 없는 것이 신이기 때문이다. 교만함과 방자함으로 잃는다는 것은 교만함으로 자랑하고 높이며 사람들이 좋아하고 싫어하는 것을 겸손하게 함께 하려고 하지 않아 자로 재는 도가 아니고, 방자함으로 사치하고 제멋대로 하며 백성들에게 있는 재물의 쓰임을 함부로 빼앗아 자로 재는 도가 아니기 때문이다. 앞에서 두 번 '얻는다'와 '잃는다'를 말한 것은 사람들의 마음이 천명을 보존하고 없애는 기미이기 때문이다. 여기서 '얻는다'와 '잃는다'를 말한 것은 내 마음이 천리를 보존하고 없애는 기미이기 때문이다. 『대학장구(大學章句)』에서 여기의 '기미'라는 말은 '뜻을 정성스럽게 한다[誠意]'는 장의 '기미'라는 말과 참고해서 봐야 한다.(右第七節, 不分言好惡與財用之絜矩, 但言君子有大道, 此道字, 即章首絜矩之道也. 忠信以得之者, 在己有矩之心, 而發己自盡則爲忠, 在物有矩之理, 而循物無違, 則爲信. 驕泰以失之者, 驕者, 矜高不肯下同人之好惡, 非絜矩之道也, 泰者, 侈肆必至於橫斂乎民之財用, 非絜矩之道也. 前兩言得失, 人心天命存亡之幾也. 此言得失, 吾心天理存亡之幾也, 『章句』此一幾字, 當與誠意章幾字參看.)"라고 되어 있다.

朱註

恒, 胡登反. 呂氏曰 : "國無遊民, 則生者衆矣, 朝無幸位, 則食者寡矣, 不奪農時, 則爲之疾矣, 量入爲出, 則用之舒矣."

'즉재항족의(則財恒足矣)'에서 '항(恒)'자는 '호(胡 : 오랑캐)'와 '등(登 : 오르다)'의 반절이다. 여씨(呂氏 : 呂大臨)가 말하였다. "나라에 노는 백성이 없으면 생산하는 자가 많은 것이고, 조정에 요행의 지위가 없으면 먹는 자가 적은 것이며, 농사철을 빼앗지 않으면 하기를 빨리 하는 것이고, 수입을 헤아려 지출을 하면 쓰기를 느리게 하는 것이다."

詳說

○ 『大全』曰 : "藍田."[185]

'여씨(呂氏)'에 대해, 『대학장구대전(大學章句大全)』에서 말하였다. "남전(藍田)이다."[186]

○ 音潮.

'조무행위(朝無幸位)'에서 조(朝)'자는 음이 '조(潮 : 조수)'이다.

○ 無才而得祿.

'조무행위(朝無幸位)'에서 행위(幸位)는 재주가 없으면서 봉록을 받는 것이다.

○ 主人而曰'者', 主事而曰'之'. 本文兼言, 而註分言.

'즉식자과의, 불탈농시, 즉위지질의, 량입위출, 즉용지서의(則食者寡矣, 不奪農時, 則爲之疾矣, 量入爲出, 則用之舒矣 : 먹는 자가 적은 것이며, 농사철을 빼앗지 않으면 하기를 빨리 하는 것이고, 수입을 헤아려 지출을 하면 쓰기를 느리게 하는 것이다.)라는 구절에서 볼 때, 사람을 중심으로 하면 '~하는 자[者]'라 하고, 일을 중심으로 하면 '~하는 것[之]'이라고 한다. 본문에서는 겸하여 말했고, 주석에서는 나눠 말하였다.

○ 新安陳氏曰 : "疾謂速, 舒謂緩."[187]

'불탈농시, 즉위지질의, 량입위출, 즉용지서의(不奪農時, 則爲之疾矣, 量入爲出, 則用之舒矣 : 농사철을 빼앗지 않으면 하기를 빨리 하는 것이고, 수입을 헤아려 지출을

185) 호광 편(胡廣 編), 『대학장구대전(大學章句大全)』.

186) 남전이다 : 호광 편(胡廣 編), 『대학장구대전(大學章句大全)』「전(傳)」10장에는 "여씨는 이름이 대림이고, 자가 여숙으로 남전 사람이다.(呂氏, 名大臨, 字與叔, 藍田人.)"라고 되어 있다.

187) 호광 편(胡廣 編), 『대학장구대전(大學章句大全)』.

하면 쓰기를 느리게 하는 것이다.)에 대해, 신안 진씨(新安陳氏 : 陳櫟)[188]가 말하였다. "'빨리한다[疾]'는 것은 일찍부터 한다는 뜻이고, '느리게 한다[舒]'는 것은 천천히 한다는 뜻이다."[189]

朱註

愚按 : 此因有土有財而言, 以明足國之道在乎務本而節用, 非必外本內末而後財可聚也.

내가 생각하건대, 이는 토지가 있고 재물이 있는 것에 따라 말하여, 나라를 풍족히 하는 도(道)가 본업(本業 : 농업(農業))을 힘쓰고 씀씀이를 절약함에 있는 것이고, 반드시 근본을 밖으로 하고 말단을 안으로 한 뒤에 재물이 모이는 것이 아님을 밝힌 것이다.

詳說

○ **新安陳氏曰 : "務本謂生者衆, 爲者疾, 所以開財之源也. 節用謂食者寡, 用者舒, 所以節財之流也."**[190]

신안 진씨(新安陳氏 : 陳櫟)가 말하였다. "근본에 힘쓰는 것은 생산하는 자가 많음을 말하고, 하기를 빨리하는 것은 재물의 근원을 열기 위함이다. 씀씀이를 절약하는 것은 먹는 자가 적음을 말하고, 쓰기를 느리게 하는 것은 재물의 흐름을 절약하기 위함이다."[191]

---

188) 진력(陳櫟, 1252~1334) : 자는 수옹(壽翁)이고, 호는 정우(定宇) 또는 동부노인(東阜老人)이다. 송말원초 때 휘주(徽州) 휴녕(休寧) 사람이다. 송나라가 망하자 은거하여 학문과 제자 양성에 힘썼다. 학문 성향은 주희(朱熹)의 학문을 위주로 하면서 육구연(陸九淵)의 심학(心學)을 아울러 취하려 하였다. 인종(仁宗) 연우(延祐) 초에 향시(鄕試)에 급제했지만 예부시(禮部試)에 나가지 않고 집에서 학생들을 가르쳤다. 효성과 우애가 지극했고, 세력이나 이익에 휩쓸리지 않았다. 주희와 여러 학자의 학설을 채집하고 자신의 견해를 덧붙여 『상서집전찬소(尙書集傳纂疏)』를 저술하였다. 그 밖의 저서에 『사서발명(四書發明)』, 『예기집의(禮記集義)』, 『역조통략(歷朝通略)』, 『근유당수록(勤有堂隨錄)』, 『정우집(定宇集)』 등이 있다.

189) '빨리한다[疾]'는 것은 일찍부터 한다는 뜻이고, '느리게 한다[舒]'는 것은 천천히 한다는 뜻이다 : 호광 편(胡廣 編), 『대학장구대전(大學章句大全)』「전(傳)」10장에는 "씀씀이를 절약하는 것은 먹는 자가 적은 것을 말하고, 쓰기를 느리게 하는 것은 재물의 흐름을 절약하기 위함이다. '빨리한다[疾]'는 것은 일찍부터 한다는 뜻이고 '느리게 한다[舒]'는 것은 천천히 한다는 뜻이다.(節用, 謂食者寡, 用者舒, 所以節財之流也. 疾謂速, 舒謂緩.)"라고 되어 있다.

190) 호광 편(胡廣 編), 『대학장구대전(大學章句大全)』.

○ 前節.

'비필외본내말(非必外本內末 : 반드시 근본을 밖으로 하고 말단을 안으로 하다)'은 앞의 구절이다.

○ 玉溪盧氏曰 : "國無遊民而不奪農時, 民之財所以足, 朝無幸位而量入爲出, 國之財所以足."192)

옥계 노씨(玉溪盧氏 : 盧孝孫)가 말하였다. "나라에 노는 백성이 없고 농사지을 때를 빼앗지 않으면, 백성들의 재물이 풍족해지는 까닭이고, 조정에 요행으로 지위를 차지한 사람들이 없고 수입을 헤아려 지출을 하면, 나라의 재물이 풍족한 까닭이다."

○ 仁山金氏曰 : "「傳」之四語, 萬世理財之大法也."193)

인산 김씨(仁山金氏 : 金履祥)가 말하였다. "「전(傳)」의 네 가지 말은 영원토록 재물을 다스리는 큰 법이다."194)

朱註

自此以至終篇, 皆一意也.

여기서부터 마치는[끝] 편까지는 모두 한결 같은 뜻이다.

詳說

○ 生財有道之意.

재물을 생산함에 도가 있다는 의미이다.

---

191) 근본에 힘쓰는 것은 생산하는 자가 …… 재물의 흐름을 절약하기 위함이다 : 호광 편(胡廣編), 『대학장구대전(大學章句大全)』「전(傳)」10장에는 "근본에 힘쓰는 것은 생산하는 자가 많음을 말하고, 하기를 빨리하는 것은 재물의 근원을 열기 위함이다. 씀씀이를 절약하는 것은 먹는 자가 적음을 말하고, 쓰기를 느리게 하는 것은 재물의 흐름을 절약하기 위함이다. '빨리한다[疾]'는 것은 일찍부터 한다는 뜻이고 ……(務本, 謂生者衆, 爲者疾, 所以開財之源也. 節用, 謂食者寡, 用者舒, 所以節財之流也. 疾謂速, ……)"라고 되어 있다.

192) 호광 편(胡廣 編), 『대학장구대전(大學章句大全)』.

193) 호광 편(胡廣 編), 『대학장구대전(大學章句大全)』.

194) 「전(傳)」의 네 가지 말은 영원토록 재물을 다스리는 큰 법이다 : 호광 편(胡廣 編), 『대학장구대전(大學章句大全)』「전(傳)」10장에는 "천지에는 본래 무궁한 이익이 있으니, 나라를 소유한 자에게는 무궁한 재물이 있다. 다만 근면한 자는 얻고, 게으른 자는 잃으며, 검소한 자는 여유가 있고, 사치스러운 자는 모자랄 뿐이다. 그러므로 「전(傳)」의 네 가지 말은 영원토록 재물을 다스리는 큰 법이다.(天地間, 自有無窮之利, 有國家者, 亦本有無窮之財. 但勤者得之, 怠者失之, 儉者裕之, 奢者耗之. 故「傳」之四語, 萬世理財之大法也.)"라고 되어 있다.

[傳10-20]

仁者以財發身, 不仁者以身發財.
어진 사람은 재물로써 자신을 일으키고, 어질지 못한 자는 자신으로써 재물을 일으킨다.

朱註

發, 猶起也. 仁者, 散財以得民, 不仁者, 亡身以殖貨.
'일으킨다[發]'는 출세시킨다는 말과 같다. 어진 사람은 재물을 나눠주어 백성을 얻고, 어질지 못한 자는 몸을 망쳐서 재물을 증식한다.

詳說

◯ 朱子曰: "以其效言爾, 非謂仁者眞有以財發身之意."195)
주자(朱子)가 말하였다. "그 효과로 말하였을 뿐이지 어진 사람이 진실로 재물로 자신을 일으킨다는 것을 말한 뜻은 아니다."196)

◯ 得民則得位得名, 是起身也.
백성을 얻으면 지위를 얻고 이름을 얻으니, 바로 자신을 일으키는 것이다.

---

195) 호광 편(胡廣 編), 『대학장구대전(大學章句大全)』. 『주자어류(朱子語類)』 권16, 「대학3(大學三) 243조목에는 "'어진 사람은 재물로써 자신을 일으킨다.'는 것에 대해 묻자, 주희가 말하였다. '특별히 재물로써 명성을 얻는 것이 아니라 사람을 가르쳐서 자기를 받들게 한다. 다만 그가 가진 것을 사유화하지 않는다면 사람은 스스로 책임지고 몸소 자신을 높인다. 재물을 흩어서 나누어주는 효과가 이와 같음을 말했을 뿐이다.'(問: '仁者以財發身.' 曰: '不是特地散財以取名, 買敎人來奉己. 只是不私其有, 則人自歸之而身自尊. 只是言其散財之效如此.')"라고 하였고, 244조목에서는 "'어진 사람은 재물로써 자신을 일으킨다.'는 것은 재물을 흩어서 백성을 모이게 하고 몸소 스스로를 높일 뿐 재물에 뜻을 두지 않는다. 어질지 못한 자는 재물만을 많이 취할 뿐 자신을 위태롭게 하여 망치는 것은 관여하지 않는다.('仁者以財發身', 但是財散民聚, 而身自尊, 不在於財. 不仁者只管多聚財, 不管身之危亡也.)"라고 하였다.

196) 그 효과로 말하였을 뿐이지 어진 사람이 진실로 재물로 자신을 일으킨다는 것을 말한 뜻은 아니다: 호광 편(胡廣 編), 『대학장구대전(大學章句大全)』「전(傳)」10장에는 "어진 사람은 특별히 재물을 나눠주고 사람을 사서 자기에게 돌아오게 하는 것이 아니라 단지 그가 가진 것을 사사롭게 하지 않을 뿐인데, 사람들이 스스로 돌아와 자신이 높아지는 것이니, 재물을 나눠주는 효과가 이와 같음을 말하였다. 어질지 못한 자는 재물을 모으는 데만 힘쓰고 자신을 관리하지 않으니 위태롭게 되어 망한다.(仁者, 不是特地散財買人歸己, 只是不私其有, 人自歸之而身自尊, 是言散財之效如此. 不仁者只務聚財不管身, 危亡也.)"라고 되어 있다.

◯ 雙峰饒氏曰 : "財散民聚, 此以財發身, 財聚民散, 此以身發財."[197)]

쌍봉 요씨(雙峰饒氏 : 饒魯)가 말하였다. "재물을 나눠주면 백성들이 모이니, 이는 재물로 자신을 일으킨 것이고, 재물을 모으면 백성들이 흩어지니, 이는 자신으로 재물을 일으킨 것이다."

◯ 雲峯胡氏曰 : "六節言仁人, 此節言仁者, 皆因絜矩而言也."[198)]

운봉 호씨(雲峯胡氏 : 胡炳文)가 말하였다. "6절에서 어진 사람[仁人]을 말하고,[199)] 이 구절에서 어진 사람[仁者]을 말한 것은 모두 자로 재는 일[絜矩]로 말미암아 말한 것이다."[200)]

[傳10-21]

未有上好仁, 而下不好義者也, 未有好義其事不終者也, 未有府庫財, 非其財者也.

윗사람이 어짊을 좋아하는데 아랫사람들이 의로움을 좋아하지 않는 경우는 있지 않으니, 아랫사람들이 의로움을 좋아하고서 그 일이 끝마쳐지지 못하는 경우가 없고, 부고(府庫 : 관청 창고)의 재물이 그 윗사람의 재물이 아닌 경우가 없다.

---

197) 호광 편(胡廣 編), 『대학장구대전(大學章句大全)』.

198) 호광 편(胡廣 編), 『대학장구대전(大學章句大全)』.

199) 6절에서 어진 사람[仁人]을 말하고 : 『대학장구(大學章句)』「전(傳)」10장에서 "어진 사람만이 이들을 추방하여 유배함에 사방 오랑캐의 땅으로 내쫓아, 나라의 중심부에 함께 하지 못하게 하니, 이것을 '어진 사람만이 남을 사랑할 수 있고, 남을 미워할 수 있다.'라고 한다.(唯仁人放流之, 迸諸四夷, 不與同中國. 此謂唯仁人爲能愛人, 能惡人.)"라고 하였다.

200) 6절에서 어진 사람[仁人]을 말하고, 이 절에서 …… 자로 재는 일[絜矩]로 말미암아 말한 것이다 : 호광 편(胡廣 編), 『대학장구대전(大學章句大全)』「전(傳)」10장에는 "위는 제 8절로 재물을 생산하는 큰 도로 곧 자로 재는 도이다. 천하의 사람들을 모두 근본에 힘쓰게 할 수 있을지라도 윗사람이 스스로 비용을 절약하지 않으면 자로 재는 일이 아니다. 제6절에서 어진 사람[仁人]을 말하고, 이 절에서 어진 사람[仁者]을 말한 것은 모두 자로 재는 일[絜矩]로 말미암아 말한 것이다. 자로 재는 것은 서(恕)의 일이고, 서는 어짊의 방편이다.(右第八節, 生財大道, 亦即絜矩之道. 能使天下之人, 皆務本, 而上之人自不節用, 非絜矩矣. 第六節言仁人, 此節言仁者, 皆因絜矩而言也. 絜矩爲恕之事, 恕爲仁之方.)"라고 되어 있다.

朱註

上好仁以愛其下, 則下好義以忠其上, 所以事必有終, 而府庫之財無悖出之患也.
윗사람이 어짊을 좋아하여 그 아랫사람을 사랑하면, 아랫사람들이 의로움을 좋아하여 그 윗사람에게 충성하기 때문에 일이 반드시 마침이 있고, 부고(府庫 : 관청 창고)의 재물이 어그러지게 나가는 우환이 없다.

詳說

○ 承上節'仁'字.
'상호인(上好仁)'은 위의 절의 '인(仁 : 어짊)'자를 이어받았다.

○ 添'愛''忠'字.
'이애기하, 즉하호의이충기상(以愛其下, 則下好義以忠其上)'에서 볼 때, '애(愛 : 사랑한다)'자와 '충(忠 : 충성한다)'자를 더하였다.

○ 朱子曰 : "只是一箇道理, 在上便喚做仁, 在下便喚做義."201)
주자(朱子)가 말하였다. "하나의 도리일 뿐으로 위에서는 어짊이라 하고 아래에서는 의로움이라고 한다."202)

○ 本文此句, 是自五仁字爲四義字之承接樞紐也. 仁爲體而義爲用, 故以義字終乎天下之事.
「전(傳)」의 본문에서 이 구절은 다섯 번의 '인(仁 : 어짊)'자203)에서 네 번의 '의(義 :

201) 호광 편(胡廣 編), 『대학장구대전(大學章句大全)』.

202) 하나의 도리일 뿐으로 위에서는 어짊이라 하고 아래에서는 의로움이라고 한다 : 호광 편(胡廣 編), 『대학장구대전(大學章句大全)』 「전(傳)」 10장에는 "물었다. '어떻게 윗사람이 어질다고 해서 아랫사람이 의롭습니까?' 주자(朱子)가 말하였다. '단지 하나의 도리일 뿐으로 위에서는 어짊이라 하고, 아래에서는 의로움이라고 하며, 부모에게는 자애라 하고, 자식에게는 효도라고 합니다.'(問 : '如何上仁下便義.' 朱子曰 : '只是一箇道理, 在上便喚做仁, 在下便喚做義, 在父便謂之慈, 在子便謂之孝.')"라고 되어 있다.

203) 다섯 번의 '인(仁 : 어짊)'자 : 『대학장구(大學章句)』「전(傳)」 10장에 "구범(舅犯)이 말하였다. '도망 온 사람은 보배로 여길 것이 없고, 어버이를 사랑함을 보배로 여깁니다.'(舅犯曰 : '亡人無以爲寶, 仁親以爲寶.')"라는 말과 "어진 사람만이 이들을 추방하여 유배함에 사방 오랑캐의 땅으로 내쫓아, 나라의 중심부에 함께 하지 못하게 하니, 이것을 '어진 사람만이 남을 사랑할 수 있고, 남을 미워할 수 있다.'라고 한다.(唯仁人放流之, 迸諸四夷, 不與同中國. 此謂唯仁人爲能愛人, 能惡人.)"라는 말과 "어진 자는 재물로써 자신을 일으키고, 어질지 못한 자는 자신으로써 재물을 일으킨다.(仁者以財發身, 不仁者以身發財.)"라는 다섯 번의 '인(仁)'자가 들어있는 것을 말한다.

의로움)'자[204)]로 이어지는 핵심이 되는 것이다. 어짊은 본체이고 의로움은 작용이기 때문에 의로움이라는 말로 천하의 일을 마쳤다.

○ **其事, 指君之事. 所包者廣, 而此章本主言財, 故下句又說還本事.**

'소이사필유종(所以事必有終 : 때문에 일이 반드시 마침이 있고)에서 일은 임금의 일을 가리켜서 포함된 것이 넓은데, 이 장은 본래 재물을 중심으로 말하였기 때문에 아래의 구절에서 또 본래의 일을 말해 되돌렸다.

○ **照前節.**

'부고지재무패출(府庫之財無悖出 : 부고(府庫)의 재물이 어그러지게 나가는)'의 경우, 앞의 구절에 비춰 보아야 한다.

○ **朱子曰 : "此以財發身之效."**[205)]

주자(朱子)가 말하였다. "이것이 재물로 자신을 일으킨 효험이다."[206)]

---

204) 네 번의 '의(義 : 의로움)'자 : 『대학장구(大學章句)』「전(傳)」10장에 "윗사람이 어짊을 좋아하는데 아랫사람들이 의로움을 좋아하지 않는 경우는 있지 않으니, 아랫사람들이 의로움을 좋아하고서 그 일이 끝마쳐지지 못하는 경우가 없고, 부고(府庫)의 재물이 그 윗사람의 재물이 아닌 경우가 없다.(未有上好仁, 而下不好義者也, 未有好義其事不終者也, 未有府庫財, 非其財者也.)"라는 말과 "맹헌자(孟獻子)가 '마승(馬乘)을 기르는 자는 닭과 돼지를 기름에 살피지 않고, 얼음을 쓰는 집안은 소와 양을 기르지 않고, 백승(百乘)의 집안은 세금 걷기에 급급한 신하를 기르지 않으니, 그런 신하를 기를 것이라면 차라리 도둑질하는 신하를 두라.'라고 하였으니, 이것을 '나라는 이익을 이익으로 여기지 않고 의로움을 이익으로 여긴다.'라고 하는 것이다.(孟獻子曰 : '畜馬乘不察於鷄豚, 伐冰之家不畜牛羊, 百乘之家不畜聚斂之臣, 與其有聚斂之臣, 寧有盜臣.' 此謂國不以利爲利, 以義爲利也.)"라는 말과 "나라의 어른이 되어 재용(財用)을 힘쓰는 것은 반드시 소인 때문이다. 저 선을 행하는 소인이 나라를 다스리게 하면 재해(菑害)가 함께 오니, 잘하는 자가 있더라도 또한 어쩔 수가 없는 것이다. 이것을 '나라는 이로움을 이로움으로 여기지 않고, 의로움을 이로움으로 여긴다.'라고 한다.(長國家而務財用者, 必自小人矣. 彼爲善之, 小人之使爲國家, 菑害竝至,雖有善者, 亦無如之何矣. 此謂國不以利爲利, 以義爲利也.)"라는 네 번의 '의(義)'자가 들어 있는 구절을 말한다.

205) 주희(朱熹), 『대학혹문(大學或問)』 권2, 「대학(大學) · 전(傳)10장」.

206) 이것이 재물로 자신을 일으킨 효험이다 : 주희(朱熹), 『대학혹문(大學或問)』 권2, 「대학(大學) · 전(傳)10장」에는 "물었다. ''부고(府庫)의 재물이 그 윗사람의 재물이 아닌 경우가 없다.'라는 것은 무엇 때문입니까?' 답하였다. '윗사람이 어짊을 좋아하면 아랫사람들이 의로움을 좋아합니다. 아랫사람들이 의로움을 좋아하면 그 일은 끝마쳐집니다. 일이 끝마쳐지면, 임금은 편안하고 부귀하며 영화롭고, 부고의 재물은 길이 보전할 수 있습니다. 이것이 재물로 자신을 일으킨 효험입니다.'(曰 : '未有府庫財, 非其財者, 何也.' 曰 : '上好仁, 則下好義矣. 下好義, 則事有終矣. 事有終, 則爲君者安富尊榮, 而府庫之財, 可長保矣. 此以財發身之效也.')"라고 되어 있다.

○ 末句亦蒙上句之'好義', 以註中而字而可知也. 雖然, 所蒙'好義'者二事, 實皆蒙'上好仁'云.

끝의 구절에서 또한 위의 구절 '의로움을 좋아한다.'라는 것을 받았으니, 주석에서 '이(而 : 말을 잇다)'자로 알 수 있다. 그렇지만 '의로움을 좋아한다.'라는 것은 두 번째의 일이니, 실제로 모두 '윗사람이 어짊을 좋아한다.'라는 말을 이어받은 것이다.

[傳10-22]

孟獻子曰 : "畜馬乘不察於鷄豚, 伐冰之家不畜牛羊, 百乘之家不畜聚斂之臣, 與其有聚斂之臣, 寧有盜臣." 此謂國不以利爲利, 以義爲利也.

맹헌자(孟獻子)가 말하였다. "마승(馬乘)을 기르는 자는 닭과 돼지를 기르는 일에 대해 살피지 않고, 얼음을 쓰는 집안은 소와 양을 기르지 않으며, 백승(百乘)의 집안은 세금 걷기에 급급한 신하를 기르지 않으니, 그런 신하를 기를 것이라면 차라리 도둑질하는 신하를 두라." 이것을 '나라는 이익을 이익으로 여기지 않고 의로움을 이익으로 여긴다.'라고 한다.

朱註

畜, 許六反. 乘斂, 幷去聲. 孟獻子, 魯之賢大夫仲孫蔑也. 畜馬乘, 士初試爲大夫者也.

'휵마승불찰어계돈(畜馬乘不察於鷄豚)'에서 '휵(畜 : 기르다)'자는 '허(許 : 허락하다)'와 '육(六 : 여섯)'의 반절이다. '승(乘)'자와 '렴(斂)'자는 아울러 거성이다. 맹헌자(孟獻子)는 노(魯)나라의 어진 대부(大夫)인 중손멸(仲孫蔑)이다. 마승(馬乘)을 기른다는 것은 사(士)가 처음 등용되어 대부(大夫)가 되었다는 뜻이다.

詳說

○ 乘, 四匹也.

'휵마승(畜馬乘)'에서 승(乘 : 타다)'은 말 네 필이다.

○ 新安陳氏曰 : “大夫以上乃得乘四馬. 下云‘伐冰之家’, 是卿大夫, 今別云‘畜馬乘’, 故知士初試爲大夫.”207)

신안 진씨(新安陳氏 : 陳櫟)가 말하였다. “대부 이상이어야 네 필의 말이 끄는 마차를 탈 수 있다. 아래에서 ‘얼음을 쓰는 집안은 경대부이다.’라 하고 이제 별도로 ‘마승을 기른다는 것은’이라고 했기 때문에 사(士)가 처음 등용되어 대부가 된 것임을 알겠다.”208)

○ 不曰不畜, 而曰不察, 蒙上畜字也. 或曰非謂全不畜也, 但不致察耳.

‘기르지 않는다.’라고 하지 않고, ‘살피지 않는다.’라고 한 것은 앞의 ‘기르다’는 말을 이어받은 것이다. 어떤 이는 ‘전혀 기르지 않음을 말한 것이 아니니, 단지 살피지 않게 되는 것일 뿐이다.’라고 하였다.

朱註

伐冰之家, 卿大夫以上, 喪祭用冰者也.

‘얼음을 쓰는 집안[伐冰之家]’은 경대부(卿大夫) 이상으로 초상이 나고 제사를 지낼 때 얼음을 쓰는 것이다.

詳說

○ 上聲.

‘경대부이상(卿大夫以上)’에서 ‘상(上 : 위)’자는 상성이다.

○ 至於公.

‘벌빙지가, 경대부이상(伐冰之家, 卿大夫以上 : 얼음을 쓰는 집안은 경대부 이상으로)’은 ‘공(公)’까지이다.

---

207) 호광 편(胡廣 編), 『대학장구대전(大學章句大全)』.

208) 대부 이상이어야 네 필의 말이 끄는 마차를 …… 등용되어 대부가 된 것임을 알겠다 : 호광 편(胡廣 編), 『대학장구대전(大學章句大全)』「전(傳)」10장에는 “공씨의 소(疏)에서 말하였다. ‘내가 생각하건대 『서전』에서 ‘사(士)는 수레를 장식하고 말을 나란히 한다.’라고 했고, 『시경(詩經)』에서 ‘네 필의 말이 끝없이 달려간다.’라고 하였으니, 대부 이상이어야 네 필의 말이 끄는 마차를 탈 수 있다. 이제 아래에서 ‘얼음을 쓰는 집안은 경대부이다.’라 하고 이제 별도로 ‘마승을 기르는 것은’이라고 했기 때문에 사(士)가 처음 등용되어 대부가 된 것임을 알겠다.(孔氏疏曰 : ‘按『書傳』‘士飾車駢馬.’ 『詩』云‘四牡騑騑’, 大夫以上乃得乘四馬. 今下云‘伐冰之家是卿大夫今’, 別云‘畜馬乘’, 故知士初試爲大夫者也.)”라고 되어 있다.

◯ **新安陳氏曰："『左傳』云'大夫命婦喪浴用冰'，『禮記』云'士不用冰'，故知卿大夫也."**[209]

신안 진씨(新安陳氏：陳櫟)가 말하였다. "『춘추좌전(春秋左傳)』에서 '대부나 그 부인의 장례에 시신에 얼음을 채워 놓는다.'[210]라 하고, 『예기(禮記)』에서 '사(士)는 얼음을 쓰지 않는다.'[211]라고 했기 때문에 경대부임을 알겠다."[212]

◯ **朱子曰："與民爭利，便是不絜矩. 此公儀子所以'拔園葵去織婦'也."**[213]

주자(朱子)가 말하였다. "백성들과 이익을 다투면, 자로 잴 수 없다. 이것이 공의자(公儀子)[214]가 전원에 있는 아욱을 뽑아 버리고 베 짜는 아내를 쫓아 버린 까닭이다."[215]

---

209) 호광 편(胡廣 編), 『대학장구대전(大學章句大全)』.

210) 대부나 그 부인의 장례에 시신에 얼음을 채워 놓는다：『춘추좌전(春秋左傳)』 소공(昭公) 4년 기사에 "얼음을 꺼낼 때는 시기가 있고, 고기를 먹는 지위에 있는 자에게는 모두 그 얼음을 나누어 주었다. 대부나 그의 아내는 장례에 얼음으로 목욕을 시켰다.(其出入也時，食肉之祿，冰皆與焉. 大夫命婦喪浴用冰.)"라는 말이 있다.

211) 사(士)는 얼음을 쓰지 않는다：『예기(禮記)』「상대기(喪大記)」에 "임금은 큰 대야[大盤]에 얼음을 넣고, 대부는 그보다 작은 대야[夷盤]에 얼음을 넣으며, 사(士)는 와기로 만든 대야[瓦盤] 두 개를 함께 놓지만 얼음이 없다. 평상을 놓고 홑자리를 깔지만 베개가 있다.(君設大盤造冰焉，大夫設夷盤造冰焉，士併瓦盤無冰，設牀襢第有枕.)"라고 하였고, 이 주석에서 "중춘 이후로는 먼저 대야에 얼음을 넣고 그 위에 평상을 놓고 자리를 깔지 않고 시신을 그 위에 옮기고, 서늘한 가을이 되면 그렇게 하지 않는다. 사(士)는 얼음을 사용하지 않고 와기를 대야로 해서 두 개를 함께 놓고 물을 채운다.(自仲春之後，先內冰於盤中，乃設床於其上，不施席而遷屍焉，秋涼而止. 士不用冰，以瓦爲盤，併以盛水.)"라고 하였다.

212) 『춘추좌전(春秋左傳)』에서 '대부나 그 부인의 장례에 …… 했기 때문에 경대부임을 알겠다：호광 편(胡廣 編), 『대학장구대전(大學章句大全)』「전(傳)」10장에는 "『좌전』 소공 4년 기사에 '대부나 그 부인의 장례에 시신에 얼음을 채워놓는다.'라고 하고, 『예기』「상대기」에서 '사(士)는 얼음을 쓰지 않는다.'라고 했기 때문에 경대부임을 알겠다. 사(士)가 얼음을 은혜로 받아 또한 그것을 쓸지라도 단지 일상적인 것이 아니기 때문에 사(士)가 장례에 임금이 얼음을 주면 대야를 크게 해도 된다.(『左』昭四年，大夫命婦喪浴用冰，『喪大記』云，士不用冰，故知卿大夫也. 士若恩賜，亦得用之. 但非其常，故士喪禮賜冰，則夷槃可也.)"라고 되어 있다.

213) 주희(朱熹), 『대학혹문(大學或問)』 권2, 「대학(大學)·전(傳)10장」.

214) 공의자(公儀子)：춘추시대 노나라 목공[魯穆公]의 재상 공의휴(公儀休)를 말한다. 『사기(史記)』 권119 「순리열전(循吏列傳)」에서 "그는 자기 집 채마밭의 아욱이 향기롭게 자라자 뽑아 버리고 베를 잘 짜는 아내를 내쫓고 베틀을 불태워 버릴 정도로 백성들과 이익을 다투지 않았다."라고 하였다.

215) 백성들과 이익을 다투면, 자로 잴 수 없다 …… 베 짜는 아내를 쫓아 버린 까닭이다：주희(朱熹), 『대학혹문(大學或問)』 권2, 「대학(大學)·전(傳)10장」에는 "물었다. '맹헌자의 말을 인용

朱註

百乘之家, 有采地者也.

백승지가(百乘之家)는 채지(采地)를 가지고 있는 자이다.

詳說

○ 音菜.

'유채지자야(有采地者也)'에서 '채(采 : 채지)'자는 음이 '채(菜 : 나물)'이다.

○ 『大全』曰 : "臣之食邑也."[216]

『대학장구대전(大學章句大全)』에서 말하였다. "신하의 식읍이다."

朱註

君子寧亡己之財, 而不忍傷民之力, 故寧有盜臣, 而不畜聚斂之臣.

군자는 차라리 자기의 재물을 잃을지라도 차마 백성의 힘을 상하게 하지 못한다. 그러므로 차라리 도둑질하는 신하를 두면 두었지 세금 걷기에 급급한 신하를 기르지 않는 것이다.

詳說

○ 朱子曰 : "竊君之府庫以自私, 而禍不及下."[217]

주자(朱子)가 말하였다. "임금의 창고에서 훔쳐 스스로 사사롭게 하는데 화가 아래로 미치지는 않는다."[218]

한 것은 무엇 때문입니까?' 대답하였다. '닭·돼지·소·양은 백성들이 기르는 것으로 그렇게 해서 이익을 삼는 것입니다. 이미 임금의 봉록을 받고 있어 백성들의 봉양을 누린다면, 다시 그들과 다투어서는 안 됩니다. 이것이 공의자가 전원에 있는 아욱을 뽑아 버리고 베 짜는 아내를 쫓아 버린 까닭입니다.'(曰 : '其引孟獻子之言何也.' 曰 : '鷄豚牛羊, 民之所畜, 養以爲利者也. 旣已食君之祿, 而享民之奉矣, 則不當復與之爭. 此公儀子所以拔園葵去織婦.')"라고 되어 있다.

216) 호광 편(胡廣 編), 『대학장구대전(大學章句大全)』 「전(傳)」10장.

217) 주희(朱熹), 『대학혹문(大學或問)』 권2, 「대학(大學)·전(傳)10장」.

218) 임금의 창고에서 훔쳐 스스로 사사롭게 하는데 화가 아래로 미치지는 않는다 : 주희(朱熹), 『대학혹문(大學或問)』 권2, 「대학(大學)·전(傳)10장」에는 "세금 걷기에 급급한 신하는 백성들의 고혈을 짜내어 윗사람을 섬기는데, 백성들이 그 재앙을 당한다. 도둑질하는 신하는 임금의 창고를 털어 스스로 사사롭게 하는데, 화가 아래로 미치지는 않는다.(聚斂之臣, 剝民之膏血以奉上, 而民被其殃. 盜臣竊君之府庫以自私, 而禍不及下.)"라고 되어 있다.

○ 倒釋以便文.

'영유도신, 이불휵취렴지신(寧有盜臣, 而不畜聚斂之臣 : 차라리 도둑질하는 신하를 두면 두었지 세금 걷기에 급급한 신하를 기르지 않는 것이다)'은 풀이를 거꾸로 해서 말을 바꾸었다.

○ 聚斂之臣與馬、牛羊概言畜, 其賤之之意嚴矣.

'영유도신, 이불휵취렴지신(寧有盜臣, 而不畜聚斂之臣 : 차라리 도둑질하는 신하를 두면 두었지 세금 걷기에 급급한 신하를 기르지 않는 것이다)'라는 구절에서 볼 때, 세금 걷기에 급급한 신하를 말·소·양과 함께 모두 기른다고 했으니, 천박하게 여긴다는 의미가 엄한 것이다.

○ 雙峰饒氏曰 : "此段大意在'不畜聚斂之臣', 見用人與理財相關."[219]

쌍봉 요씨(雙峰饒氏 : 饒魯)[220]가 말하였다. "이 단락의 큰 의미는 '세금 걷기에 급급한 신하를 기르지 않는다.'라는 구절에 있으니, 사람을 부리는 일은 재물을 다스리는 것과 서로 관계가 있다는 말이다."

朱註

'此謂'以下, 釋獻子之言也.

'이것을 ~라고 한다.[此謂]'는 구절 아래는 헌자(獻子)의 말을 해석한 것이다.

詳說

○ 此書凡有十'此謂', 或指上文, 或指古語. 惟此節之'此謂'只是'此言'之意, 觀於註可知也. 玉溪幷作古語看, 恐未然. 且獻子在孔子以前世, 何從而師子思乎. 尤翁嘗疑孟獻子有兩人云.

이 책에서 '이것을 ~라고 한다[此謂]'라는 말이 열 번 있는데, 간혹 앞의 글을 가리키기도 하고 간혹 옛날의 말을 가리키기도 한다. 그런데 오직 이 구절[단락]에서 '이것을 ~라고 한다[此謂]'라는 말은 단지 '이것은 ~라는 말이다.[此言]'라는

---

219) 호광 편(胡廣 編), 『대학장구대전(大學章句大全)』.

220) 요로(饒魯, 1194~1264) : 송나라 때의 유학자로 요주의 여간 사람이며, 자는 중원(仲元)이며, 호는 쌍봉(雙峰)이다. 황간에게 학문을 배우고, 평생 동안 벼슬하지 않아 그의 사후 문인들이 그에게 사시(私諡)를 문원(文元)이라 올렸다. 저서로는 『오경강의』, 『논맹기문(論孟紀聞)』, 『춘추절전(春秋節傳)』, 『학용찬술(學庸纂述)』, 『근사록주(近思錄註)』, 『태극삼도(太極三圖)』, 『용학십이도(庸學十二圖), 『서명도(西銘圖)』 등이 있다.

의미이니, 주석을 보면 알 수 있다. 옥계(玉溪 : 盧孝孫)는 옛날의 말과 아울러 보았는데 그렇지 않은 것 같다. 또 헌자는 공자 이전 시대의 사람이니, 어떻게 자사(子思)를 스승으로 할 수 있었겠는가? 우옹(尤翁 : 宋時烈)은 두 명의 맹헌자가 있었던 것이 아닌가라고 여겼다.

◯ 朱子曰 : "孟子分別義利之意, 其傳蓋出於此."
주자(朱子)가 말하였다. "맹자가 의로움과 이익의 의미를 분별함에 그 전함이 여기에서 나왔다."

[傳10-23]

長國家而務財用者, 必自小人矣. 彼爲善之, 小人之使爲國家, 菑害竝至, 雖有善者, 亦無如之何矣. 此謂國不以利爲利, 以義爲利也.
나라와 집안의 어른이 되어 재용(財用)을 힘쓰는 것은 반드시 소인 때문이다. 저 선을 행하는 소인이 나라나 집안을 다스리게 하면 재해(菑害)가 함께 오니, 잘하는 자가 있더라도 또한 어쩔 수가 없는 것이다. 이것을 '나라는 이로움을 이로움으로 여기지 않고, 의로움을 이로움으로 여긴다.'라고 한다.

朱註

長, 上聲. '彼爲善之', 此句上下疑有闕文誤字.
'장국가이무재용자(長國家而務財用者)'에서 '장(長 : 어른)'자는 상성이다. '저 선을 행하는[彼爲善之]' 것, 이 구절의 위아래로는 아마도 글이 빠졌거나 잘못된 글자가 있는 듯하다.

詳說

◯ 此亦本在音訓'上聲'下, 今姑依『大全』本移置于此.
이 또한 본래의 음훈에서 '상성(上聲)'의 아래에 있었는데, 지금 『대학장구대전(大學章句大全)』에 따라 잠시 여기로 옮겨 놨다.

◯ 按 : 伊川改正本曰 : "一本云'彼爲不善之小人, 使之爲國家'", 而『章句』不取. 蓋旣言小人, 則更不消言爲不善故耳. 『諺解』衍之, 恐得.

내가 생각하건대, 이천(伊川 : 程頤)의 개정본에서는 "어떤 판본에는 '저 선하지 못한 소인, 그가 나라와 집안을 다스리게 하면'으로 되어 있다."라고 하였는데, 『대학장구(大學章句)』에서는 취하지 않았다. 이미 소인이라고 했다면, 다시 선하지 않다고 할 필요가 없기 때문이다. 『언해』에서 부연해 놓은 것은 옳은 것 같다.[221)]

○ 長於國家, 謂君也.

「전(傳)」에서 나라와 집안[가문]에 어른이 된다는 것은 임금을 말한다.

朱註

自, 由也, 言由小人導之也. 此一節深明以利爲利之害,

'~ 때문이다[自]'는 '~로 말미암는다[由]'는 말이다. 소인의 인도로 말미암는다는 말이다. 이 한 구절은 이로움을 이로움으로 삼을 때의 피해를 깊이 밝히고,

詳說

○ 釋"何矣"以上.

"어쩔 수가 없는 것이다[何矣]"라는 말의 윗부분에 대해 풀이하였다.

○ 東陽許氏曰 : "菑如水旱蝗疫, 害如寇賊變亂."[222)]

「전(傳)」의 '재해병지(菑害竝至)'에 대해, 동양 허씨(東陽許氏 : 許謙)[223)]가 말하였다. "재(菑)는 이를테면 가뭄과 황충과 전염병이고, 해(害)는 이를테면 도적과 변란이다."[224)]

---

221) 『언해』에서 부연해 놓은 것은 옳은 것 같다 : 『언해』에는 "長당國국家가而이務무財ᄌᆡ 用용者쟈ᄂᆞᆫ, 必필自ᄌᆞ小쇼人인矣의니彼爲善之小쇼人인之지使ᄉᆞ爲위國국家가 …….."라고 되어 있다.

222) 호광 편(胡廣 編), 『대학장구대전(大學章句大全)』.

223) 허겸(許謙 : 1269~1337) : 원나라 때 학자로, 자가 익지(益之)이고, 호가 백운산인(白雲山人)이고, 시호가 문의(文懿)이며, 절강성 동양(東陽) 사람이다. 어려서 아버지가 돌아가시자 어머니 도씨(陶氏)가 직접 『효경(孝經)』·『논어(論語)』를 가르쳤다. 원 대 말기에 이르러 금화(金華)에 하기(何基)·왕백(王柏)·김이상(金履祥)·허겸(許謙)의 사현서원(四賢書院)을 세웠다. 저서로는 『백운집』 외에 『사서총설』·『시집전명물초(詩集傳名物鈔)』·『관사치홀기미(觀史治忽機微)』 등이 있다.

224) 재(菑)는 이를테면 가뭄과 황충과 전염병이고, 해(害)는 이를테면 도적과 변란이다 : 호광 편(胡廣 編), 『대학장구대전(大學章句大全)』「전(傳)」10장에는 "재(菑)는 일식·별자리의 변화·가뭄·황충·전염병과 같은 것들이 모두 여기에 해당하고, 해(害)는 민심의 원망과 이반·도적의 약탈·전쟁의 변란과 같은 것들이 모두 여기에 해당한다.(災如日食星變水旱蝗疫皆是, 害如民心怨叛寇賊姦宄兵戈變亂皆是.)"라고 되어 있다.

○ 玉溪盧氏曰 : "此時雖用君子亦晚矣, 無救於禍."225)

옥계 노씨(玉溪盧氏 : 盧孝孫)가 말하였다. "이런 때는 군자를 등용할지라도 늦어서 재앙에서 구할 수 없다."226)

朱註

而重言以結之,

거듭 말씀하여 맺었으니,

詳說

○ 去聲.

'중(重 : 거듭)'자는 거성이다.

○ 上下節末句相爲呼應.

위아래 구절의 마지막 구(句)가 서로 호응한다.

○ 此節之'此謂', 照上節言, 而又與上節之'此謂'微不同.

이 구절[단락]에서 '이것을 ~라고 한다[此謂]'라는 말은 앞의 구절에 비춰 말한 것인데, 또 앞 구절의 것과는 미미하게 같지 않다.

朱註

其丁寧之意切矣.

그 간곡한 뜻이 간절하다.

詳說

○ 須看「康誥」'忠信'及此註三切字.

'기정녕지의절의(其丁寧之意切矣 : 그 간곡한 뜻이 간절하다)'는 「강고」에서 '충과

---

225) 호광 편(胡廣 編), 『대학장구대전(大學章句大全)』.

226) 이런 때는 군자를 등용할지라도 늦어서 재앙에서 구할 수 없다 : 호광 편(胡廣 編), 『대학장구대전(大學章句大全)』「전(傳)」10장에는 "재물은 하늘이 내는 것이고 백성들이 원하는 것이다. 세금 걷기에 급급하게 일삼으면, 사람의 마음을 잃어 하늘의 분노를 범하기 때문에 재해가 함께 온다. 재는 하늘에서 내리는 것이고, 해는 사람에게서 생긴 것인데, 이미 함께 온 뒤 이런 때는 군자를 등용할지라도 늦어서 재앙에서 구할 수 없다.(財者, 天所生而民所欲, 事聚斂, 則失人心, 而干天怒, 故菑害竝至. 菑由天降, 害自人作, 旣已竝至, 此時雖用君子亦晚矣, 無救於禍矣.)"라고 되어 있다.

신[忠信]' 및 여기 주석에서 세 번의 '절(切 : 절실하다)'자[227]를 봐야 한다.

○ 此章多言財利, 恐啓以利爲利之弊. 故至末特言'義'字以救之. 四箇義字足以奪章中十一財字一貨字四寶字七利字云.

이 장에서 대부분 재물의 이로움에 대해 말한 것은 이로움을 이로움으로 여기는 폐단을 가르친 것 같다. 그러므로 끝에서 특히 '의(義 : 의로움)'자를 써서 구제하였다. 네 번의 의로움이라는 말로 충분히 장에서 11번의 재물이라는 말과 1번의 재화라는 말과 4번의 보물이라는 말과 7번의 이로움이라는 말을 압도할 수 있다.

○ 玉溪盧氏曰 : "'生財有大道'以後四節, 前兩節自君身言, 後兩節自君之用人言. 進君子退小人, 是絜矩之要道, 故必以此終焉, 乃『大學』反本窮源之意."[228]

옥계 노씨(玉溪盧氏 : 盧孝孫)[229]가 말하였다. "'재물을 생산함에 큰 도가 있다.'라는 말 이후의 4절에서 앞의 두 절은 임금 자신으로 말했고, 뒤의 두 절은 임금이 사람을 쓰는 것으로 말하였다. 군자를 나오게 하고 소인을 물리치는 것이 자로 재는 중요한 도이기 때문에 굳이 이것으로 끝냈으니, 바로 『대학(大學)』에서 근본으로 되돌아가 근원을 궁구하는 의미이다."[230]

---

227) 여기 주석에서 세 번의 '절(切 : 절실하다)'자 : 『대학장구(大學章句)』「전(傳)」10장에 "「강고(康誥)」에서 '천명은 일정한 곳에 하지 않는다.'라고 하였으니, 선하면 얻고, 선하지 못하면 잃는다는 말이다.(「康誥」曰 : '惟命不于常.' 道善則得之, 不善則失之矣.)"라는 구절의 주석에 "그 간곡하게 반복하는 뜻이 더욱 깊고 간절하다.(其丁寧反覆之意, 益深切矣.)"라는 말이 있고, "이러므로 군자는 큰 도가 있으니, 반드시 충(忠)과 신(信)으로써 얻고, 교만함과 방자함으로써 잃는다.(是故君子有大道, 必忠信以得之, 驕泰以失之.)"라는 구절의 주석에 "「강고(康誥)」의 뜻을 따라 말한 것이다. 이 장 안에 '얻는다'와 '잃는다'를 세 번 말하였는데 말이 더욱더 간절하다.(「康誥」之意而言. 章內三言得失, 而語益加切.)"라는 말이 있고, "나라와 집안의 어른이 되어 재용(財用)을 힘쓰는 것은 반드시 소인 때문이다. 저 선을 행하는 소인이 나라와 집안을 다스리게 하면 재해(菑害)가 함께 오니, 잘하는 자가 있더라도 또한 어쩔 수가 없는 것이다. 이것을 '나라는 이로움을 이로움으로 여기지 않고, 의로움을 이로움으로 여긴다.'라고 한다.(長國家而務財用者, 必自小人矣. 彼爲善之, 小人之使爲國家, 菑害竝至,雖有善者, 亦無如之何矣. 此謂國不以利爲利, 以義爲利也.)"라는 구절의 주석에 "이 한 구절은 이로움을 이로움으로 삼을 때의 피해를 깊이 밝히고, 거듭 말씀하여 맺었으니, 그 간곡한 뜻이 절실하다.(此一節深明以利爲利之害, 而重言以結之, 其丁寧之意切矣.)"라는 말이 있다.

228) 호광 편(胡廣 編), 『대학장구대전(大學章句大全)』.

229) 노효손(盧孝孫) : 자는 신지(新之)이고 호는 옥계(玉溪)이며, 귀계(貴溪) 사람이다. 진덕수(陳德秀)의 문하에서 학문을 배워, 가태(嘉泰 : 1201~1204) 연간에 진사에 급제하였다. 벼슬은 태학박사(太學博士)에 이르렀다. 벼슬을 그만둔 뒤 옥계서원(玉溪書院)에서 주로 강학하였다. 저서에는 송 이종(理宗)에게 진상한 『사서집의(四書集義)』 1백 권이 있다.

○ 雲峰胡氏曰："右第八節, 生財大道, 亦卽絜矩之道, 用人, 亦當取其絜矩也. 義利之辨, 大學之書以此終, 『孟子』之書以此始."[231]

운봉 호씨(雲峯胡氏：胡炳文)[232]가 말하였다. "위는 제8절로 재물을 생산하는 큰 도 또한 자로 재는 도이니, 사람을 쓰는 데 또한 자로 재는 것을 취해야 한다. 의로움과 이로움의 분변은 『대학(大學)』에서는 이것으로 끝냈고, 『맹자(孟子)』에서는 이것으로 시작하였다."[233]

---

230) '재물을 생산함에 큰 도가 있다.'라는 말 이후의 …… 근본으로 되돌아가 근원을 궁구하는 의미이다：호광 편(胡廣 編), 『대학장구대전(大學章句大全)』「전(傳)」10장에는 "'재물을 생산함에 큰 도가 있다.'라는 말부터 이후의 모두 4절에서 앞의 두 절은 임금 자신으로 말했고, 뒤의 두 절은 임금이 사람을 쓰는 것으로 말하였다. 군자를 나오게 하고 소인을 물리치는 것이 바로 백성들과 함께 좋아하고 미워하는 큰 것이니, 또 자로 재는 중요한 도이다. 그러므로 이 장에서 자로 재는 도를 말하여 반드시 군자를 나오게 하고 소인을 물리치는 것으로 끝낸 것은 이미 군자와 소인의 구분에 엄하게 한 다음에 다시 의로움과 이로움, 이치와 욕망의 구분에 엄하게 한 것으로 바로 『대학(大學)』에서 근본으로 되돌아가 근원을 궁구하는 의미, 곧 본심을 보존하고 없애는 기틀이 천하가 다스려지고 혼란해지는 기틀을 결정하는 것이고, 바로 밝은 덕으로 백성을 새롭게 하는 것이니, 모두 지극한 선에 머물러야 하는 까닭이다.(自生財有大道以後凡四節, 前兩節自君身言, 後兩節自君之用人言. 進君子退小人, 乃與民同好惡之大者, 是又所以爲絜矩之要道也. 故此章言絜矩之道, 必以進君子退小人終焉, 旣致嚴於君子小人之辨, 復致嚴於義利理欲之辨者, 乃『大學』反本窮源之意, 卽本心存亡之幾, 決天下治亂之幾, 正以明德新民, 皆當止於至善故也.)"라고 되어 있다.

231) 호광 편(胡廣 編), 『대학장구대전(大學章句大全)』.

232) 호병문(胡炳文, 1250~1333)：자는 중호(仲虎)이고, 호는 운봉(雲峯)이다. 원(元) 나라 때의 경학자로 휘주 무원(徽州 婺源：현 안휘성 소속) 사람이다. 주희(朱熹)의 종손(宗孫)에게 『주역(周易)』과 『서경(書經)』을 배워 주자학에 잠심했으며, 특히 『주역(周易)』에 뛰어났다. 신주(信州) 도일서원(道一書院) 산장(山長)을 지내고, 난계주학정(蘭溪州學正)이 되었는데 취임하지 않았다. 주자의 『주역본의(周易本義)』를 근거로 여러 설을 절충·시정하여 『주역본의통석(周易本義通釋)』 12권을 지었다. 처음 이름은 『주역본의정의(周易本義精義)』였고, 『통지당경해(通志堂經解)』에 들어있다. 이밖에 『서집해(書集解)』, 『춘추집해(春秋集解)』, 『예서찬술(禮書纂述)』, 『사서통(四書通)』, 『대학지장도(大學指掌圖)』, 『오경회의(五經會義)』, 『이아운어(爾雅韻語)』 등이 있다.

233) 위는 제8절로 재물을 생산하는 큰 도 …… 『맹자(孟子)』에서는 이것으로 시작했다：호광 편(胡廣 編), 『대학장구대전(大學章句大全)』「전(傳)」10장에는 "위는 제8절로 재물을 생산하는 큰 도 또한 곧 자로 재는 도이다. 천하의 사람들을 모두 근본에 힘쓰게 할 수 있을지라도 윗사람이 스스로 비용을 절약하지 않으면 자로 재는 것이 아니다. 제6절에서 어진 사람을 말하고, 이 절에서 어진 자를 말한 것은 모두 자로 재는 것으로 말미암아 말한 것이다. 자로 재는 것은 서(恕)의 일이고, 서는 어짊의 방편이다. 좋아함과 미워함을 서(恕)할 수 없으면, 어떻게

朱註

右「傳」之十章, 釋治國平天下. 此章之義, 務在與民同好惡, 而不專其利, 皆推廣絜矩之意也.

위는 「전(傳)」 10장으로 나라를 다스리는 일과 천하를 바로잡는 일을 풀이하였다. 이 장의 뜻은 백성들과 좋아함과 싫어함을 함께 하고 그 이익을 독차지하지 않음에 힘쓰는 사안으로, 모두 자로 재는 뜻을 미루어 넓힌 것이다.

詳說

◯ **朱子曰 : "此章不過好惡義利兩端而已."**

주자(朱子)가 말하였다. "이 장은 좋아함과 미워함, 의로움과 이로움의 두 실마리에 불과할 뿐이다."

◯ **陳氏曰 : "又要其歸, 則不出於絜矩而已."**[234]

진씨(陳氏)가 말하였다. "또 그 귀결점을 구하면 자로 재는 일을 벗어나지 않는다."[235]

어진 사람처럼 사람을 사랑하고 미워할 수 있겠는가? 재물의 쓰임을 서할 수 없으면 어떻게 어진 자처럼 재물로 자신을 일으키겠는가? 끝에서 또 헌자의 말을 든 것은 사람을 씀에도 자로 재는 것을 취해야 한다는 것이다. 좋아하고 미워함에 자로 잴 수 없는 자는 시기하고 미워하는 사람이고, 재물의 씀에 자로 잴 수 없는 자는 세금 걷기에 급급한 신하이니, 모두 소인으로 아주 어질지 못한 자들이다. 그러므로 '재앙이 그 자신에게 미칠 것이다.'라고 했고, '재해가 함께 온다.'라고 했으니, 모두 자로 잴 수 없는 재앙을 가리켜 말한 것으로 경계를 깊이 한 것이다. 의로움과 이로움의 분변은 『대학(大學)』이라는 책에서는 이것으로 끝냈고, 『맹자(孟子)』의 말에서는 이것을 시작했으니, 도학(道學)의 전래가 그것에서 온 것이다.(右第八節, 生財大道, 亦即絜矩之道. 能使天下之人, 皆務本而上之人, 自不節用, 非絜矩矣. 第六節言仁人, 此節言仁者, 皆因絜矩而言也. 絜矩爲恕之事, 恕爲仁之方. 好惡不能恕, 安能如仁人, 能愛人, 能惡人. 財用不能恕, 安能如仁者以財發身. 末又擧獻子之言者, 用人亦當取其絜矩也. 於好惡不能絜矩者, 媢疾之人也, 於財用不能絜矩者, 聚斂之臣也, 皆小人不仁之甚者也, 故曰菑必逮身, 曰菑害竝至. 皆指其不能絜矩之禍言之, 爲戒深矣. 義利之辨, 『大學』之書, 以此終, 孟子之言, 以此始, 道學之傳, 有自來矣.)"라고 되어 있다.

234) 호광 편(胡廣 編), 『대학장구대전(大學章句大全)』.

235) 또 그 귀결점을 구하면 자로 재는 일을 벗어나지 않는다 : 호광 편(胡廣 編), 『대학장구대전(大學章句大全)』「전(傳)」 10장에는 "이 장에서 반복해서 인용하면서 경전을 출입한 것은 수천 글자로 의미가 한결같지 않은 것 같지만 그 실마리를 구하면 마침내 좋아함과 미워함, 의로움과 이로움의 두 실마리에 불과할 뿐이다. 또 따라서 그 귀결점을 구하면 또한 자로 재는 일을 벗어나지 않는다. 자로 재는 도는 자신으로 저들을 알고, 저들로 나에게 되돌려서 좋아하고

朱註

能如是, 則親賢樂利,

이와 같이 할 수 있으면, 친하게 여기고 어질게 여기며, 즐거워하고 이롭게 여기는 것이

詳說

○ 同好惡不專利.

'능여시(能如是 : 이와 같이 할 수 있으면)'는 좋아하고 미워함을 똑같이 하여 이로움을 독차지하지 않는 것이다.

○ 取前王節四事, 以襯用人理財二事.

'친현악리(親賢樂利 : 친하게 여기고 어질게 여기며, 즐거워하고 이롭게 여기는 것이)'는 전왕절(前王節)에서 네 가지 일을 취해[236] 사람을 쓰고 재물을 다스리는 두 가지에 베푼 것이다.

○ 朱子曰 : "此章專言財用, 繼言用人."[237]

주자(朱子)가 말하였다. "이 장에서는 오로지 재물의 씀을 말하면서 사람을 쓰는 것을 이어서 말하였다."[238]

미워하며, 의롭고 이로운 이치에 분명한 것이다.(此章反覆援引出入經傳者, 幾千言, 意若不一然, 求其緒, 卒不過好惡義利之兩端. 又從而要其歸, 則亦不出於絜矩之道而已. 絜矩之道, 以己知彼, 以彼反己, 而好惡義利之理明矣.)"라고 되어 있다.

236) 전왕절(前王節)에서 네 가지 일을 취해 : 『대학장구(大學章句)』「전(傳)」3장에 "『시경(詩經)』에서 '아아! 전왕(前王)을 잊지 못한다.' 하였으니, 군자(君子)는 그 어짊을 어질게 여기고, 그 친한 이를 친히 여기며, 소인은 그 즐겁게 해 주심을 즐거워하고, 그 이롭게 해 주심을 이롭게 여기니, 이 때문에 세상에 없어도 잊지 못하는 것이다.(『詩』云 : '於戲前王不忘', 君子賢其賢而親其親, 小人樂其樂而利其利, 此以沒世不忘也.)"라는 구절을 말한다.

237) 호광 편(胡廣 編), 『대학장구대전(大學章句大全)』.

238) 이 장에서는 오로지 재물의 씀을 말하면서 사람을 쓰는 것을 이어서 말하였다 : 호광 편(胡廣 編), 『대학장구대전(大學章句大全)』「전(傳)」10장에는 "혈구장(絜矩章)에서는 전적으로 재물의 쓰임을 말하고 이어서 사람을 쓰는 것을 말하였다. 임금이 자로 잴 수 없는 것은 모두 이익을 보려는 마음 때문이다. 그러므로 자신의 욕심만 부리고 남이 있다는 것을 알지 못하니, 이 때문에 재물의 씀을 전적으로 말한 것이다. 인재를 쓰고 버리는 것에는 인심의 향배가 달려 있다. 공평함으로 사사로움을 없애고 좋아하고 싫어함으로 민중에 따를 수 있다면, 쓰고 버림이 인심에 합당할 것이니, 이 때문에 이어서 전적으로 사람을 쓰는 일에 대해 말한 것이다.(絜矩章專言財用, 繼言用人. 蓋人主不能絜矩者, 皆由利心之起. 故徇己欲而不知有人, 此所以專言財用也. 人才用舍, 最係人心向背. 若能以公滅私好惡從衆, 則用舍當於人心矣, 此所以繼

○ 雙峯饒氏曰 : "'先愼'以下說理財, '秦誓'以下說用人, '生財'以下又說理財. 二事反覆言之, 末後又說'務財用必自小人', 則理財用人, 又只是一事."239)

쌍봉 요씨(雙峰饒氏 : 饒魯)가 말하였다 "'덕을 삼간다'는 구절 아래에서는 재물을 다스리는 일에 대해 말하였고, '「진서」' 아래에서는 사람을 쓰는 일에 대해 말하였다. '재물을 생산함'이라는 구절 아래에서 또 재물을 다스리는 일에 대해 말하였다. 두 가지 일을 반복해서 말하면서 끝의 뒤에서 또 '재용(財用)을 힘쓰는 것은 반드시 소인 때문이다.'라고 했는데, 재물을 다스리고 사람을 쓰는 일이 또 단지 한 가지 일일 뿐이라는 것이다."240)

○ 勿軒熊氏曰 : "後乃合而言之, 其實能用人, 則能理財, 不過一道而已."241)

물헌 웅씨(勿軒熊氏 : 熊禾)242)가 말하였다. "뒤에 와서야 합해서 말하였으니, 실제로 사람을 쓸 수 있으면 재물을 다스릴 수 있다는 것은 하나의 도에 불과한 일일 뿐이라는 것이다."243)

言用人也.)"라고 되어 있다.

239) 호광 편(胡廣 編), 『대학장구대전(大學章句大全)』.

240) '덕을 삼간다'는 구절 아래에서는 재물을 다스리는 일에 …… 한 가지 일일 뿐이기 때문이다 : 호광 편(胡廣 編), 『대학장구대전(大學章句大全)』「전(傳)」10장에는 "이 장의 대요는 재물을 다스리고 사람을 쓰는 두 가지 일에 불과하다. '덕을 삼간다.'라는 구절 아래는 재물을 다스리는 일에 대해 설명한 것이다. '「진서」' 아래는 사람을 쓰는 일에 대해 설명한 것이다. '재물을 생산함에 큰 도가 있다.'라는 구절 아래는 또 재물을 다스리는 일에 대해 설명한 것이다. 그러니 두 가지 일을 반복해서 말한 것이다. 그런데 쓰이는 것이 군자라면, 군자의 마음이 공평해서 반드시 사람들을 이롭게 하는 것을 고르게 할 것이고, 쓰이는 것이 소인이라면, 소인의 마음은 사사로워 반드시 자신을 이롭게 하는 것에 전적으로 매달릴 것이기 때문에 끝의 뒤에서 또 '나라와 집안의 어른이 되어 재용(財用)을 힘쓰는 것은 반드시 소인 때문이다.'라고 한 것이다. 이와 같다면, 재물을 다스리고 사람을 쓰는 일이 또 단지 한 가지 일일 뿐이라는 것이다. (此章大要, 不過理財用人二事. 自先愼乎德以下, 是說理財. 自秦誓以下, 是說用人. 自生財有大道以下, 又說理財. 二事反覆言之. 然所用者君子, 則君子之心公, 必能均其利於人, 所用者小人, 則小人之心私, 必至專其利於己, 所以末後又說長國家而務財用, 必自小人矣. 如此, 則理財用人, 又只是一事.)"라고 되어 있다.

241) 호광 편(胡廣 編), 『대학장구대전(大學章句大全)』.

242) 웅화(熊禾 : 1247~1312) : 송말 원초 때 학자로, 자가 위신(位辛) 또는 거비(去非)이고, 호가 물헌(勿軒) 또는 퇴재(退齋)이며, 건안(建安) 사람이다. 어려서부터 염(濂)·락(洛)·관(關)·민(閩)의 학문에 뜻을 두었으며, 주희(朱熹)의 문인 보광(輔廣)에게 배워 주자의 이학(理學)을 계승 발전시켰다. 저서로는 『역경강의(易經講義)』·『주역집소(周易集疏)』·『서설(書說)』·『대학상서구의(大學尚書口義)』·『삼례고략(三禮考略)』·『춘추통해(春秋通解)』·『사서표제(四書標題)』·『대학광의(大學廣義)』·『사서소학집소(四書小學集疏)』 등이 있다.

朱註

各得其所, 而天下平矣.

각기 제자리를 찾게 되어 천하가 바로잡아질 것이다.

詳說

○ 出『論語』「子罕」.

'각득기소(各得其所 : 각기 제자리를 찾게 되어)'는 『논어(論語)』「자한」이 출처이다.[244)]

○ 與首節註末句, 相爲呼應.

'천하평의(天下平矣 : 천하가 바로잡아질 것이다)'는 머리 절의 주석에서 마지막 구절과 서로 호응한다.

○ 此章文長, 讀者未易領會, 故特爲章下註, 以提其要, 與'誠''正'兩章下註之補闕略, 其例又不同矣.

이 장은 글이 길어서 독자들이 이해하기가 쉽지 않기 때문에 특별히 장의 아래에서 주석를 하여 그 중요한 것을 제시했으니, '성의장(誠意章)'[245)]과 '정심장(正心

---

243) 뒤에 와서야 합해서 말하였으니, 실제로 사람을 …… 하나의 도에 불과한 일일 뿐이라는 것이다 : 호광 편(胡廣 編), 『대학장구대전(大學章句大全)』「전(傳)」10장에는 "사람을 쓰는 일을 가리켜서 말하고, 또 '재용(財用)을 힘쓰는 것은 반드시 소인에게서 시작한다.'라고 매듭지어 의로움과 이익의 구변에 매우 엄하게 하였다. 군자를 쓰면 본래 의로운 가운데 이로움이 있고, 소인을 쓰면 이로움을 얻지도 못하고 해로움이 자신을 따른다. 이 장은 앞에서는 재물을 다스리고 사람을 쓰는 일을 나눠 두 구절로 하였고, 뒤에 와서야 합해서 말하였으니, 실제로 사람을 쓸 수 있으면 재물을 다스릴 수 있다는 것은 하나의 도에 불과한 일일 뿐이라는 것이다.(指用人而言, 又結以務財用必自小人始, 而深致嚴於義利之辨. 用君子, 則自有義中之利, 用小人, 則利未得而害已隨之. 此章前以理財用人分爲二節, 後乃合而言之, 其實能用人, 則能理財, 不過一道而已.)"라고 되어 있다.

244) 『논어(論語)』「자한」이 출처이다 : 『논어(論語)』「자한(子罕)」에 "공자가 말하였다. '위(衛)나라에서 노(魯)나라로 돌아온 뒤로 음악이 바루어져서 아(雅)와 송(頌)이 각기 제자리를 찾게 되었다.'(子曰 : '吾自衛反魯然後樂正, 雅頌, 各得其所.')"라는 말이 있다.

245) 성의장(誠意章) : 『대학장구(大學章句)』「전(傳)」6장 아래에 있는 주석에 "경문(經文)에서 '그 뜻을 성실히 하고자 한다면 먼저 그 앎을 지극하게 하라.'라고 하였고, 또'앎이 지극한 뒤에 뜻이 성실하게 된다.'라고 하였으니, 심체(心體)의 밝음이 미진(未盡)한 바가 있으면 그 발(發)하는 바가 반드시 실제로 그 힘을 쓰지 못하여 구차하게 스스로 속임이 있는 것이다. 그러나 간혹 이미 밝게 알았다 하더라도 이것을 삼가지 않으면 그 밝힌 것이 또 자기의 소유가 아니어서 덕(德)에 나아가는 기초로 삼을 수가 없다. 그러므로 이 장(章)의 뜻은 반드시 위 장

章)'[246] 아래의 주석에서 빠진 것을 보완한 것과는 그 사례가 같지 않다.

朱註

凡「傳」十章, 前四章統論綱領指趣, 後六章細論條目工夫.

『대학장구(大學章句)』의 전체 「전(傳)」 열 장[1장~10장] 가운데 앞의 네 장[1장~4장]은 강령(綱領)의 중요한 뜻을 통합하여 논의하였고, 뒤의 여섯 장[5장~10장]은 조목(條目)의 공부를 세세히 논의하였다.

詳說

◯ 照'明明德'註.

'통론강령지취(統論綱領指趣 : 강령(綱領)의 중요한 뜻을 통합하여 논하였고)'는 '밝은 덕을 밝힌다.'라는 주석에 비춰 보아야 한다.[247]

(章)을 이어서 통틀어 살펴본 뒤에야 힘을 쓰는 시작과 끝을 볼 수 있으니, 그 순서를 어지럽힐 수 없고, 공부를 빠뜨릴 수 없음이 이와 같다.(經曰 : '欲誠其意, 先致其知. 又曰 知至而后意誠.' 蓋心體之明, 有所未盡, 則其所發, 必有不能實用其力, 而苟焉以自欺者. 然或已明而不謹乎此, 則其所明, 又非己有, 而無以爲進德之基. 故此章之指, 必承上章而通考之然後, 有以見其用力之始終, 其序不可亂而功不可闕, 如此云.)"라는 말이 있다.

246) 정심장(正心章) : 『대학장구(大學章句)』「전(傳)」6장 아래에 있는 주석에 "이 또한 위의 장을 이어서 아래의 장을 일으킨 것이다. 뜻이 성실해지면 참으로 악(惡)이 없고 진실로 선(善)이 있을 것이니, 이 때문에 마음을 보존하여 그 몸을 검속할 수 있는 것이다. 그러나 간혹 다만 뜻을 성실하게 하는 것만을 알고, 이 마음의 보존되고 보존되지 않음을 치밀히 살피지 못한다면, 또 안을 곧게 하여 몸을 닦을 수가 없다. 이로부터 아래는 모두 옛 글을 옳은 것으로 삼는다.(此亦承上章, 以起下章. 蓋意誠, 則眞無惡而實有善矣, 所以能存是心以檢其身. 然或但知誠意, 而不能密察此心之存否, 則又無以直內而修身也. 自此以下, 竝以舊文爲正)"라는 말이 있다.

247) '밝은 덕을 밝힌다.'라는 주석에 비춰 보아야 한다. : 『대학장구(大學章句)』「경(經)」1장의 "대학(大學)은 대인(大人)의 학문이다. 명(明)은 밝힘이다. 밝은 덕은 사람이 하늘에서 얻은 것으로 허령하고 어둡지 않아서 모든 이치를 갖추어 있고 만사에 응하는 것이다. 다만 기품(氣稟)에 구애되고 인욕(人慾)에 가려지면 때로 어두울 적이 있으나, 그 본체의 밝음은 일찍이 쉬지 않는다. 그러므로 배우는 자가 그 발하는 것을 따라 마침내 밝혀서 그 처음을 회복하여야 한다. 신(新)은 옛것을 고침을 이른다. 이미 스스로 그 밝은 덕을 밝혔으면, 또 미루어 남들에게 미쳐서, 그들도 옛날에 물든 더러움을 제거함이 있게 해야 함을 말한 것이다. 지(止)는 반드시 이에 이르러 옮기지 않는 뜻이고, 지극한 선은 사리(事理)의 당연한 표준이다. 이는 밝은 덕을 밝히는 것과 백성들을 새롭게 하는 것을 다 지극한 선의 경지에 멈추어 옮기지 않음을 말한 것이니, 반드시 그 천리의 표준을 다함이 있고, 조금이라도 인욕의 사사로움이 없는 것이다.(大學者, 大人之學也. 明, 明之也. 明德者, 人之所得乎天, 而虛靈不昧, 以具衆理, 而應萬事者

○ 三綱領之指趣.

'강령지취(綱領指趣 : 강령(綱領)의 중요한 뜻)'는 '삼강령(三綱領 : 明明德, 新民, 止於至善)'의 중요한 뜻이다.

○ 照'古之欲明明德'註.

'세론조목공부(細論條目工夫 : 조목(條目)의 공부를 세세히 논하였다)'는 '옛날에 밝은 덕을 밝히려고 하는 자'라는 말에 대한 주석에 비춰 보아야 한다.[248)]

○ 八條目之工夫.

'조목공부(條目工夫 : 조목(條目)의 공부)'는 '팔조목(八條目 : 格物, 致知, 誠意, 正心, 修身, 齊家, 治國, 平天下)'의 공부이다.

○ 以上總論十章. 此下又摘出兩章而歸重焉.

위는 『대학장구(大學章句)』「전(傳)」 열 장[1장~10장]을 총괄해서 말한 것이다. 이 아래에서는 또 두 장[5장, 6장]을 꼭 찍어내어 중요한 내용을 되돌려 본 것이다.

朱註

其第五章乃明善之要, 第六章乃誠身之本, 在初學尤爲當務之急, 讀者不可以其近而忽之也.

『대학장구(大學章句)』「전(傳)」 가운데 제5장은 바로 선(善)을 밝게 아는 요체(要

也. 但爲氣稟所拘, 人欲所蔽, 則有時而昏, 然其本體之明, 則有未嘗息者. 故學者當因其所發而遂明之, 以復其初也. 新者, 革其舊之謂也, 言旣自明其明德, 又當推以及人, 使之亦有以去其舊染之污也. 止者, 必至於是而不遷之意, 至善, 則事理當然之極也. 言明明德新民, 皆當止於至善之地而不遷, 蓋必其有以盡夫天理之極, 而無一毫人欲之私也. 此三者, 大學之綱領也.)"라는 주석에 비추어 보라는 뜻이다.

248) '옛날에 밝은 덕을 밝히려고 하는 자'라는 말에 대한 주석에 비춰 보아야 한다.: 『대학장구(大學章句)』「경(經)」1장의 "밝은 덕을 천하에 밝힌다는 것은 천하의 사람들이 모두 그 밝은 덕을 밝히게 하는 것이다. 마음은 몸을 주장하는 것이다. 성(誠)은 성실함이고 의(意)는 마음의 발(發)하는 바이니, 그 마음의 발하는 것을 성실히 하게 하여 반드시 스스로 만족하고 스스로 속임이 없고자 하는 것이다. 치(致)는 미루어 지극히 함이고, 지(知)는 식(識)과 같으니, 나의 지식(知識)을 미루어 지극하게 하여 그 아는 것을 다하지 않음이 없고자 하는 것이다. 격(格)은 이름이고, 물(物)은 사(事)와 같으니, 사물의 이치를 궁구하여 그 극처(極處)가 이르지 않음이 없고자 하는 것이다. 이 여덟 가지는 『대학』의 조목이다.(明明德於天下者, 使天下之人, 皆有以明其明德也. 心者, 身之所主也. 誠, 實也, 意者, 心之所發也, 實其心之所發, 欲其必自慊而無自欺也. 致, 推極也, 知, 猶識也, 推極吾之知識, 欲其所知無不盡也. 格, 至也, 物, 猶事也, 窮至事物之理, 欲其極處無不到也. 此八者, 『大學』之條目也.)"라는 주석에 비추어 보라는 뜻이다.

體)이고, 제6장은 바로 자신을 성실히 하는 근본으로, 처음 배우는 자들이 더욱 힘써야 할 급선무(急先務)이니, 읽는 자들은 평범하다고 하여 소홀히 해서는 안 될 것이다.

詳說

○ **此章雖亡, 尙有結語一句, 可考其爲明善之要. 況有朱子所補者耶.**

'제오장내명선지요(第五章乃明善之要 : 제5장은 바로 선(善)을 밝게 아는 요체(要體)이고)라는 구절에서 볼 때, 이 장이 없었을지라도 도리어 결론짓는 말 한 구절은 있었을 것이니, 선을 밝게 아는 요체를 고찰해야 한다. 하물며 주자(朱子)가 보완한 것이 있음에야 말해 무엇 하겠는가?

○ **雲峰胡氏曰 : "明善誠身, 『中庸』言之, 『孟子』亦言之, 其說元自大學致知誠意來. 『章句』之末, 擧此二者, 以見曾思孟三子之相授受."**[249]

운봉 호씨(雲峯胡氏 : 胡炳文)가 말하였다. "선을 밝게 알고 자신을 성실하게 한다는 것은 『중용(中庸)』에서 말하고 『맹자(孟子)』에서도 말했는데[250], 그 설은 본래 『대학(大學)』의 앎을 지극하게 하고 뜻을 성실하게 한다는 것에서 왔다. 『대학장

---

249) 호광 편(胡廣 編), 『대학장구대전(大學章句大全)』.

250) 선을 밝게 알고 자신을 성실하게 한다는 것은 『중용(中庸)』에서 말하고 『맹자(孟子)』에서도 말했는데 : 『중용장구(中庸章句)』20장에 "아랫자리에 있으면서 윗사람에게 신임을 얻지 못하면 백성을 다스리지 못할 것이다. 윗사람에게 신임을 얻는 것에는 방법이 있으니, 붕우(朋友)에게 믿음을 받지 못하면 윗사람에게 신임을 얻지 못할 것이다. 붕우에게 믿음을 받는 것에는 방법이 있으니, 어버이에게 순하지 못하면 붕우에게 믿음을 받지 못할 것이다. 어버이에게 순종함에는 방법이 있으니, 자기 몸에 돌이켜보아 성실하지 못하면 어버이에게 순종하지 못할 것이다. 몸을 성실히 함에는 방법이 있으니, 선(善)을 밝게 알지 못하면 몸을 성실히 하지 못할 것이다.(在下位, 不獲乎上, 民不可得而治矣. 獲乎上, 有道, 不信乎朋友, 不獲乎上矣. 信乎朋友, 有道, 不順乎親, 不信乎朋友矣. 順乎親, 有道, 反諸身不誠, 不順乎親矣. 誠身, 有道, 不明乎善, 不誠乎身矣.)"라고 하였다. 『맹자(孟子)』「이루상(離婁上)」에 "맹자가 말하였다. '아래 지위에 있으면서 윗사람에게 신임을 얻지 못하면 백성을 다스리지 못할 것이다. 윗사람에게 신임을 얻는 데는 방법이 있으니, 벗에게 믿음을 받지 못하면 윗사람에게 신임을 얻지 못할 것이다. 벗에게 믿음을 받는 데는 방법이 있으니, 어버이를 섬겨 기쁨을 받지 못하면 벗에게 믿음을 받지 못할 것이다. 어버이를 기쁘게 하는 데는 방법이 있으니, 자신을 돌이켜봄에 성실하지 못하면 어버이에게 기쁨을 받지 못할 것이다. 자신을 성실히 하는 데는 방법이 있으니, 선(善)을 밝게 알지 못하면 그 자신을 성실히 하지 못할 것이다.'(孟子曰 : '居下位而不獲於上, 民不可得而治也. 獲於上有道, 不信於友, 弗獲於上矣. 信於友有道, 事親弗悅, 弗信於友矣. 悅親有道, 反身不誠, 不悅於親矣. 誠身有道, 不明乎善, 不誠其身矣.')"라고 하였다.

구(大學章句)』의 끝에 이 두 가지를 든 것은 증자와 자사와 맹자 세 분이 서로 주고받은 것을 드러내었다."

○ 節齋蔡氏曰 : "明善卽致知也, 誠身卽力行也."[251]

절재 채씨(節齋蔡氏 : 蔡伯靜)[252]가 말하였다. "선을 밝게 아는 것은 곧 앎을 지극하게 하는 일이고, 자신을 성실하게 하는 것은 곧 힘써 행하는 일이다."[253]

○ 應篇題之'初學'.

'재초학(在初學 : 처음 배우는 자들이)'에서 '초학(初學)'은 편의 앞에 있는 '처음 배우는 자들'이라는 말과 호응한다.[254]

---

251) 호광 편(胡廣 編), 『대학장구대전(大學章句大全)』에는 "明善誠身, 中庸言之, 孟子又言之, 其說元自大學致知誠意來. 章句之末, 擧此二者, 以見曾思孟三子之相授受焉."라고 실려 있다.

252) 채연(蔡淵, 1156~1236) : 남송 시대의 학자로 자가 백정(伯靜)이고, 호가 절재(節齋)이며, 건주건양(建州建陽) 사람이다. 채원정(蔡元定)의 장자이며, 주자의 사위 채침(蔡沈)의 형이다. 어려서부터 천지의 이치를 구명하고 인물의 성(性)에 공력을 다하였으며, 오경(五經)과 자사(子史)를 읽었다. 안으로는 그 아버지를 스승 삼고, 밖으로는 주자를 섬겼다. 저서로는 『주역훈해(周易訓解)』·『역상의언(易象意言)』·『괘효사지(卦爻詞旨)』 등이 있다.

253) 선을 밝게 아는 것은 곧 앎을 지극하게 …… 성실하게 하는 것은 곧 힘써 행하는 일이다 : 호광 편(胡廣 編), 『대학장구대전(大學章句大全)』「전(傳)」10장에는 "선을 밝게 아는 요체와 자신을 성실하게 하는 근본에 대해 주자(朱子)가 편의 끝에서 더욱 간절하게 배우는 자들을 위해 말한 것은 무엇 때문인가? 도는 넓고 넓으니, 어디에서 손을 대야 하는가? 배우는 자들이 공부를 하는 지극한 요체는 선을 밝게 알고 자신을 성실하게 하는 일에 불과할 뿐이다. 선을 밝게 아는 것은 곧 앎을 지극하게 하는 일이고, 자신을 성실하게 하는 것은 힘써 행하는 일이다. 처음에 앎을 지극하게 하는 것은 마음에 모든 이치를 밝혀 의심이 없도록 하는 일이고, 끝에 힘써 행하는 것은 자신에게 모든 선을 회복해서 갖추어지지 않음이 없도록 하는 일이다. 앎이 지극하게 하지 않은 것은 진실로 옳고 진실로 그른 것을 분변하지 못하는 것이니, 그런 다음에 무엇을 따라서 갈 수 있겠는가? 행함을 힘써 하지 않는 것은 뜻을 정밀하게 하고 신묘한 경지에 들어간 것일지라도 또한 헛된 말일 뿐이다. 그러니 여기 『대학장구(大學章句)』「전(傳)」제5장의 선을 밝게 아는 것과 제6장의 자신을 성실하게 하는 것은 배우는 자들이 힘을 써야 하는 지극히 절실한 일이고 지극히 중요한 일이다.(明善之要, 誠身之本, 朱子於篇末, 尤懇切爲學者言之何耶. 蓋道之浩浩, 何處下手. 學者用工夫之至要者, 不過明善誠身而已. 明善卽致知也, 誠身卽力行也. 始而致知, 所以明萬理於心, 而使之無所疑, 終而力行, 所以復萬善於己, 而使之無不備. 知不致, 則眞是眞非莫辨, 而後何所從適, 行不力, 則雖精義入神, 亦徒爲空言. 此『大學』第五章之明善, 第六章之誠身, 所以爲學者, 用功之至切至要.)"라고 되어 있다.

254) 편의 앞에 있는 '처음 배우는 자들'이라는 말과 호응한다 : 『대학장구(大學章句)』 처음에 "자정자(子程子)가 말였다. '『대학』은 공씨(孔氏)가 남긴 글로 처음 배우는 자들이 덕에 들어가는 문이다.'(子程子曰 : '大學, 孔氏之遺書, 而初學入德之門也.')"라는 구절과의 호응을 뜻한다.

◯ 四字出『孟子』「盡心」.

'당무지급(當務之急 : 급선무)'이라는 네 글자는 『맹자(孟子)』「진심」에 나온다.[255]

◯ 此則「傳」下註也, 亦特例也, 與篇題相對, 以提一書之要而終之者也.

'독자불가이기근이홀지야(讀者不可以其近而忽之也 : 읽는 자들은 평범하다고 하여 소홀히 해서는 안 될 것이다)'라는 구절의 경우, 이는 「전(傳)」 아래에 있는 주석인데, 또한 특별한 사례이니, 편의 앞과 서로 짝이 되는 표현으로 글의 요지를 제시하면서 끝낸 것이다.

255) 급선무라는 말은 『맹자(孟子)』「진심」에 나온다 : 『맹자(孟子)』「진심상(盡心上)」에 "맹자가 말하였다. '지혜로운 자는 알지 않음이 없으나 힘써야 할 일을 급선무로 여기고, 어진 자는 사랑하지 않음이 없으나 어진 이를 친히 함을 급선무로 여기니, 요·순(堯·舜)의 지혜로 물건을 두루 알지 않음은 먼저 해야 할 일을 급히 여겼기 때문이고, 요·순(堯·舜)의 어짊으로 사람을 두루 사랑하지 않음은 어진 이를 친히 함을 급히 여겼기 때문이다.'(孟子曰 : '知者無不知也, 當務之爲急, 仁者無不愛也, 急親賢之爲務, 堯舜之知, 而不遍物, 急先務也, 堯舜之仁, 不遍愛人, 急親賢也')"라고 하였다.

연구번역자 소개

신창호(申昌鎬)

현) 고려대학교 교수
고려대학교 박사(동양철학/교육사철학 전공)
고려대학교 교육문제연구소 소장
한국교육철학학회 회장·한중철학회 회장
「『중용』 교육사상의 현대적 조명」(박사학위논문), 『유교의 교육학 체계』 외 다수의 논문·번역·저서가 있음

김학목(金學睦)

현) 고려대학교 연구교수
건국대학교 박사(한국철학 전공)
해송학당 원장(동양학·사주명리 강의)
「박세당의 『신주도덕경』 연구」(박사학위논문), 『한국주역대전』 외 다수의 논문·번역·저서가 있음

윤원현(尹元鉉)

전) 고려대학교 연구교수
私立中國文化大學 박사(朱子哲學 전공)
한중철학회 회장
「從朱子思想中之天人架構闡論其義理脈絡」(박사학위논문), 『성리대전』 외 다수의 논문·번역·저서가 있음

조기영(趙麒永)

현) 고려대학교 연구교수
연세대학교 박사(한문학 전공)
서정대 교수·연세대국학연구원 연구원
「하서 김인후 시 연구」(박사학위논문), 『한국시가의 정신세계』 외 다수의 논문·번역·저서가 있음

김언종(金彦鍾)

현) 고려대학교 명예교수
國立臺灣師範大學(韓國經學 전공)
한국고전번역원 이사·고전번역학회 회장
「丁茶山論語古今注原義總括考徵」(박사학위논문), 『(역주)시경강의』 외 다수의 논문·번역·저서가 있음

임헌규(林憲圭)

현) 강남대학교 교수
한국학중앙연구원 박사(동양철학 전공)
동양고전학회 회장
「유가의 심성론 연구 – 맹자와 주희를 중심으로」(박사학위논문), 『공자에서 다산 정약용까지 – 유교 인문학의 동서철학적 성찰』 외 다수의 논문·번역·저서가 있음

허동현(許東賢)

현) 경희대학교 교수
고려대학교 박사(한국근대사 전공)
경희대학교 학부대학 학장·한국현대사연구원 원장
「1881년 조사시찰단 연구」(박사학위논문), 『한국의 국가 형성과 민주주의』 외 다수의 논문·번역·저서가 있음

대학장구상설 연구번역 연구진

연구책임자

신창호(고려대학교)

전임연구원

김학목(고려대학교)
윤원현(고려대학교)
조기영(고려대학교)

공동연구원

김언종(고려대학교)
임헌규(강남대학교)
허동현(경희대학교)
박성빈(고려대학교, 전산)

대학장구상설 3

초판발행 2019년 8월 25일

원저자 박문호
책임역주 신창호
공동역주 김학목 · 윤원현 · 조기영 · 김언종 · 임헌규 · 허동현
펴낸이 노현

편 집 문선미
디자인 BEN STORY
제 작 우인도 · 고철민

펴낸곳 ㈜ 피와이메이트
서울특별시 금천구 가산디지털2로 53 한라시그마밸리 210호(가산동)
등록 2014. 2. 12. 제2018-000080호
전 화 02)733-6771
f a x 02)736-4818
e-mail pys@pybook.co.kr
homepage www.pybook.co.kr
ISBN 979-11-90151-27-6 94140
979-11-90151-24-5 (세트)

정 가 13,000원 (세트 35,000원)

박영스토리는 박영사와 함께하는 브랜드입니다.